HUBERT GROULT

BATAILLE POUR LA POINTE DU HOC

Éditions
HEIMDAL

1

L'origine : créer une unité américaine sur le modèle des Commandos britanniques

L'*US Army* créa des unités de *Rangers* à partir de juin 1942. Mais, dans la première moitié du vingtième siècle, le terme de « Rangers » n'était pas nouveau aux États-Unis. Il remontait déjà au tout début du dix septième siècle, lorsque les premiers colons armaient certains de leurs hommes pour se protéger des probables attaques amérindiennes sur leurs communautés chrétiennes colonisant l'Amérique. Ainsi, le terme se diffusait dans la culture et l'imaginaire américain. Déjà, les quotidiens faisaient état de scouts, des patrouilleurs des bois, qui *« ranged »* dans la forêt. Ces scouts, protégeant leurs installations, avaient développé cette particularité

Ci-contre : gravure de la Bataille de la Wyoming Valley, les 3 et 4 juillet 1778, en Pennsylvanie. (*Massacre of Wyoming, 3-4 July 1778*, NH 56482, Naval History and Heritage Command.)

Ci-contre : œuvre de Johann Martin Will, *"Major Robert Rogers, Commander in Chief of the Indians in the back settlements of America"*. Travail de 1776. (Anne S.K. Brown Military Collection, Brown University Library.)

d'adopter les techniques guerrières des natifs américains, brisant les codes de la « guerre en dentelles ». Parcourant les vastes étendues du Nouveau Monde, ils s'étaient attachés à utiliser au mieux les atouts de la nature dans leurs sanglants affrontements contre les populations amérindiennes. Ils pouvaient aussi s'allier à des natifs pour mettre à mal une autre tribu d'Amérindiens hostiles. Ces hommes menaient également des missions d'espionnage. Le terme de « *Ranger* » prit une signification plus explicite à la fin du XVIIIe siècle, aussitôt que se déclencha la Guerre de la Conquête de 1754 à 1763. C'est, à ce moment que se mit en place un corps de « *Rangers* », sous le commandement du fameux *Captain* Robert Rogers, aux ordres des Britanniques. Né en 1731 à Methuen, dans le Massachusetts, Rogers avait débuté son apprentissage sur la frontière du New Hampshire, avant de servir lors du conflit entre la France et l'Angleterre. Ses intrépides guerriers se composaient d'une douzaine d'hommes ayant pour objectif de prendre en embuscade les Français et leurs alliés amérindiens. Ils évoluaient aussi bien dans ce qui était considéré comme les milieux hostiles, ceux de la « sauvagerie », c'est-à-dire la nature, qu'au sein même des forts et des garnisons. Robert Rogers développa ainsi, ce que déjà l'américain John Gorham, un négociant officier, avait inventé en 1744 pour servir en Nouvelle-Écosse, une véritable compagnie de soldats ayant l'obligation, pour mieux combattre, de s'adapter à son milieu. Se camouflant dans les zones de végétation intense, ou encore en utilisant des raquettes en hiver, ces hommes menèrent d'intenses raids. Dans les forêts denses, les paysages rocailleux ou lorsque la neige était épaisse, ils parvenaient à tuer leurs ennemis aussi bien au fusil qu'à l'arme blanche.

Sur l'équipement du *Ranger*, on peut apprendre, dans le passionnant *Rangers and Redcoats on the Hudson* de David R. Starbuck, archéologue industriel et historien, notamment spécialisé dans la fouille sur des champs de bataille et des forts, que l'armement des *Rangers* dépareillait beaucoup de celui d'un soldat du rang. S'inspirant à la fois de l'équipement du trappeur, de l'Amérindien, et du militaire, il se composait d'un attirail hétéroclite. David R. Starbuck nous dit à ce propos : « *L'uniforme classique du* Ranger *consistait en un manteau vert pour l'extérieur, un gilet, une chemise, de toile ou de lin, un pantalon brun, des mocassins, et un bonnet écossais plat. [Ils étaient] équipés*

Ci-dessus : un *Ranger* de Robert Rogers en tenue d'été en 1758. Aquarelle réalisée par Herbert Knötel en 1949. (Anne S.K. Brown Military Collection, Brown University Library.)

À droite : un *Ranger* de Robert Rogers en tenue d'hiver en 1758. Aquarelle réalisée par Herbert Knötel en 1949. (Anne S.K. Brown Military Collection, Brown University Library.)

d'un tomahawk, d'un couteau dans son fourreau, d'un mousquet, d'une boîte de cartouches, d'une corne à poudre, d'une baïonnette, d'un haversack *et d'un sac de couchage. Un ranger était préparé à passer des semaines en exploration, poursuite et embuscades de ses ennemis avant d'en rendre compte au* British Command. *Entre 1757 et 1759, Rogers Island à Fort Edward fut le camp principal pour* His Majesty's Independent Companies of Rangers *et spécialement pour les* Rangers *de Rogers. [...] Les méthodes et les techniques des* Rangers *furent une caractéristique inhérente aux hommes de la frontière dans les colonies, mais le* Major *Rogers fut le premier à en tirer profit et les incorporer dans une force de combat organisée.* » Les hommes de Rogers participèrent à des raids massifs lors de la *French and Indian War*, la Guerre de la Conquête, 1754-1763, s'aguerrissant dans cette forme guerrière, qu'ils contribuaient un peu à inventer chaque jour. Les *Rangers* menèrent des raids sanglants.

En 1759, le *General* Jeffery Amherst demanda à Rogers de mener 220 de ses *Rangers* pour une attaque surprise contre le village amérindien de Saint-Francis. Le fait est que deux hommes d'Amherst avaient été capturés en septembre par des indiens Abenaki et celui-ci, furieux, comptait bien riposter par le sang. Affrontant la rudesse du froid et de nombreuses zones marécageuses, 141 *Rangers* arrivèrent le 5 octobre près de leur objectif. Ils se déchargèrent de leur lourd *haversack*, pour foncer le lendemain avec leurs armes à feu, baïonnette au canon, et leurs tomahawks, sur le campement. Amherst avait indiqué d'épargner les femmes et les enfants. Fonçant sur le site endormi, à 7 heures du matin, les hommes de Rogers menèrent un raid d'une intense violence. Les *Rangers* firent l'état de 200 hommes tués, mais le chiffre est sans doute moindre. Ils récupérèrent quatre femmes anglaises prisonnières des Amérindiens et firent des prisonniers chez les natifs, 20 femmes et enfants. Les statuts des *Rangers* de Rogers, furent écrits en 1759. Ils nous montrent une volonté de standardisation des caractéristiques et des techniques guerrières des protecteurs de la frontière. Bien qu'au moment où les *Rangers* de la Pointe du Hoc posèrent le pied en Normandie, ces « *Standing Orders* » avaient 185 ans, ils n'en étaient pas moins encore importants pour leurs enseignements. Respecter les avertissements de Rogers ne semble pas avoir été enseigné aux hommes de 1944 dans les camps d'entraînement, mais ils auraient pu être utiles pour quiconque souhaitait savoir comment, correctement et rapidement, en finir avec son ennemi. Nous verrons, plus tard, comment le fait de ne pas suivre certaines de ces règles fut dommageable à des *Rangers*.

Ces statuts disaient ainsi :

« *N'oubliez rien.*

Ayez votre mousquet propre comme un sifflet, la hache impeccable, de la poudre pour soixante balles et des munitions, et soyez prêts à marcher à tout instant.

Quand vous êtes en marche, agissez de telle manière que si vous vous glissiez derrière un cerf. Voyez l'ennemi en premier.

Dites la vérité sur ce que vous avez vu et fait. Il y a une armée comptant sur nous pour des informations valables. Vous pouvez mentir autant que vous voudrez quand vous parlerez des Rangers *aux autres, mais ne mentez jamais à un officier ou à un* Ranger.

Ne tentez jamais votre chance quand vous n'avez pas à le faire.

Quand vous marchez, faites-le en file indienne, suffisamment espacés pour qu'aucun tir puisse atteindre deux hommes.

Si nous frappons sur un terrain meuble, nous nous dispersons, pour que cela soit difficile de nous suivre.

[Cette liste va jusqu'au dix-huitième ordre où l'on peut lire au final :]

Laissez l'ennemi venir jusqu'à ce qu'il soit suffisamment prêt pour être atteint, puis abattez le et sautez pour l'achever avec votre hache.»

En 1775, le Continental Congress avait besoin d'hommes expérimentés au tir et adaptés au terrain pour combattre lors de la Guerre d'indépendance des États-Unis. Il fut créé huit compagnies d'experts en tir. Deux ans plus tard, ces hommes, furent baptisés *Corps of Rangers*. Ils étaient alors sous l'autorité de Daniel Morgan, un des tacticiens les plus doués de la Guerre d'indépendance des États-Unis. Lors du même conflit, Francis Marion, surnommé *« The Swamp Fox »*, soit le « Renard des Marais », un des pères fondateurs de la guérilla moderne, organisa aussi des unités de *Rangers* connus sous le nom de *Marion's Partisans*. Ses hommes,

Le *Brigadier General* Daniel Morgan par Charles Wilson Peale. Huile sur toile réalisée vers 1794. (Independence National Historical Park.)

Le *General* Marion invite un officier britannique à diner sur son campement. La table est grossièrement faite et ce qui semble être un esclave afro-américain prépare le repas. L'ensemble, réalisé en 1840, est une peinture de John Blake White sur une gravure de John Sartain,. (Anne S.K. Brown Military Collection, Brown University Library.)

Le *Colonel* Gustavus Ferdinand von Tempsky et un soldat *ranger* de la forêt en 1863. Travail de 1966 de Cecil C. P. Lawson. Von Tempsky était un aventurier prussien, artiste et chroniqueur pour *The Daily Southern Cross*. Se rendant en 1863 à Drury, au sud d'Auckland, il se lia d'amitié avec le *Captain* Jackson et d'autres officiers *Rangers* de la forêt. Il accompagna ses hommes dans leurs patrouilles et rejoint peu après leurs rangs. (Anne S.K. Brown Military Collection, Brown University Library.)

comme ceux de Daniel Morgan, menèrent de nombreuses attaques par surprise, et non frontales, créant autour d'eux un climat de terreur. Marion était aussi connu pour la cruauté de ses punitions encore aujourd'hui largement relayées dans l'imaginaire collectif américain. Le héros, historiquement douteux, de *The Patriot* de Roland Emmerich, en 2000, se veut être directement inspiré du « Renard des Marais ». Toujours en ce qui concerne la Guerre d'indépendance, on peut aussi revenir sur la Bataille de la Wyoming Valley, les 3 et 4 juillet 1778, en Pennsylvanie. Lors de cette bataille, *Patriots* américains et *Tories* se combattirent pour finalement arriver à la victoire britannique. Les *Rangers* du *Major* britannique John Butler, alliés à 300 Amérindiens iroquois, surtout Seneca, prirent la vallée et plus de 340 *Patriots* perdirent la vie contre trois morts et huit blessés pour les Britanniques. Après la bataille, Butler affirma que ses hommes avaient fait pas moins de 227 scalps. On rapporta plus tard les nombreuses horreurs perpétrées lors de l'événement, comme de probables massacres de prisonniers. Ces souvenirs conférèrent à l'événement, surtout le nom de *Wyoming Massacre* que de *Battle of Wyoming*.

Durant la guerre anglo-américaine de 1812, de nombreuses compagnies de *Rangers* furent mises sur le pied de guerre en étant incorporées à l'armée régulière. Tout au long du conflit, ces hommes eurent pour objectif d'effectuer des patrouilles, le long de la frontière américaine, aussi bien à cheval qu'en bateau, de l'Ohio à l'Illinois, participant à de nombreux combats contre les Anglais. Ils offrirent aux *Rangers* l'image de soldats aguerris et de guerriers forcenés. Il y eut aussi les *Texas Rangers*, remontant à 1823. Tout débuta quand Stephen Fuller Austin créa un groupe de dix hommes pour protéger les familles qui venaient d'arriver au Texas, juste après la Guerre d'indépendance du Mexique de 1810-1821. Ces hommes, dont le nombre s'accrut, gagnèrent leur réputation de garants de la protection des habitants, mais surtout, d'hommes au caractère inflexible. Du haut de leurs montures, ils défendaient les villes de la menace amérindienne. Ils furent aussi bien présents lors de la guerre américano-mexicaine de 1846-1848, aidant particulièrement le *Brigadier General* Zachary à contrôler le Rio Grande. Ils participèrent aussi à de nombreuses batailles, pratiquant encore une guérilla féroce et offrant leurs précieux conseils tactiques à des hauts gradés comme le *General* William Jenkins Worth. De nombreux *Rangers* devinrent célèbres, tel l'aventureux William Alexander Anderson Wallace surnommé « *Big Foot Wallace* », ou encore, le *Captain* John Coffee Hays, dit « Jack », véritable « tête brûlée » et grand *leader* pour ses hommes. « Jack » resta célèbre pour la prière qu'il adressa avant la bataille de Monterrey, en août 1846, et Mexico City, en septembre 1851 : *« Oh Seigneur, nous sommes sur le point d'aller vers la bataille face à un ennemi largement supérieur en nombre, et, Père Céleste, nous aimerions que tu sois à nos côtés et que tu nous aides ; mais si tu ne peux pas le faire, pour l'amour de Dieu ne te mets pas de leur côté, mais reste bien bas, tiens-toi dans l'ombre, et tu verras le combat le plus improbable que tu n'aies jamais vu depuis tes premiers jours ! »*. Parmi les *Texas Rangers*, il y eut aussi Pat Garrett.

En plein cœur de la Guerre de Sécession, les *Rangers* allaient aussi servir les troupes confédérées. Ils menèrent à cet effet des actions d'une extrême violence, faisant exploser des dépôts, des voies de chemin de fer et interceptant de nombreux messagers nordistes. Le plus célèbre *Ranger* de la Guerre de Sécession fut, sans aucun doute, John Singleton Mosby. Ses nombreux raids en firent un véritable fléau pour l'Union. Son unité de *Rangers*, *43rd Battalion of the Virginia Cavalry*, était surnommé les « fantômes gris de Mosby ». Face à ces hommes, s'affirmaient les *Mean's Rangers*, hommes de Samuel Carrington, cavalier nordiste né à Loundoun County, en Virginie. Cette cavalerie resta célèbre pour avoir pris d'assaut un train de munitions du *General* James Longstreet et capturé une partie des hommes de Mosby. L'historien John D. Lock,

Le *Colonel* John Singleton Mosby. (Library of Congress.)

Le *Colonel* Mosby accompagné d'hommes du *Mosby's Rangers, 43rd Virginia Cavalry Battalion*. Photographie prise vers 1861-1865. (Library of Congress.)

Des *Rangers* d'Albany, en uniforme, prennent la pose. Nous sommes en 1898. (Anne S.K. Brown Military Collection, Brown University Library.)

dans son passionnant *To fight with intrepidity*, souligne comment, au total, la Guerre de Sécession, vit la mise en place de 428 unités. Mais il nous dit aussi : « *Officiellement, et officieusement désignés comme* Rangers *lors du conflit, la majorité n'avait de* Ranger *que le nom. Étant donné la nature de la guerre dans le sud et le type d'opération qu'il était nécessaire de conduire, on peut comprendre aisément la raison pour laquelle ils furent forcés de mener un style de guerre aussi partisan et peu conventionnel. Malheureusement pour eux, la plupart des unités de* Rangers *se montrèrent inefficaces et leur contribution à l'effort de guerre relativement obscur* ». À la fin de la meurtrière guerre civile américaine, les *Rangers*, en tant qu'unités militaires, cessèrent d'exister.

Même au cours de la Première Guerre mondiale, ce type de soldats ne fut pas utilisé pour combattre en Europe. De *Rangers* aux États-Unis, ne subsistèrent que, dans quelques États, des unités de patrouilleurs comme par exemple à Albany dans l'État de New York. Il y eut aussi, plus célèbres, les *Texas Rangers*, devenant en 1874 une *law-enforcement agency* qui était officielle, encore aujourd'hui *law enforcers*. Célébrée dans la série *Walker Texas Rangers*, par l'acteur Chuck Norris, elle symbolise encore aujourd'hui une force violente et protectrice du mode de vie américain. Pour expliquer cette absence de *Rangers* dans l'armée américaine, à la fin des hostilités de la guerre de Sécession, l'historien Douglas Brinkley expose l'idée que ces guerriers renvoyaient trop à l'image des États confédérés auxquels ils s'étaient ralliés pendant la guerre de Sécession. Il fallut attendre 1942 pour que soient réactivés ces hommes d'élite dans l'armée des États-Unis. La première unité fut créée en Irlande du Nord le 19 juin 1942 sous la direction du *Major* Orlando Darby. À l'origine, le *Major General* Dwight David Eisenhower n'était pas très enclin à mettre sur pied ce type de soldats. Très traditionaliste, il voulait surtout concentrer les efforts américains à la création de larges divisions d'infanterie et de forces blindées. Elles étaient à ses yeux, plus capables, d'écraser efficacement le Reich allemand. On redoutait aussi que fonder une unité d'élite, saperait un peu le moral des troupes américaines qui pourraient se sentir reléguées dans la hiérarchie des honneurs et de la respectabilité. Créer une force de *Rangers* pouvait peut-être aussi priver l'armée de ses meilleurs éléments. Tout commença lorsque, le 26 mai 1942, le *Major General* Lucian King Truscott, Jr., de l'*US Army*, en lien avec le *British General Staff*, fit la proposition au *General* George Catlett Marshall que : « *nous entreprenions* [de créer] *immédiatement une unité américaine sur le modèle des British Commandos* ». Ce à quoi Marshall répondit par l'affirmative, en ordonnant, le 1er juin 1942, la création d'un « *American commando* ». Truscott s'adressa au *Major General* Russell Peter Hartle, alors *commanding general* de l'*US Army Northern Ireland Forces* et de l'*US Army V Corps*, pour organiser la nouvelle unité. Celui-ci avait reçu à cet effet, le 1er juin, une lettre, du *Major General* James Eucene Chaney, à ce moment *commanding general* de l'*US Army Forces British Isles*. Intitulée *Command Organization*, la lettre donnait des indications sur la nouvelle unité, indiquée comme une : « *unité de commando pour l'entraînement et l'expérimentation* ».

En fait, Chaney n'était pas vraiment enclin à exécuter les ordres que lui avait donnés Truscott, mais il savait que ceux-ci remontaient de beaucoup plus haut, c'est-à-dire de Marshall lui-même. Il s'évertua donc à faire son travail. Notons qu'ils auraient pu être appelés simplement « commandos », mais Eisenhower trouvant cette dénomination trop affiliée aux troupes anglaises, poussa le *Colonel* Lucian K. Truscott, en charge d'étudier les commandos britanniques pour l'armée américaine, de trouver un autre nom. Au regard du prestige que le terme de *Rangers* signifiait dans l'esprit américain, Truscott, d'origine texane, ce qui aida probablement, ne tarda pas à trouver cette dénomination toute indiquée. On accordait encore beaucoup d'honneur aux hommes de Robert Roger. Truscott appela officiellement l'unité créée *1st Ranger Battalion*. Soulignons aussi que ce terme était à la mode dans les années 1940. Déjà en 1937, l'auteur américain de romans historiques, Kenneth Roberts, publiait *Northwest Passage*. Dans cet ouvrage, il revenait sur les hauts faits des *Rangers* lors de la Guerre de la Conquête. En 1940, une version cinéma du livre, avec Spencer Tracy, était sortie sur les écrans, généralisant l'attrait pour le terme. Le *General* Hartle proposa son aide de camp, le *Major* William Darby, pour commander le tout neuf *Ranger Battalion*. Darby était officier dans l'artillerie, diplômé de West Point en 1933. Il était tout à fait apte à entraîner les futurs *Rangers*. Il disposait de solides connaissances en opérations amphibies, dans l'artillerie motorisée, la cavalerie, tout autant que l'infanterie. Au moment où il fut appelé à diriger les *Rangers*, il était aide de camp pour l'*US Army* en Irlande du Nord. Truscott ne fut donc pas long à accepter la recommandation d'Hartle. Poussés par le désir de réussir dans l'armée, à la mi-juin 1942, deux mille volontaires se présentèrent devant le *Major* Darby. Afin d'organiser le *Battalion*, Darby avait choisi Herman W. Dammer. Celui-ci était *Cavalry Officer* dans la *New York National Guard*. Plus tard, Darby ferait de Dammer le *commanding officer* du *3rd Ranger Battalion* en charge de mettre sur

Truscott alors qu'il était *Captain*. Photographie prise durant l'entre-deux-guerres. (Library of Congress.)

1944, le *Lieutenant General* Truscott, alors *commanding general* de la *US Fifth Army* en Italie, inspecte des hommes de la *92nd Infantry Division*. Ceux-ci avaient repoussé une attaque allemande sur les collines au nord de Viareggio. (United States Army.)

pied la nouvelle unité. De ces hommes, voulant devenir *Rangers*, certains venaient de la très récente 1re division blindée, 30% des volontaires, de la 34e division d'infanterie, 60% des volontaires, et quelques-uns du *V Corps*. L'âge des candidats pouvait aller de 18 ans, comme le *Private* Lemuel Harris, plus jeune d'entre tous, à 35 ans, avec le *Sergeant* J. B. Commer. Sur tous ces candidats, il n'en resta que 520, formants le *1st Ranger Battalion* qui fut activé le 19 juin 1942 à Sunnylands Camp, dans la ville de Carrickfergus. Pour constituer le *Battalion*, Darby s'était aidé du colonel Hayford, du *V Corps*. Tous deux avaient questionné des officiers volontaires pour mettre sur pied ce *Ranger Battalion*. Ces hommes, dont notamment faisait partie Max F. Schneider, furent recrutés en les interrogeant de manière approfondie. Darby avait un but simple, former une élite de soldats sur le modèle des commandos britanniques. Il commença ainsi par trouver 450 hommes et 35 officiers qui étaient suffisamment à même de réussir dans des situations militaires les plus extrêmes. Chaque *Company* rassemblait 67 hommes, dont 3 officiers.

Début juillet, la future élite de l'*US Army* partait s'entraîner à Achnacarry, leur *Commando Depot*. Achnacarry était un petit village à l'ouest de l'Écosse, où se trouvait un vieux château du tout début du XIXe siècle. Les *Companies A*, *B* et *C* avaient levé le camp de Sunnyland vers Achnacarry, pour y arriver le 1er juillet, à 5 heures du matin. Les Compagnies *D*, *E* et *F* prirent le même chemin, le 2 juillet, pour se retrouver le lendemain au *Commando Depot*. Ce lieu reste aujourd'hui célèbre pour avoir aussi entraîné les commandos britanniques, des parachutistes et des fusiliers-marins de renom, comme ceux de la France Libre. En partance pour Achnacarry, les hommes étaient armés de carabines M1, de Colts 45, de mitrailleuses Browning 1919, plus tard remplacées par le *FM BAR*, car plus mobile, et de mortiers de soixante millimètres. À Achnacarry, de nombreux volontaires ne tinrent pas durant les entraînements intensifs, qui débutèrent le 4 juillet. Trois hommes essentiels supervisaient la réussite de l'unité d'élite, Darby, Truscott et le magistral *Lieutenant Colonel* Charles Edward Vaughan. Durant les entraînements d'élite de Vaughan, difficile de tenir. Comme le souligne Robert W. Black, dans son très instructif *The Ranger Force*: *« Le maître et commandant d'Achnacarry surnommé le* "Laird" *ou* "Rommel of the North", *était le* Lt. Col. *Charles Edward Vaughan, un Londonien qui avait combattu pendant la Première Guerre mondiale avec les* Coldstream Guards *et devint un* Regimental Sergeant Major *avec les* Buffs, *[le* Royal East Kent Regiment*]. En 1942, Vaughan avait environ 50 ans et, avec plus de 1,98 m, était un homme grand et fort en excellente condition physique. Vaughan avait été rappelé de sa* *retraite et commissionné comme* Captain *en 1940. Il servit comme* Commanding Officer *du* No. 4 Commando *et participa à des raids commandos à Vaagso et aux îles Lofoten en Norvège. Lucian Truscott a peut-être été le fondateur des* Rangers *de la Seconde Guerre mondiale, mais Charles Vaughan fut l'homme qui les entraîna. Ses méthodes d'entraînement feront partie de l'entraînement des* Rangers *bien après la guerre. Vaughan menait une école dure. Comme Darby l'a fait remarquer: "Du petit matin jusqu'à tard le soir, sept jours par semaine, il était là à chaque instant." Vaughan pouvait être doux quand cela lui plaisait, aux dires de certains, rarement. Quand cela était nécessaire, il pouvait [...] beugler comme un cerf des* Highlands *– une voix que ses officiers connaissaient bien. Il ne tolérait pas les bagarreurs de bars; il visait à créer des guerriers respectables.* » Dans son ouvrage *It had to be Tough*, James Dunning nous dit aussi à son propos qu' : « *il n'acceptait rien d'autre que le meilleur, que ce soit dans la forme physique, l'entraînement à l'armement, le maniement des armes, l'infiltration et la tactique, les manœuvres et sa participation, et même des problèmes apparemment banals comme l'alimentation et l'hygiène. Ensemble, tous ces facteurs faisaient un 'tout' – et le soldat Commando, discipliné et autonome, "prêt pour le combat" et "fait pour le combat" d'une grande morale, volontaire et capable d'exécuter tout ordre militaire, dans n'importe quelle circonstance et contre toute attente* ».

Évocation de l'entraînement des *Rangers* à Achnacarry. Nous voyons ici, en janvier 1943, des commandos traverser une rivière sur un pont de singe sous de violents tirs d'artillerie. (H 26620, IWM.)

2

Les premiers entraînements des Rangers

Arrivés au centre d'entraînement des commandos, les futurs *Rangers* allaient démarrer un douloureux apprentissage. Connaissant la solidité et l'efficacité des hommes du *III*[e] *Reich*, le but était de mettre en place une discipline parfaite entre les hommes, un véritable esprit de corps et surtout en faire des guerriers surentraînés, pour pouvoir faire face à n'importe quel type d'unité opposée. Chaque soldat ne pouvant prouver ses qualités de futur *Ranger*, était aussitôt écarté de l'entraînement. Achnacarry était donc ce passage difficile où l'on entendait bien surpasser le prestige des commandos britanniques par des Américains pleins d'entrain. Pour l'obtenir, les entraînements furent multiples, variés et « ô combien » difficiles. Les hommes furent amenés à effectuer des marches rapides, escalader des falaises, faire des courses d'obstacles en supportant le froid ou toutes autres formes de douleurs. Il fallait aussi savoir manier à la perfection différents types d'armes à feu. On utilisait la

Nous sommes en 1943 au Royaume-Uni et le *Corporal* Harold Clausen sort d'un baraquement, baïonnette au canon. L'entraînement se fait dans un vrai village. (D 13650, IWM.)

Un officier donne ses précieux conseils à des soldats britanniques et américains sur les moyens de camouflage lors des combats. Nous sommes en 1943. La troisième personne à partir de la droite est le *Corporal* Harold Clausen. (D 13667, IWM.)

carabine USM1, le M1 Garand, la Thompson, le Browning. On devait savoir utiliser le mortier M2 de 60 mm et porter sans mal, en courant, ses 19 kilos. On maniait des engins explosifs et des grenades de tous ordres. Les officiers suivaient le même entraînement que leurs hommes. Wilson A. Heefner, dans son brillant *Dogface Soldier: The Life of General Lucian K. Truscott Jr.*, nous dit que : « *Le programme d'entraînement des* Rangers *était ardu et supervisé par le fondateur et commandant du* Commando Depot, *le* Lieutenant Colonel *Charles Edward Vaughan. [...] "Les* Rangers *suivaient le même entraînement que leurs hommes, et devaient être les premiers à relever les épreuves". L'entraînement mettait l'accent sur les marches rapides avec tout l'équipement complet sur le dos. Des épreuves supplémentaires incluaient des traversées de ruisseaux et de rivières, l'escalade de falaises, l'entraînement aux armes, le repérage et la patrouille, des opérations en petites unités, du combat rapproché, de la compréhension de cartes, savoir donner les premiers soins, des opérations amphibies à tirs réels, et des opérations de nuit. Dans l'entraînement, la sécurité était reléguée au profit du réalisme. Les exercices avec des tirs réels étaient particulièrement dangereux. L'entraînement mettait particulièrement l'accent sur la discipline et la nécessaire coopération, parmi les membres de l'unité, pour faire face aux épreuves du programme d'entraînement et les combats qui allaient suivre. Les soldats qui ne faisaient pas l'affaire, considérés comme n'ayant pas les capacités physiques ou psychologiques, étaient renvoyés dans leurs unités. Quand l'entraînement d'Achnacarry se termina le 31 juillet, Truscott visita le* Commando Training Center, *et vit que seulement 500 des 600 hommes qui avaient commencé la course, l'avaient terminée. Les autres avaient été "éliminés", bien qu'un homme ait été tué et plusieurs blessés lors d'exercices à tirs réels* ».

Il fallait aussi savoir combattre à l'arme blanche, les *Rangers* pouvant être amenés à se battre avec une seule baïonnette, un couteau ou une dague. Ils devaient être capables aussi d'utiliser leurs poings comme de vrais professionnels. Des cours de boxe et de jiu-jitsu étaient au programme, afin d'améliorer leur technique au combat rapproché et de développer un esprit de compétition et d'émulation. Il fallait pousser chacun à devenir le meilleur soldat possible. Les entraînements sont dangereux, parfois mortels. Lors d'un exercice de passage de cours d'eau, le *Private* Lamont D. Hoctel, de la *Company E*, se noya. Le lendemain, les entraînements continuaient toujours. Le 19 juillet, Hartle inspectait les *Rangers*. L'entraînement à Achnacarry fut fondamental dans leurs réussites militaires, un passage obligé dont Andrew L. Hargreaves nous parle dans son *Special Operations in World War II*: « *Cet entraînement, de l'opinion des hommes du* 5th Rangers, *fut d'une valeur inestimable: "Les collines d'Écosse se révéleraient être bien plus que tout ce qui avait été rencontré dans l'ancien entraînement* [aux États-Unis], *et ici des* Rangers *furent créés ou perdus... Beaucoup ne peut pas être dit sur l'entraînement en Écosse. De celui-ci, beaucoup parmi les* Rangers *doivent leurs vies et leurs succès"».*

En avril 1944, les liens entre le *Combined Operations Headquarters*, COHQ, et les *Rangers* furent officialisés et, après de nombreuses demandes, le *Lieutenant Colonel* Earl Rudder, commandant le *2nd Ranger Battalion*, fut autorisé à communiquer directement avec le *COHQ*, et en rapporter des choses. Cet arrangement facilita un plus grand degré de contact entre *Rangers* et Commandos, et permit un partage d'informations et d'expériences avant les charges du Jour-J. «[Mais l'auteur de souligner qu'] *en dépit d'une saine coopération entre les deux nations dans le domaine de l'entraînement, les partages dans l'équipement, et la planification opérationnelle, une fois l'invasion de la France débutée, il y eut une presque totale absence de contact entre les unités britanniques et les formations de* Rangers, *spécialistes ou d'autres genres.*» Tous ces entraînements physiques auraient été inutiles si les futurs *Rangers* ne s'étaient pas aussi entraînés à comprendre comment suivre à la lettre les tactiques militaires qui allaient leur être imposées. Comme le souligne William Darby dans ses mémoires de 1980, *Darby's Rangers: We led the way*, après le fait d'avoir les meilleures capacités physiques et un bon potentiel à savoir habilement tuer ses adversaires: «*le troisième prérequis était la préparation au combat – la capacité en expert à résoudre de petits problèmes tactiques. Ce savoir-faire incluait des éléments tels que l'entraînement et la réussite dans la traque d'une sentinelle, la reconnaissance avancée, les patrouilles d'information en territoire ennemi, le combat de rue, et la destruction de casemates, aussi bien de face que sur les flancs*». Darby développa et fit acquérir à ses hommes tout le sens du *buddy system*. Il s'agit d'avoir deux hommes sachant coopérer ensemble pour combattre et se soutenir. Le *buddy system* peut signifier aussi bien travailler par paires qu'en groupe. La cohésion est donc fondamentale dans les entraînements et la manière avec laquelle Darby entendait faire réussir ses opérations par les *Rangers*. Les entraînements étaient intenses, avec beaucoup d'exercices se faisant à balles réelles. On tirait à la carabine et on envoyait des tirs de mortier sur les hommes à l'entraînement, ce qui provoqua de nombreux blessés, dont l'un perdit même la vie. Après Achnacarry, les *Rangers* se rendirent à Argyll, à deux heures de route plus au sud, pour s'entraîner avec la *Royal Navy*.

Une première mission s'offrit aux *Rangers*, quand 50 hommes furent rattachés aux commandos

Des Rangers, couverts par la fumée, traversent une voie de chemin de fer lors de leurs entraînements au Royaume-Uni en 1943. (D 13653, IWM.)

anglais afin de participer à l'opération anglo-canadienne « *Jubilee* », soit le raid de Dieppe, port normand, le 19 août 1942. Malheureusement, cette opération fut un véritable désastre, avec plus de 3 500 morts et un millier de prisonniers, sur les 6 100 Britanniques et Canadiens engagés dans l'événement. Une *Canadian Division* perdit dans le raid 75% de ses hommes. Sur les 40 *Rangers* participant au raid, 4 officiers et 36 de rang inférieur, 7 furent tués, 6 blessés et 4 autres capturés par l'ennemi. Le *Corporal* Franklin Koons fut le premier Américain de la guerre, au sol, à tuer un Allemand. Mais le premier Américain tué en Europe, par les Allemands, fut ainsi l'un des *Rangers* de ce raid, le *2nd Lieutenant* Edward Vincent Loustalot, *Company B*, originaire de Louisiane. Ce fut par un tir croisé, alors qu'il essayait d'atteindre un mitrailleur allemand en haut d'une falaise, qu'il perdit la vie. Tout commença donc mal pour nos *Rangers* et Dieppe fut de ces échecs alliés qui furent très vite relayés par la propagande de Goebbels. À Berlin, on pouvait lire que cette « *défaite catastrophique* [était] *un revers pour l'invasion* ». Sept *Rangers* perdirent la vie, Loustalot, *le 2nd Lieutenant* H. Randall de la *Company D*, le *Sergeant* Albert T. Jacobsen, *Company B*, le *Private 1st class* Walter A. Bresnahan, *Company B*, le *Private 1st class* Edwin R. Furru, *Company B*, le *Sergeant* Lloyd N. Church, *Company A*, le *Technician Fourth Grade* Gr Howard M. Henry, *Company E*. Il y eut aussi 6 *Rangers* de blessés. Le 3 septembre, le *Battalion* se rendait à Dundee, en Écosse, pour poursuivre les entraînements. Le lendemain, et ce jusqu'au 23 septembre, Trevor faisait travailler les *Rangers* avec le *N°1 Commando*. On s'entraîna à prendre des fortifications, des canons antiaériens et des batteries de défense de plage. Lors d'entraînements, le 11 septembre, au Barry

Ci-dessous : le *Sergeant* Franklin "Zip" Koons du *1st Rangers* fut le premier soldat *US* à tirer sur les forces allemandes en Europe. Pour sa bravoure au raid de Dieppe, le *Vice Admiral* Lord Louis Mountbatten lui remit alors la *British Military Medal* à Camp Anfa près de Casablanca au Maroc, le 18 janvier 1943. (2009632306, Library of Congress.)

Ci-contre : Koons en compagnie de Mountbatten et Patton. (ARC 195301, National Archives.)

Le raid de Dieppe fut un échec cinglant. Sur cette photographie, nous pouvons voir des corps de soldats canadiens, morts sur le sable, tandis qu'un LCT brûle non loin d'eux. Il allait falloir attendre le sol africain pour que les *Rangers* enregistrent leurs premières victoires. (P00909.003, AWM.)

Rifle Range près de Dundee, le *Private* James R. Ruschkewicz, de la *Company C* trouvait la mort et le *Private* Aaron M. Salkin, de la *Company C*, était sévèrement blessé à cause d'une mine terrestre. Le 24 septembre, le *Battalion* bougeait pour Corkerhill non loin de Glasgow, en Écosse. Il était assigné au *II Army Corps*, attaché à la *1st Infantry Division*. Du 25 septembre au 12 octobre, à Corkerhill, on continuait les entraînements.

Le **13 octobre**, le *Battalion* prenait le bateau pour se rendre à Gourock, en Écosse. Les *Companies A* et *B* montaient sur le *HMS Royal Scotsman*, les *C* et *D sur* le *HMS Ulster Monarch* les *E*, *F* et le *Headquarters* sur le *HMS Royal Ulsterman*. Les *Rangers* allaient se rendre à Loch Linnhe pour effectuer, du 18 au 19 octobre, l'exercice intitulé «*Mosstroper*». Celui-ci consistait en un entraînement au débarquement à Loch Linnhe, loch marin sur la côte ouest de l'Écosse. Les hommes, après avoir débarqué sur une plage

Ci-dessus : 1943, les soldats s'occupent du camouflage de leur casque. C'est toujours le *Corporal* Harold Clausen que l'on voit ici. Il regarde le travail du *Sergeant* Moug, appartenant au *Black Watch* (*Royal Highland Regiment*) *of Canada*. Moug a fait le déplacement de Gibraltar où il était stationné depuis deux ans pour pouvoir participer à cet entraînement. (D 13640, IWM.)

Ci-dessous, à gauche : des Rangers à l'entraînement au Royaume-Uni en 1943. Les hommes essaient de passer de barre en barre, sans chuter dans le fossé de barbelé. (D 13680, IWM.)

Ci-dessous, à droite : de la fumée est ajoutée à la course pour plus de difficulté et de réalisme. (D 13681, IWM.)

Évocation. Le *Corporal* Harold Clausen montre du doigt une course d'obstacles que lui et son camarade britannique viennent de finir. Nous sommes en 1943. (D 13691, IWM.)

Ci-dessous : 1943, malgré une journée de quatorze heures, les hommes doivent suivre attentivement les instructions du *Major* Arnold. (D 13661, IWM.)

Ci-dessous : nous sommes en Écosse à Speanbridge, le 12 février 1943. Ici, le *Lt. Col.* C. E. Vaughan, du *29th Ranger Battalion*, commandant du *Commando Depot*, s'entretient avec son second, le *Major* Peter Cockraft, sur le programme de la journée d'une unité de *Rangers*. (111-SC-180099, National Archives.)

24 septembre 1944. Ici, le *Lieutenant General* Lucian K. Truscott Jr., du *VI Corps*, se fait remettre le *Most Honourable Order of the Bath*, au cours d'une cérémonie en France. C'est le *Lieutenant General* Alexander E. Patch qui lui remet la récompense. (111-SC-195729, National Archives.)

hostile, devaient détruire des batteries de tir. Après «*Mosstroper*», les hommes, du 21 au 25 octobre, réalisaient les derniers préparatifs pour l'opération *Torch*. Il s'agissait du nom de code donné au débarquement des Alliés le **8 novembre 1942** en Afrique française du Nord. Le 26 octobre 1942, les hommes prenaient le ferry sur la rivière Clyde, direction le Maroc. Il fallut attendre les succès d'Algérie et de Tunisie, après l'opération *Torch*, pour que les *Rangers* réussissent leurs premières missions. Sur le littoral algérien, en novembre 1942, dans la ville portuaire d'Arzew, le *1st Battalion* réussit un débarquement de nuit réduisant au silence deux batteries d'artillerie, ouvrant la voie vers la future capture d'Oran. Ils débarquèrent à 1 h 30 du matin. Les *Forces A* et *B*, réparties dans cinq embarcations, sous le commandement du *Major* Dammer, devaient prendre un canon de 75 mm. Les autres *Forces*, commandées par Darby, se chargeaient de quatre canons de 105 mm sur une colline. La surprise fut totale et les *Rangers* réussirent à rassembler 300 prisonniers. Le soir, la *Company C* était chargée de la protection des *Headquarters* de la *1st Division*. Le 9 novembre, la *Company C* devait protéger

Le *Lieutenant-Colonel* William C. Saffarrans en 1943. Il est ici au centre de l'image, commandant le *Jungle Training center*, il en explique le fonctionnement. À sa gauche se trouve le *Lieutenant General* Robert C. Richardson Jr., *Commanding General* du Pacifique centre, et un peu plus en arrière le *Major General* Thomas D. Handy, *Chief of operations* de l'*US Army*. Un invité de marque se trouve ce jour-là à sa droite, le *General* George C. Marshall. (111-SC-301987, National Archives.)

Marshall et Saffarans. Ce jour-là, le *chief of staff* Marshall a pu observer des hommes construire des radeaux, faire du *close combat* ou encore sauter dans des eaux à la surface embrasée. (111-SC-301992, National Archives.)

Ci-dessus : les *Rangers* doivent aussi apprendre à lancer correctement une grenade sur son adversaire. Photographie d'un fantassin à Fort Belvoir en Virginie, prise entre 1941 et 1945. (United States Library of Congress.)

Ci-dessus : le M1 Garand est peut-être l'arme emblématique du *GI*. Les *Rangers* durent apprendre à se servir de cette arme à la perfection. Nous voyons ici, au camp militaire de Fort Knox, dans le Kentucky en juin 1942, un fantassin américain, agenouillé près d'un Halftrack M3. Il tient en joue son fusil Garand pour le photographe Alfred Palmer. (LC-DIG-fsac-1a35211, United States Library of Congress.)

Tout comme ces *GIs* du Camp Carson dans le Colorado, il fallait savoir utiliser le mortier. Les *Rangers* sont donc capables, à la fin de leur entraînement, de se servir de nombreux engins explosifs. Sur cette photographie, prise le 24 avril 1943, nous pouvons voir des hommes s'entraîner sur un mortier de 81 mm. L'un d'entre eux a une carabine M1, arme de prédilection des *Rangers* de la Pointe du Hoc. (ARC 197171, National Archives.)

la route au sud de Saint-Cloud. Cette mission fit 4 morts et 9 blessés chez les *Rangers*. Du 11 novembre au 15 décembre, les *Rangers* continuaient à sécuriser Arzew. Période aussi d'entraînement avec le *561st Boat Maintainence Regiment*. Le 16 décembre, le *Major General* Fredendall, *Commanding General* du *II Army Corps*, passait en revue les troupes. Le même jour, les *Sergeant* Kenyon et Swank, ainsi que les *Privates* Edwards et Bush, recevaient la médaille Purple Heart pour leurs blessures de Dieppe. En janvier, on continuait les entraînements.

Le **17 janvier 1943**, le *Battalion* était assigné à la *Fifth Army*, et ceci jusqu'au 7 février. Deux jours plus tard, les hommes se rendaient à Fagsa pour mener des opérations de reconnaissance et de harcèlement de l'ennemi. Le 13 février, 14 *Rangers* recevaient la médaille *Silver Star*, le *Lieutenant Colonel* Darby, le *Major* Dammer, le *Lieutenant* Dirks, le *Captain* Murray, le *Captain* Schneider, le *Sergeant* Heacock, le *Private First Class* Nixon, le *Sergeant* Mc Collam, le *Technician Fifth Grade* Low, le *Technician Fifth Grade* Sweazey, le *Private First Class* Dean, le *Private First Class* Dye, le *Private* Ferrier et le *Sergeant* Rensink. En Tunisie, conduits par le *Colonel* Darby, les *Rangers* effectuèrent une opération derrière les lignes adverses, afin de ramener des informations sur l'ennemi et détruisirent trois positions fortifiées qui veillaient sur le col de Sened. Entre le 16 février et le 1er mars, au sud de Chekba, les Américains menaient des opérations de défense de leurs positions, aboutissant, lors de sévères escarmouches, à la mort

En Tunisie, un *Battalion* de *Rangers* participa aussi à la bataille de Kasserine en février 1943. Nous voyons ici des hommes de la *1st Infantry Division, 16th Infantry Regiment, 2nd Battalion*, marcher à travers la passe de Kasserine. Cet affrontement déboucha sur une victoire allemande. (SC 167571, National Archives.)

Un char M3 Lee, de la *1st Armored Division*, venu en renfort des troupes américaines lors de la bataille de Kasserine. (United States Army Signal Corps.)

de 6 hommes et la capture de 16 autres dans les forces allemandes et italiennes. Un *Ranger* fut perdu pendant les combats. Le soir du 13 mars, les hommes, rattachés à la *1st Infantry Division*, prêtaient main-forte aux *Combat Teams 16* et *18* dans la prise, sans difficultés, ni pertes parmi les *Rangers*, de Gafsa en Tunisie. La prise de cette ville s'inscrivait dans le plan du *General* George S. Patton pour en faire une base logistique de support de la *Eighth Army* du général Bernard Montgomery. Les *Rangers* participèrent aussi à la sécurisation du passage de Djebel el Ank, pour ensuite opérer à El Guettar, en mars 1943. À El Guettar, la mission fut plus audacieuse et de taille. Le 18 mars, le *1st Ranger Battalion* occupait l'oasis d'El Guettar sans grande opposition. Mais, les *Rangers* devaient ensuite marcher dans l'obscurité de la nuit du 20 mars, le visage peint de noir, à travers plus de 19 kilomètres d'un terrain rocailleux pour ensuite attaquer à l'aube les Italiens et faire environ 200 prisonniers. Entre les 23 et 27 mars, les *Rangers* faisaient état de trois morts au combat et de 19 blessés. Avec leurs victoires, ils commençaient à s'imposer de plus en plus comme l'élite des fantassins de l'armée américaine. Le *1st Ranger Battalion* pouvait ainsi, de ses missions à Gafsa, du Djebel el Ank et d'El Guettar, se voir remettre la prestigieuse *Distinguished Unit Citation.*

À la suite de la nomination du général Dwight D. Eisenhower à la tête du Haut Commandement des forces d'invasion, le *1st Battalion*, fort de ses succès et distingué pour nombre de ses hommes de la *Silver Star*, connut des changements. À partir du *1st Battalion*, on décida d'en former deux nouveaux, le *3rd* et le *4th Battalion.* Il y avait désormais le *1st*, le *3rd* et le *4th Battalion.* Le *3rd Battalion* fut activé le 21 mai 1943 à Nemours en Algérie, où il était arrivé, depuis déjà le 22 avril. Le *4th Bataillon* fut activé en Tunisie le 29 mai. Avec le commandement de ces trois *Battalions*, on créa la *6615th Ranger Force.* Elle fut complétée par le *83rd Chemical Mortar Battalion* et le *2/509th Parachute Infantry Regiment.* Darby en était le *Commanding officer.* Qui plus est, on choisit les plus qualifiés des *Rangers* pour participer à la création et l'entraînement aux États-Unis de deux nouveaux *Battalions* le *2nd* et le *5th.* Ces deux *Battalions*, le *2nd*, mis en place, le 1er avril 1943, et le *5th*, le 1er septembre, se formèrent, au tout nouvellement aménagé, depuis le 8 janvier 1943, centre d'entraînement de Camp Forrest, dans le Tennessee, à proximité

Rangers de retour d'opération en Algérie. Le soldat le plus à droite semble porter une corde de franchissement. (111-SC-174330, National Archives.)

Le *Colonel* William O. Darby, le 28 avril 1944, pris en photographie à Fort Chaffee, dans l'Arkansas. (319-AP-4951-SC190690, National Archives.)

Ci-contre : les *Headquarters* de Camp Forrest, dans le Tennessee, le 24 juin 1942. Tout à gauche se trouvait le *Camp Post Office*. Le grand bâtiment central est, comme l'indique la pancarte, les *Headquarters*. Dans la partie gauche de la structure se trouvait le bureau des *Camp Int. Officers* et d'autres gradés. (111-SC-140209, National Archives.)

de Tullahoma. De ces créations de *Battalions*, le *1st* fut, quant à lui, au grand dam de Darby, placé à l'écart des combats et mis en réserve divisionnaire, en Tunisie, à Gafsa. À l'origine du *Second Ranger Battalion*, si certes, les entraînements à Camp Forrest étaient un franc succès, les *Army Ground Forces Headquarters* n'étaient en fait pas vraiment enclins à voir les hommes s'entraîner de manière continuelle, à temps complet, dans des écoles. Son motif était que cela éloignait trop d'hommes et d'officiers en dehors des troupes. De plus, cette situation s'imbriquait mal avec les entraînements normaux. La solution à ce problème fut donc la création du *Second Ranger Battalion*, le 1er avril 1943, à Camp Forrest. Le centre d'entraînement de Camp Forrest avait été établi par le *Second Army Commanding General* Lear, le 8 janvier 1943, et ses entraînements furent inspirés de la *Special Combat Training School of the United States Marine Corps* de Camp Pendelton, sur la côte sud de la Californie. À Camp Forrest, on apprenait le *Close Combat* et l'infiltration. Un manuel fut créé pour expliquer aux *Rangers* les meilleures techniques, afin de régler définitivement son compte à son adversaire. Lear souhaitait

Ci-dessus : Darby recevant le *Distinguished Service Order* du *Lieutenant-General* Oliver Leesa. (319-AP-4951-SC660245, National Archives.)

Darby en compagnie du *Lieutenant General* Mark W. Clark, le 7 avril 1944. (319-AP-4951-SC437681, National Archives.)

22 janvier 1944, des hommes du *3rd Ranger Battalion* embarquent dans un LCI pour prendre part à la bataille d'Anzio. (United States Army Center of Military History.)

enseigner, au travers de ces entraînements, comment en finir d'un ennemi selon n'importe quel moyen, aussi cruel pouvait-il être. Comment tuer son ennemi mais aussi être capable de le faire sans la moindre hésitation et compassion, dans un souci d'obtenir des *Rangers* efficaces dans toutes les situations possibles. Pas

de scrupules. Les *Rangers* étaient ainsi, en 1943, à la fois au combat, après le Maroc et la Tunisie, ils opéraient en Sicile et en Italie, et à l'entraînement pour former de nouvelles forces prêtes à en découdre avec le *IIIe Reich*.

En Italie, les *Rangers* avaient accompli de nombreuses périlleuses missions. Parfois, les pertes furent sévères comme à la bataille d'Anzio. Entre le 30 janvier et le 2 février, les Allemands défirent les troupes américaines à la bataille de Cisterna. Les *Rangers* combattant lors de la bataille d'Anzio, les *1st*, *3rd*, et *4th Ranger Battalions* étaient regroupés avec le *509th Parachute Infantry Battalion* et d'autres unités dans un groupement, la *6615th Ranger Force*. Mais il eut aussi des succès, comme dans le cadre de l'avancée américaine vers Porto Empedocle, où les hommes de Darby atteignirent leurs difficiles mais fructueux objectifs. Dans *Rangers*, Michael Julius King nous raconte le professionnalisme des hommes lors de cette avancée quand, par exemple, le 15 juillet : *« Les* Rangers *passèrent les lignes de front amies à 19 heures et avancèrent à pied le long de la route Favara-Agrigente (Route 122). Le début de la marche fut relativement simple ; ils furent suivis par des tirs d'artillerie venant de 4,800 km au-delà de Favara et, plus tard, sous le feu des tirs de mitrailleuses, mais*

Le 30 janvier 1944, lorsque les forces alliées ont attaqué à partir de la tête de pont d'Anzio, en avançant vers Campoleone et Cisterna, un *Battalion* de *Rangers* fut détruit dans la tentative infructueuse de prendre les objectifs. Nous voyons ici des hommes de la *5th Army* débarquer à Anzio, formation des États-Unis, à la bataille d'Anzio, qui se déroula entre le 22 janvier et le 5 juin 1944. Les hommes débarquent du *HMS LCI-281* lors des premiers jours du débarquement. À droite, la fumée est celle du *USS LCI-20,* victime d'attaques aériennes allemandes. Au loin, le *HMS LCI-274* s'extrait de la plage. (SC 185796, National Archives.)

tout ceci ne fut pas précis et, indemne, le bataillon continua d'avancer. Aux alentours de minuit, les Rangers *s'avancèrent au-devant de leur première opposition, un barrage routier italien à la jonction des grands axes routiers 122 et 118. Les Américains attaquèrent à 3 heures du matin et, après une brève escarmouche, prirent la position et des emplacements sur les hauteurs avoisinantes en 1 h 30. Ils capturèrent aussi 165 Italiens [...]. Dans les combats, il n'y eut pas de victimes chez les* Rangers. *[...] Le bataillon eut quelques heures de sommeil sur les hauteurs près du carrefour sur la route, avant l'aurore, et reprit sa marche vers Montaperto à 6 heures. [...] Quand les* Rangers *étaient à environ 180 mètres de la route 118, ils repérèrent une colonne motorisée italienne de 10 motos et de 2 camions de transport de troupes, avançant sur la route dans leur direction, vers Agrigente. Les* Rangers *étaient sur les hauteurs, une fois la route traversée, alors ils organisèrent une embuscade rapide d'où ils se trouvaient et ouvrirent le feu quand la colonne approcha. Les Italiens, ne se doutant de rien, furent complètement pris par surprise, de nombreux furent tués, et 40 faits prisonniers. Comme pour le barrage routier de la nuit d'avant, l'escarmouche fut à sens unique, et aucun* Ranger *ne fut tué ou blessé.»* Peu après ces événements, le 1er août 1943, on décidait de designer tous les *Ranger Battalions* en *Ranger Infantry Battalions.*

Des troupes britanniques et des *Rangers* américains fraternisent en ce 23 janvier 1944, sur la route Anzio-Rome. (NA 11324, IWM.)

Campagne d'Anzio. En ce 27 avril, le *USS LST-77* fait débarquer des M-4 "Sherman" de la *5th Army*. (SC 189668, National Archives.)

3

L'entraînement pour la Pointe du Hoc

Tout comme à Achnacarry, chaque soldat devait apprendre à maîtriser parfaitement les armes, développer ses capacités physiques et son aptitude à exécuter toute stratégie militaire choisie par son supérieur. Les hommes séjournaient constamment sous des tentes. Les repas se faisaient sur des fourneaux de campagne à essence. On pense notamment au *Range, Field M-1937*. À l'aide de ce fourneau, on pouvait faire à manger pour une cinquantaine de personnes. Le *Field M-1937* pouvait bouillir, rôtir, frire, ou encore faire du pain. De bons repas en perspective. Pourtant, les *Rangers* eurent très souvent à se contenter de rations de combat. Surtout les *Types C Rations*, composées de *corned-beef* à la pomme de terre, aux *beans* (haricots) ou aux légumes. Afin de préparer aux conditions de terrain futur, on forçait aussi les hommes à dormir dans des couchettes de toile légère, où parfois se mêlaient, en fonction du temps, la poussière, la boue et les nuages de moustiques et de mouches. Les latrines ne consistaient qu'en des trous faits rapidement, dégageant une odeur écoeurante. Chaque tente pouvait abriter

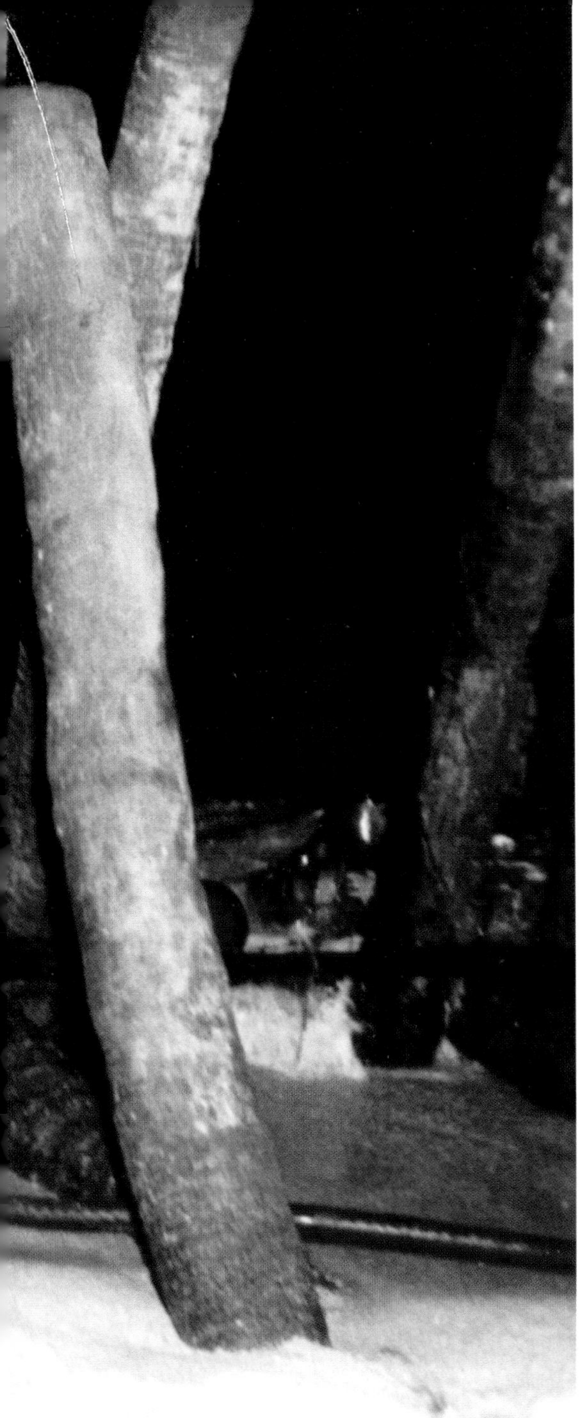

Ci-dessus : le 29 mai 1944, à l'*Amphibious Training Base*, on s'entraîne de nuit au milieu des obstacles de plage. (Photo by PhoM1c Alfred G. Merritt, 80-G-264489, Naval History & Heritage Command, National Archives.)

six hommes et les douches se trouvaient en dehors du campement, dans des baraquements, à 800 mètres de là. Les auteurs J. E. Kaufmann et H. W. Kaufmann, dans *The American GI in Europe in World War II*, offrent un témoignage de James Eikner sur les conditions d'apprentissage. On peut lire que : « *l'entraînement classique à Camp Forrest pour les* Rangers *était axé sur l'endurance physique, l'expertise en armes, la tactique, à la fois pour les petites unités telles que le bataillon, la motivation, pour n'en citer que quelques-uns ». Pour une journée normale, après le réveil, nous faisions une course d'un mile* [soit environ 1 600 km], *prenions notre petit-déjeuner, puis une heure d'exercices physiques intensifs, puis un entraînement très spécifique : combat rapproché, combat au couteau, exercices à la baïonnette, maniement d'explosifs, entraînement avec tous les types d'armes d'infanterie, course d'obstacles, parfois avec des tirs réels. Nous réalisions une marche de vingt-cinq miles, trois jours par semaine, qui se concluait par une course de cinq miles* [un peu plus de huit kilomètres] *le samedi matin, et un retour au camp pour le lunch. Nous n'étions pas situés dans un endroit où nous aurions pu avoir un réel entraînement en montagne, et personne ne savait à quel type de mission nous serions assignés. Nous avions fait un peu d'escalade, et je me souviens de la longue remontée à un endroit où il y avait de la falaise escarpée. Nous avions eu plusieurs hommes recalés car ils refusaient d'y aller. Nous avons aussi fait beaucoup de traversées de cours d'eau en construisant des ponts de cordes ou utilisant des morceaux de tente pour flotter. De plus, nous avons fait une course d'obstacles avec balles réelles, et les mitrailleuses tiraient suffisamment bas sur vous pour toucher votre tête si vous vous leviez trop haut. Chacun était censé devenir un expert dans toutes les armes d'infanterie. Ils firent de moi l'instructeur pour le pistolet, parce qu'ils dirent que je devais m'y connaître étant donné que j'étais originaire du Texas* ».

Les entraînements du *2nd Battalion* s'intensifièrent avec l'arrivée de celui que la postérité laissera comme une figure du débarquement allié, le *Major* **James Earl Rudder**, arrivé le 30 juin 1943 à Camp Forrest. Les premiers mots

Ci-dessous : photographie d'une partie de l'*Amphibious Training Base* de Fort Pierce, en Floride, prise le 14 juillet 1944. Nous pouvons voir ici des obstacles de plage recréés sur place afin d'entraîner les *Navy combat demolition units*, ancêtres des *Navy SEALs*. (80-G-264550, Naval History & Heritage Command, National Archives.)

Mosaïque de prises de vues aériennes de la base de Fort Pierce. Il s'agit ici de South Island. Photographies du 13 juillet 1944. (80-G-264540, Naval History & Heritage Command, National Archives.)

Ci-contre : à Fort Pierce, on apprit à manier les explosifs. Parmi ceux-ci se trouve du nitrostarch. Celui-ci est un composé explosif brisant qui brûle sous l'effet d'une flamme. Il peut aussi détonner sous l'effet d'une onde de choc. (80-G-264413, Naval History & Heritage Command, National Archives.)

Ci-contre : cette photographie a été prise le 13 décembre 1943, au cours d'un entraînement pour la *Navy combat demolition unit*. On peut y voir du TNT et d'autres variétés d'explosifs comme du Vibrogel, un explosif qui remplaça souvent le TNT. (80-G-264414, Naval History & Heritage Command, National Archives.)

pour ses *Rangers* furent les suivants, en leur demandant de s'asseoir en rond autour de lui, il leur dit simplement: *«Messieurs, je suis votre nouveau* Battalion Commander. *Je suis venu ici pour que vous puissiez m'apprendre à devenir un* Ranger. Company commanders, *prenez en charge vos compagnies».* Pour de nombreux hommes, son style était sincère et direct. Les jeunes Américains allaient vite apprendre à s'attacher à celui que nombreux surnommeraient affectueusement «Big Jim». Rudder perfectionna l'entraînement des *Rangers* en commençant par modifier leurs conditions de vie sur le camp. Il fit cantonner désormais ses hommes dans des baraquements de bois et veilla à ce que ceux-ci puissent manger davantage qu'auparavant. En raison des conditions de vie difficiles et des problèmes d'hygiène, de la dysenterie s'était souvent déclarée chez les hommes. Rudder remplaça leurs *Type C ration* par des fruits et des légumes frais. Du pain de meilleure qualité fit son apparition et les quantités furent doublées. Tout ceci était nécessaire, car le *Major* avait considérablement intensifié les entraînements. Son objectif était simple, obtenir les meilleurs fantassins des États-Unis. Patrick K' O Donnell, dans son *Dog Company,* cite ces mots du *Major* Rudder qui en disent long sur l'objectif du *Major* d'avoir les meilleurs. On peut lire: *«J'ai été envoyé ici pour restaurer l'ordre et commencer un vrai entraînement. Alors laissez-moi vous dire, je vais vous bouger le cul. Avant même que vous vous en rendiez compte, vous serez les hommes les mieux entraînés de toute l'armée. Maintenant, avec votre coopération, il y aura des permissions de temps en temps, quand vous en aurez le temps. J'accorderai autant de permissions que je peux. Si je n'obtiens pas votre coopération, nous continuerons à travailler, mais ce sera plus dur pour vous. Si ce type d'entraînement ne vous convient pas, venez à mon bureau, et nous vous transférerons. Ce sera aussi bien pour vous que pour nous. Des questions?».*

La vie sous tente avait été motivée par le *Colonel* Becker. Selon lui, il fallait que les hommes s'installent dans les mêmes conditions que les jours de combat. Donc, sur la longue durée, les hommes devaient dormir dans des tentes et ne devaient manger que des rations de combat. Camp Forrest était une ville entière de tentes. Lorsque Rudder y arriva, il venait juste d'être appelé à servir après l'attaque de Pearl Harbor. Assigné tout d'abord comme *Battalion Executive Officer* dans la *83rd Division,* dans l'Indiana, il avait été rapidement repéré pour ses talents de chef et amené à remplacer le *Lieutenant Colonel* William Saffarans. Ce dernier était un homme de 41 ans, au corps athlétique, fin tireur et excellent coach, qui avait développé un programme d'entraînement de deux semaines. Saffarans fut le premier commandant du *2nd Ranger Battalion.* Demandé pour former une *Jungle School* à Hawaï, il laissa sa place le 15 avril à L. E. McDonald. Rudder devait ensuite remplacer McDonald à Camp Forrest. Rudder avait su se faire une place dans les rangs de l'armée, et ceci, non seulement en raison de ses qualités intellectuelles, mais aussi morales. Né le 6 mai 1910 à Eden, dans l'ouest du Texas, celui-ci était aussi de ces joueurs acharnés de football américain qui, campé sur ses 1,83 m et 100 kg,

Ce 13 décembre 1943, à Fort Pierce, un *Lieutenant* du *United States Army Corps of Engineers* prend la pose devant du matériel de démolition utilisé par la *Navy combat demolition unit.* (Photo by PhoM1c Alfred G. Merritt, 80-G-264411, Naval History & Heritage Command, National Archives.)

À Fort Pierce, des LCS(S) étaient utilisés pour s'entraîner au tir de roquettes que l'on peut voir à bord de chaque bateau. Photographie du 11 avril 1944. (PhoM2c Donald L. Cummings, 80-G-264461, Naval History & Heritage Command, National Archives.)

affichait d'excellentes qualités physiques. Il donnait aussi des cours au Tarleton Agricultural College. Le *2nd Battalion* était ainsi entre les mains d'une personnalité au caractère fort, énergique et les événements à venir allaient confirmer les qualités évoquées. Rudder savait motiver ses hommes, développer le meilleur de chacun, créer un esprit de corps entre les soldats, de camaraderie et de l'émulation pour les mener vers la victoire. Les éloges des historiens sur Rudder ne manquent pas. Steven J. Zaloga, dans son *Rangers lead the Way*, nous présente un homme dont la *« vigueur, l'intellect, et le* leadership, *le rendaient sur mesure pour la tâche demandée »*. Le *Major* avait aussi de nombreuses choses à apprendre de ses hommes, qui comptaient des vétérans de la campagne d'Afrique du Nord. Il écoutait et s'instruisait beaucoup du savoir de ses soldats. Il leur offrait aussi toutes ses connaissances. Parfois, il pouvait aussi faire preuve d'une grande sévérité. Il n'eut aucun problème à décider une marche, sur une nuit complète, pour avoir eu connaissance de soldats sortis faire la fête en ville. La course était d'ailleurs au cœur des entraînements. À peine trois semaines après avoir pris le commandement du *2nd Ranger Battalion*, il organisa une course de plus de douze kilomètres qui fut opérée en

une moyenne de 90 minutes. La nuit était très choisie pour les entraînements. On n'hésitait pas, de toute manière, à réveiller les hommes très tôt pour mener des séances de tir comme d'infiltration. Afin de favoriser l'émulation, un jeu brutal consistait à gravir et se rendre maître du haut d'une petite bute par tous les moyens physiques. Au final, un seul homme devait rester sur la hauteur. Le *Major* ne voulait aucun échec et souhaitait encore moins se le faire remarquer, comme lors d'un défilé militaire raté des *Rangers*, où il fut fortement recadré par ses supérieurs. Cette situation le mit hors de lui. Furieux, le visage rouge de colère, il hurla sur son *Battalion*, pour enfin défier quiconque serait en désaccord avec ses invectives de se mesurer à lui au corps à corps. Ce à quoi personne n'osa se tenter. Il faut dire aussi que l'insuccès de cette parade militaire résidait dans le fait que les *Rangers* n'avaient pas eu envie de défiler. Thomas M. Hatfield, dans sa biographie, *Rudder: From leader to legend*, souligne, dans sa préface, l'homme qui, tout le long de sa vie, a su être *« admiré par les chefs d'État, soldats, mécaniciens et intellectuels; parce qu'il combinait le* leadership *et l'altruisme au service des autres; parce que sa vie illustra l'importance suprême de la communauté et de la famille dans la constitution du caractère »*. C'est pour cela, comme le dit l'un de ses *Rangers*, Leonard Lomell qu'il: *« vous inspirait à donner le meilleur de vous-même. Vous auriez voulu mourir pour lui »*. Les *Rangers* de Rudder étaient donc prêts à tout afin de servir les causes de leur *Major*. Il faut dire que les hommes étaient des volontaires.

Dans l'ensemble, les *Rangers* venaient de milieux sociaux très différents. Quand l'un pouvait être un mineur de 20 ans venant de Virginie, comme Charles Fulford, un autre, William Leroy Petty, de 22 ans, était un ancien de la *30th Infantry Division* de la *Tennessee National Guard*. Petty était une personne très dynamique et surtout très réfractaire à l'autorité. Il fut d'abord recalé de l'examen médical, qui permettait de passer dans le corps des *Rangers*. La raison était qu'il portait un dentier à l'avant. L'officier médical lui avait affirmé: *« Tu as de fausses dents. Tu ne peux pas devenir* Ranger *avec un dentier. Il n'y a aucun moyen d'intégrer les Rangers sans de vraies dents mon gars »*. Petty, plein de fougue, lui répondit alors: *« Qui est le chef ici ? Je veux le voir »*. Et le docteur de montrer le bureau de Rudder du doigt. Petty devait tout tenter et ne désespéra pas de convaincre son supérieur. Pour celui qui s'était fracturé les deux jambes lors d'un saut en parachute, lui offrant une démarche en canard, ce n'était pas ses dents de devant, brisées au cours d'un match de football américain, qui allaient l'empêcher de faire partie de l'élite. Petty démarra des pourparlers avec Rudder, ce dernier lui expliquant son refus médical. Mais Petty lui déclara: *« Bon sang Monsieur, je ne veux pas les manger. Je veux les combattre ! »*. Interloqué, Rudder lui tendit alors un papier et lui dit: *« Voilà retourne ça aux* medics. *Tu es pris »*. Le deuxième classe Petty fut affecté à la *F Company*, et le temps donna raison au choix de Rudder qui était particulièrement doué pour détecter les talents. William Leroy Petty devint un de ces

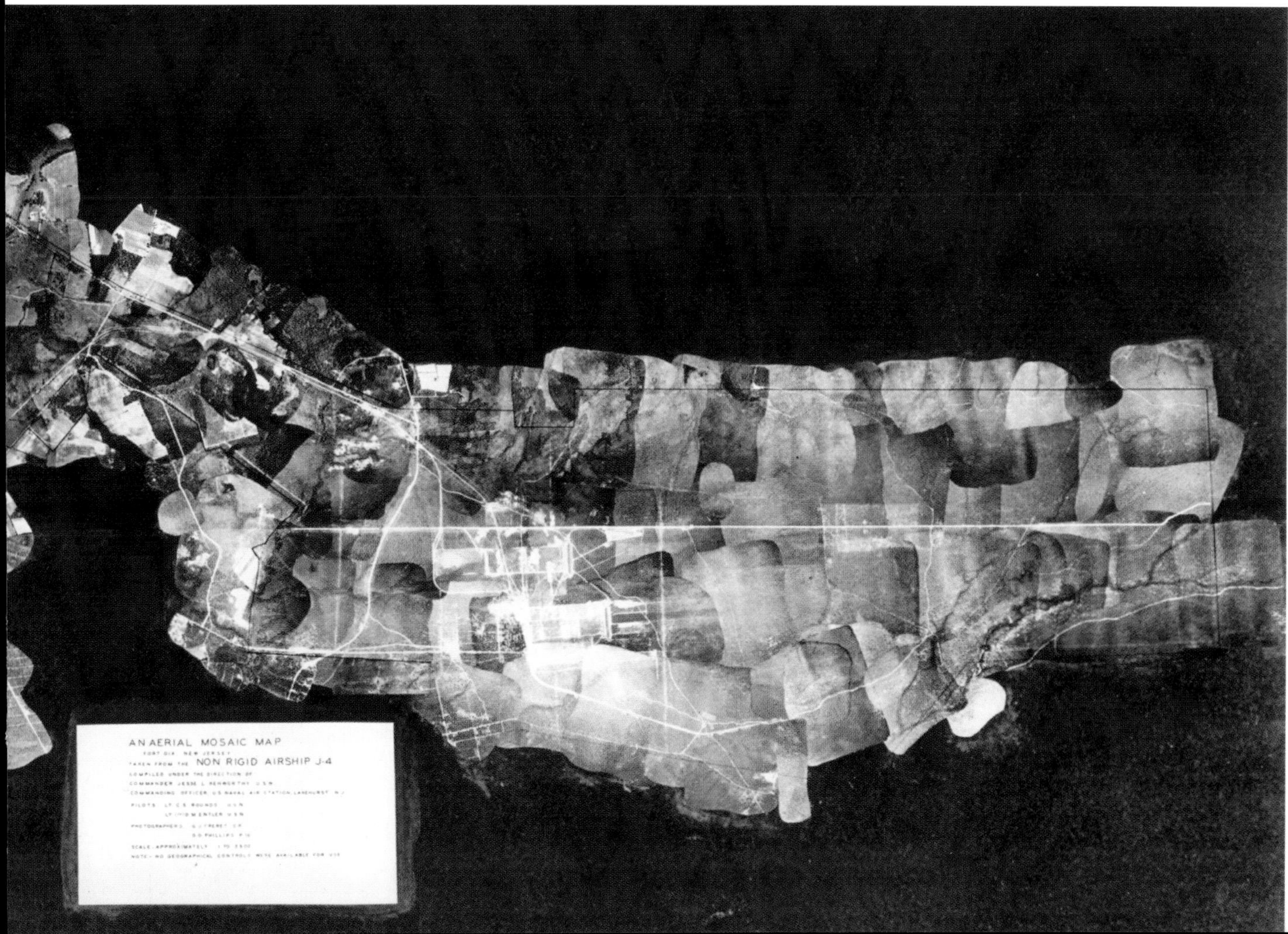

Mosaïque de prises de vues aériennes de la base de Fort Dix, dans le New Jersey. (NH 113010, Naval History & Heritage Command.)

brillants et valeureux *Rangers*. Le 6 juin 1944, il tua de nombreux Allemands lors de l'assaut de la Pointe du Hoc, obtenant, par sa bravoure au combat, la médaille *Silver Star*. Il y avait aussi un joueur professionnel de claquettes, venu de Plymouth dans le Massachusetts, Antonio J. Ruggiero, surnommé « Rugg » ou « Ruggie », en raison de son nom trop compliqué à prononcer pour les hommes de la *D Company*. Nombreux étaient les supérieurs qui avaient prévenu Ruggie sur ses faibles chances de devenir *Ranger*, en raison de sa taille qu'ils estimaient trop petite. Le rendez-vous d'incorporation de ce dernier se déroula de la manière suivante : *« Alors vous souhaitez devenir* Ranger, *n'est-ce pas ? Aimez-vous vous battre au couteau ? »*. Il répondit : *« Bien sûr, pourquoi pas ? »* répondit Ruggiero. Ce à quoi on lui demanda : *« Et si je vous demandais d'ouvrir la gorge de quelqu'un, le feriez-vous ? »*. La réponse de Ruggiero fut sans compromis : *« Non, pourquoi le ferais-je ? J'ai juste à tirer sur ce bâtard »*. Sa réponse fit beaucoup rire Rudder et les autres *Rangers* présents dans la pièce. L'entretien était décidément bien enclenché, et le *Major* passa sur la taille de ce jeune homme. Il faut dire en fait que Ruggiero était un fin tireur. Sur son dossier d'états de service, il était indiqué que celui-ci était capable, à 275 mètres de distance, de toucher un taureau entre les deux yeux, et cela neuf fois de suite. Fin tireur et sportif au fort caractère, Ruggiero avait ainsi toutes les clefs en main, ce jour-là pour intégrer la *D Company*.

Si les profils, mais aussi les origines géographiques étaient variés, de manière générale, de nombreux hommes venaient des États de New York, comme Howard J. Gardner, du New Jersey, tel Volney E. Beeker, et de Pennsylvanie, comme John Dolinsky âgé de 21 ans en 1943. Pour ce dernier, de la *National Guard*, indiqué le jour de son incorporation comme célibataire travaillant comme comptable, les *Rangers* offraient l'opportunité de se réaliser. À Camp Forrest, comme aux tout premiers temps des *Rangers*, les entraînements ont eu leur lot de drames. Tenant dans sa main une grenade artisanale bien plus longtemps que prévu, le soldat Joe Camelo perdit son bras. Ou encore Joe Antonelli qui s'assit par mégarde sur un piège qui détonna entre ses deux jambes, explosant au niveau des parties génitales.

Après Camp Forrest, les *Rangers* du *2nd Battalion* durent approfondir leur entraînement sur un terrain nouveau, le camp de Fort Pierce, petite île perdue de la Floride. Ici, on allait les entraîner à utiliser des bateaux pneumatiques en caoutchouc et savoir sortir correctement de petites péniches d'assaut. Fort Pierce était une école destinée, depuis janvier 1943, aux *Raiders* et aux *Scouts* de l'*US Navy*. Ces hommes étaient les ancêtres des *UDT*, *Underwater Demolition Teams*

Entraînement des forces américaines à Slapton Sands pour préparer le débarquement. Nous pouvons voir les *USS LCT-624* au centre avec le *USS LCI(L)-85* juste derrière. Un *M-4 Sherman* avec sa jupe de flottaison est en partie visible à gauche de l'image, prise probablement en mai 1944. (NH 100085-KN, Naval History & Heritage Command.)

et des *Navy SEALs*. Les *Raiders* et *Scouts* étaient spécialisés dans les opérations amphibies. Les hommes du *2nd Battalion* prirent le train le **4 septembre 1943**, pour arriver sur place le lendemain, aux environs de 10 heures du matin, accueillis par une petite fanfare locale. Avant de partir, les hommes avaient organisé une petite fête. Le *Corporal* Lou Lisko joua de la guitare, certains chantèrent, tandis que d'autres, le *Technician Fourth Grade* Elmer W. Butzke et le *Technical Sergeant* Francis J. Roach, tinrent le bar où l'on servit de la bière. D'autres profitèrent du peu de temps offert pour retrouver de la famille. Sous le soleil de plomb de Floride, entre les longues marches et les repas dans les tentes de leurs campements, les *Rangers* se virent formés par des hommes ayant participé aux débarquements et aux opérations américaines d'Afrique, tels les hommes du *1st Ranger Battalion*, qui avaient bataillé en Algérie et en Tunisie. Les futurs *Rangers* s'entraînèrent, de jour comme de nuit, à manœuvrer leurs embarcations et savoir débarquer aussi bien sur du sable que sur de la côte très rocheuse. Ils se retrouvaient ainsi à manœuvrer de lourds canots pneumatiques, qu'ils devaient juste après porter sur le sable tout en atteignant des positions précises, où ils avaient ordre de mettre en place des têtes de pont, puis devaient s'enfoncer un peu plus hors du rivage pour prendre d'assaut de petites installations. Tout ceci se faisait sous une chaleur accablante, dans un environnement infesté de moustiques, de mouches des sables, de maladies et l'impossibilité de se baigner pour se rafraîchir le soir, tellement le bord de mer grouillait de méduses. Nombreux furent les hommes qui, outrepassant les directives de ne pas mettre le pied dans l'eau, revinrent au campement en hurlant de douleur. Le point culminant de l'entraînement fut probablement cette mission d'infiltration de la ville de Fort Pierce, dans laquelle les hommes du *2nd Battalion* devaient dérouter la surveillance des *Civil Guards* et de l'*United Coast Guard* pour prendre leur objectif. Ce type d'exercice n'était pas une chose nouvelle pour la petite ville de Floride, habituée aux entraînements de ce genre et qui, déjà, s'était mise en alerte. La mission fut une réussite magistrale. Les *Rangers*, totalement camouflés de vert et de noir, divisés en groupes d'assaut, prirent rapidement Fort Pierce. Ils furent chaleureusement félicités par leurs supérieurs. Afin de récompenser ses hommes, Rudder accorda, pour la nuit suivant l'épreuve d'entraînement, une permission que les *Rangers* ne manquèrent pas de fêter dans l'alcool... Mais aussi, des rixes. Les hommes avaient pris cette fâcheuse habitude de se battre au cours de leurs pauses, et ici ce fut une soirée de trop, au cours de laquelle les choses dégénérèrent.

Un semi-chenillé marqué 4020899-S est visible sur la droite de cette photographie, accompagnée d'un *M-4 Sherman* avec sa jupe de flottaison. À gauche, on aperçoit le *USS LCT-201*. La photographie a été prise par un *U.S. Coast Guard* du *USS Samuel Chase (APA-26)*, avec un appareil 35 mm. (NH 100086-KN, Naval History & Heritage Command.)

Les *Rangers* se bâtirent contre des compatriotes de l'*US Navy*. De ces combats qui auraient pu rester lettre morte, s'ils n'avaient pas été trop excessifs pour certains. Dans la *Company D*, le *Staff Sergeant* Charles E. Kettering, tabassa un officier de marine, accusant celui-ci de l'avoir insulté. Il fut convoqué le lendemain de l'affaire en cour martiale. D'autres hommes virent leurs grades baissés et d'autres même furent transférés dans un autre *Battalion*. À la suite de cette nuit de violences, Rudder, tenu responsable par le commandant de la Scouts and Raiders School, le *Captain* Gulbranson, qui l'appela, avait demandé à tous ses hommes de retourner dans leurs casernements les deux jours restants. Le *Major* avait réussi à convaincre Gulbranson de le laisser appliquer les sanctions contre ses hommes. Rudder lui indiqua que, trop heureux de la réussite de leurs exercices, ses hommes n'avaient pas su, dans leur fougue et l'excitation de la victoire, fêter l'événement avec tenue.

Reconstitution de défense côtière. (NH 100088-KN, Naval History & Heritage Command.)

Le **17 septembre**, les *Rangers* préparaient leurs affaires pour monter dans le train qui les mènerait à Fort Dix, près de Trenton, dans le New Jersey. Dans les wagons, les hommes se trouvèrent en première classe, chose peu commune pour eux qui voyageaient généralement sur les banquettes en bois des camions de l'*US Army*. Alors qu'ils profitaient du petit luxe de leur voyage, le train s'arrêta soudainement, et Rudder ordonna à ses hommes d'en descendre pour entamer une course à pied de trois kilomètres. Hors de question de se permettre le moindre confort. Fort Dix, dernière étape avant l'Angleterre, allait être le moment pour de nombreux hommes de renouer avec leur famille et leurs amis du New Jersey. Mal en prit à l'un des *Rangers* trop impatient de retrouver les siens. Le *Sergeant* Augie Delasandros, qui vivait non loin de Fort Dix, se prit d'idée d'écrire à des amis qui vivaient non loin de là. « *Hey Charlie, Tom. Je serai là-bas. Attends-moi, et on va s'amuser* ». Malheureusement, cette lettre, avant d'être postée, tomba entre les mains de Slater. Le *Sergeant* fut immédiatement mis aux arrêts pour avoir quitté son compartiment, mais surtout d'avoir donné une lettre à poster à un soldat. Après être passé en cour martiale, Delasandros dut quitter, le cœur serré, les *Rangers* de Rudder et servit finalement dans l'infanterie, où il donna sa vie au combat. À Fort Pierce, des séances de tir attendaient les hommes, mais aussi des entraînements avancés dans la tactique militaire avec, au programme, des positions à détruire et des hommes à capturer. Ils durent aussi détruire des installations, comme des ponts et des barrages, opérant souvent de nuit. Douglas Brinkley, dans son passionnant *The Boys of Pointe du Hoc*, revient sur la volonté de Rudder, à Fort Dix, d'avoir des hommes au sommet de leurs capacités physiques. Il nous dit: *«La nuit, ils s'enduisaient le visage de graisse noire et pratiquaient des actions secrètes au clair de lune, probablement inconnues des locaux. Un exercice de survie a amené les hommes à être lâchés quelques jours dans une lande de pins, isolée dans le New Jersey. Ils ont dû vivre sur le terrain, tirer les lapins ou voler des poulets pour rester en vie. On approfondit surtout l'escalade de hauteurs allant de 15 à 18 mètres. Pendant quelques jours, les hommes furent envoyés dans le Maryland pour des cours d'espionnage. Ensemble, ils avaient déjà marqué les livres d'histoire: ils établirent un record dans l'*U.S. Army, *courant plus de 24 kilomètres en deux heures. Ils franchirent ainsi leur dernier objectif: un physique idéal».*

C'est à Fort Dix aussi que tous les soldats de deuxième classe, une semaine après leur arrivée, furent passés au statut de première classe. Ronald Lane, dans son *Rudder's Rangers*, nous indique à ce propos que: *«Parmi eux se trouvaient John Cassino, Paul H. Hickling, Robert C. Lambert, Frederick A. O' Neal, James W. Willis de la compagnie de commandement. La promotion fut présentée comme étant une récompense pour bons services, mais les hommes savaient que c'était du fait que les tableaux d'effectifs ne prévoyaient pas de 2nd Class dans le bataillon de* Rangers. *Néanmoins, ceux qui reçurent le galon le cousurent avec autant de fierté qu'un nouveau sous-lieutenant accrochant ses barres dorées. Quelques déplacements inter-compagnies furent nécessaires pour amener les unités à leur effectif plein. Par exemple, la compagnie de commandement perdit plusieurs hommes au profit des compagnies de combat, comme les soldats Paul W French et Raymond R. Tollefson à la compagnie A, Walter T. Bialkowski et Henry J. Findish à la compagnie F. Parmi les promotions, le sous-officier faisant fonction de premier sergent à la compagnie de commandement, John Erdely, dit "Old Snozola" et son fidèle camarade bientôt chauve, Edward Guerney, furent promus au grade de* Technical Sergeant. *Le premier homme du bataillon à essuyer le feu fut le* 1st Class *radio Robert E. Gillespie, égaré sur un terrain partiellement utilisé pour une démonstration*

Vue panoramique des exercices. (80-G-252149, Naval History & Heritage Command.)

d'artillerie, il fut pilonné par vingt obus mais s'en tira sans une égratignure. L'expérience lui donna quelque chose à raconter à la Shamrock Inn». Sur la manière avec laquelle les *Rangers* considéraient leur écusson, de nombreux historiens s'accordent à dire qu'il n'était guère apprécié par les hommes de la troupe. Son design et sa couleur faisaient trop penser à une marque de voitures.

Après les succès de Fort Pierce, les hommes durent prendre la route, le **21 octobre 1943**, pour Camp Ritchie, dans le Maryland. Le lieu abritait un centre d'entraînement, où y avaient été construits des bâtiments sur le modèle des villes françaises et allemandes. Surnommés les «Ritchie Boys», le personnel consistait, en grande partie, en de jeunes Juifs ayant fui l'Allemagne nazie, bien motivés à servir une juste cause. Pour simuler les adversaires des *Rangers*, ces jeunes expatriés, lors des entraînements, s'habillaient et s'exprimaient en allemand, utilisaient des armes allemandes, tout comme les cartes, qu'ils avaient pris soin d'imprimer en langue de Goethe. Les *Rangers* devaient se familiariser au mieux avec leurs adversaires. À Fort Pierce, à peine remis de leurs très éprouvants entraînements, ils s'y voyaient instruits sur les armes et l'équipement militaire allemand. Sur deux jours, ils s'entraînèrent à savoir aussi bien se méfier, qu'utiliser, en cas de nécessité, ces armes de l'Axe. Là-bas, ils durent aussi prendre d'assaut une position en haut d'un mont gardé par des hommes habillés en Allemands. À ce défi, ils répondirent encore par un certes éreintant, mais franc succès. *«Ce fut une longue et fastidieuse randonnée* [mais] *nous avons accompli notre mission»*, se souvint Lomell, bien plus tard. Après ces dures journées d'entraînement, le moment de l'embarquement pour l'Angleterre arriva à grands pas. Les hommes reprenaient la route, en camions, pour Fort Dix, le 23 octobre, à une heure trente du matin. Dans les semaines qui suivirent, les *Rangers* continuèrent à s'entraîner dans des courses à pied, des séances de tir et des combats au corps à corps. On leur projeta aussi de nombreux films aux thématiques variées, allant de la propagande jusqu'à des questions de «moralité sexuelle» comme le 4 novembre. Le 9 novembre, on leur demanda de découdre leur écusson de *Rangers* qui venait tout juste de leur être remis. À peine une semaine après leur arrivée à Fort Dix, on leur donna en remplacement des insignes de la *Second United States Army*.

Trois jours plus tard, nos hommes prenaient la route pour Camp Shanks, dans l'État de New York, pour neuf jours de stationnement et, le

***DUKWs* sur la plage de Selsey, dans le Sussex de l'Ouest, qui participeront bientôt aux opérations en Normandie. Au loin, nous pouvons apercevoir des composantes de port *Mulberry*.** (National Archives.)

20 novembre, ils montaient dans le train, à 8 heures du matin, afin de reprendre un ferry qui les conduirait à New York. Dans le port de « Big Apple », se trouvait le *RMS Queen Elizabeth*, l'un des paquebots transatlantiques les plus luxueux, avant que la guerre ne transforme ce joyau en navire de transport de troupes. Lors de la traversée de l'Atlantique, les *Rangers* durent servir comme aide à la *MP*, la *Military police*. Il faut dire que le *Queen Elizabeth* avait en son sein environ 15 000 hommes, aussi bien civils que soldats. L'obligation de faire la police à bord du navire ne plut guère aux *Rangers*. Certains imputèrent cette corvée comme une punition des nombreuses rixes qu'ils avaient menées dans les bars qui croisaient leur chemin tout le long de leurs entraînements. Il est probable aussi que ce soit pour canaliser les ardeurs des *Rangers* contre d'autres unités et éviter le mobilier cassé à bord. La traversée se fit sans encombres, Rudder disposait d'une couchette privative, tandis que les autres hommes étaient dans des dortoirs communs. Les hommes purent passer *Thanksgiving*, jouer aux cartes et lire un peu, pour beaucoup avec le mal de mer. Après cette semaine de traversée, le navire de sa majesté mouillait dans le port écossais de Greenock.

Le **2 décembre 1943**, les hommes de Rudder retrouvaient ainsi la terre ferme, derniers soldats sortis du *Queen Elizabeth*, sans fanfare ni tout autre cérémonial, ils allaient se regrouper ensuite à Bude, dans le nord des Cornouailles. Le *Lieutenant* Max F. Schneider n'allait pas tarder à rejoindre Rudder. Tom Hatfield dans son *Rudder: From Leader to Legend*, revient sur la rencontre entre Rudder et l'intrépide Schneider : « *Alors que les* Rangers *se formaient dans leurs* Companies *et leurs* Platoons, *deux officiers en uniforme, un militaire et un civil, vinrent à la rencontre de Rudder. Le civil était un officier de la police locale qui guidait le* Battalion *dans la ville.* [...] *L'officier*

Le *RMS Queen Elizabeth*, dans le port de New York, vers 1938. (State Library of Queensland, Australia.)

Le *RMS Queen Elizabeth* en navire de transport de troupes. (FL 10011, IWM.)

militaire était un Ranger *de l'*US Army, *le* Maj. *Max F. Schneider particulièrement intéressant. Schneider avait été affecté au bataillon le 11 novembre alors que Rudder était encore aux États-Unis. Compte tenu des communications transatlantiques limitées, M. Rudder en savait peu sur M. Schneider, un vétéran des combats en Méditerranée, où il avait été décoré de la* Silver Star *et du* Purple Heart. *Les correspondants de guerre le reconnurent comme le premier soldat américain à mettre le pied à terre lors de l'invasion de l'Italie, qui, si c'est vrai, veut dire qu'il fut le premier à mettre le pied sur le continent européen de la guerre. En tant que commandant d'une compagnie de* Rangers, *il avait mené trois débarquements : le premier en Algérie le 8 novembre 1942, suivi par la Sicile six mois plus tard et l'Italie, où il fut blessé par une grenade, le 28 septembre près de Salerne.* » À leur arrivée à Bude, on leur joua des airs patriotiques comme « *Stars and Stripes Forever* », « *You're a Grand Old Flag* » ou encore « *The Caissons Go Rolling Along* ». Les *Rangers* ne furent pas cantonnés dans des baraquements mais dormaient chez l'habitant. Sur place, plus aucun hôtel n'était libre. Ils étaient tous saturés par le *109th Field Artillery Regiment*, qui avait été évacué de Londres. De nombreux hommes entretinrent de bons rapports avec les populations locales. Les liens furent parfois facilités entre les agriculteurs locaux et les soldats qui venaient de milieux ruraux. Les espaces agricoles sur place, de petites exploitations, faisaient penser à bien des égards à la campagne américaine. Plus tard, pour les *Rangers* et les autres unités, qui combattirent en Normandie après le débarquement, les petites fermes du bocage furent aussi un rappel des fermes de leurs petites villes rurales, comme on pouvait en trouver au Texas. Les hommes devaient être prêts pour 6 h 30. Les *Sergeants* punissaient les retardataires en les faisant courir une bonne heure, parfois davantage. Rudder modifia la punition en obligeant tout homme en retard à devoir se lever le matin un quart d'heure plus tôt. Il fut difficile au début, pour tous les hommes, d'arriver à l'heure. Le fait est que les chambres étaient réparties dans différents endroits de la ville. De plus, comme le souligna un *Ranger* à son *Major*, certains n'avaient pas de montre. Rudder fournit alors rapidement une Hamilton à ses hommes. À Bude, il y avait aussi les églises qui rappelaient la terre natale des *Rangers*. On y trouvait une congrégation évangélique, il y avait aussi la Haute Église anglicane et des Méthodistes. Acceptés dans ces lieux de culte, un vicaire de la Haute Église vint toutefois faire remarquer à Rudder qu'il serait préférable que ses hommes évitent de venir armés de baïonnettes, de couteaux et de pistolets pour prier. Le *Captain* Cleveland A. Lytle était notamment venu communier avec son arme cachée sur le côté. La chose était difficile à accepter pour les religieux. Même cachées sur le côté, les armes n'étaient pas désirées.

Rudder était venu trouver à Bude ces falaises essentielles pour parfaire l'entraînement de ses hommes. S'élevant sur parfois plus de trente mètres, elles offraient un moyen idéal de s'entraîner. Le **5 décembre**, les *Rangers* commençaient à escalader les falaises, et cela sans autre chose que leurs mains, ou parfois des cordes de chanvre. Il leur fallait apprendre les techniques pour grimper à mains nues ces hauteurs et développer les muscles nécessaires à cela. Pas un seul n'avait encore fait de l'escalade de manière intensive et ils avaient donc beaucoup à apprendre. Pas un seul, non plus,

ne savait le pourquoi de cet entraînement ciblé. Des commandos britanniques étaient là pour leur offrir leurs connaissances. De véritables pionniers, des vétérans, leur indiquaient comment escalader les falaises rapidement. Parmi ces commandos, il y avait le respecté et haut en couleurs *Lieutenant Colonel* Thomas Trevor, qui avait été détaché du *No 1 Commando* pour offrir aux Américains de précieux conseils. Cet officier savait de quoi il parlait, lui qui avait combattu en Afrique du Nord avec le *No 1 Commando*. De nombreux *Rangers* apprirent aussi à Bude à se familiariser avec une arme qui participera aux réussites de l'armée américaine, le M 1918 Browning Automatic Rifles, plus connu sous le nom de FM BAR. Cet imposant fusil-mitrailleur allait rendre bien des services aux *Rangers*. Lors des entraînements à Bude, des *Rangers* furent choisis pour participer à des missions commando.

Le **17 décembre**, il fut indiqué à des officiers et des soldats qu'ils allaient participer à un raid. Parmi ces Américains, se trouvait le *Lieutenant* McBride, un Écossais plein de taches de rousseur. Il venait de la *Dog Company*. L'opération de nuit consistait à accoster sur les côtes

Rangers à l'entraînement le 1er août 1943 à Bude en Cornouailles. Ils appartiennent au _29th Ranger Battalion_. (National Archives, 111-SC-179524)

Débarquement de troupes par *LCVP* sur Slapton Sands.
(80-G-252326, Naval History & Heritage Command, National Archives.)

françaises pour capturer un soldat allemand. Tous portaient l'uniforme commando en ce 17 décembre. Même si l'escalade de la falaise menant à la position allemande fut une réussite, les commandos n'eurent pas le temps de terminer leur mission et rentrèrent sans prisonnier en Angleterre. À Bude, les hommes eurent aussi du temps libre pour regarder des films proposés par l'armée et boire des verres dans les pubs locaux. Ils y passèrent le Noël 1943. À cet égard, Rudder demanda à ses hommes de se faire poster, via leurs familles, des bonbons que les *Rangers* distribueraient aux enfants de Bude. Ce à quoi les familles américaines répondirent avec beaucoup d'attention. Le *Major* avait installé les *headquarters* dans la partie nord de Bude, dans une zone appelée Flexbury. On pouvait trouver le *Major* et son personnel à l'hôtel Links, bâtisse de trois étages, fort d'une douzaine de chambres. Pour entretenir l'esprit de compétition chez les *Rangers*, le *Captain* Harold Slater organisa de nombreux matchs de football américain entre le *1st* et le *2nd Platoon*.

Les **27 et 28 décembre**, les hommes du *Major* Rudder, serrés les uns contre les autres dans des camions, quittaient Bude pour le petit village de Titchfield dans le Dorset, sur la côte sud de l'Angleterre. Sur le chemin, il y eut un arrêt à Exeter où la Croix Rouge offrit aux soldats le seul repas du voyage. La nuit, on coucha à la sortie de Portsmouth pour reprendre la route le lendemain matin et, en deux heures de route, arriver à destination. Là-bas, furent proposées différentes missions, en partenariat avec des commandos britanniques, mais pas une ne se déclencha. Il y eut notamment ce raid prévu sur Calais, dans lequel les *Rangers* devaient faire un prisonnier allemand, mais qui fut finalement annulé le 27 janvier, faute d'une mer assez clémente pour acheminer les hommes lors des trois nuits sans lune qui convenaient alors ce mois-ci. Les hommes de la *Company* qui avaient été choisis, devaient attendre davantage de temps pour faire leurs preuves. Des hommes de la *D Company*, sous le commandement du *Captain* Slater, eurent aussi la déception de constater l'abandon de la mission qu'on leur avait attribuée, en janvier, en commun avec le *N°4 Commando*. Ils devaient atteindre l'île d'Herm, la plus petite des Îles Anglo-Normandes, juste à côté de Guernesey. Là-bas, il leur fallait prendre connaissance des positions et des effectifs allemands sur l'île et ramener, comme à Calais, un prisonnier. Encore une fois, faute d'une mer assez calme, ces *Rangers* et leurs compagnons du *N°4 Commando* ont dû se faire une raison.

Début **janvier**, les *Companies* de *Rangers* étaient transférées pour améliorer leur niveau d'escalade, mais cette fois-ci, sur les falaises de l'Île de Wight. Des bains dans l'eau vivifiante de la Manche et des courses exténuantes en bord de mer furent aussi au programme. Sur The Needles, les trois *Stacks* (pointes) de craie, qui s'élèvent à la pointe occidentale de l'Île de Wight, les falaises pouvaient parfois atteindre les 90 mètres de haut et consistaient ainsi, de par leur ascension, la réussite ultime pour des Américains. Après The Needles, les hommes se mirent sur l'autre partie de l'île, nommée Shanklin, à escalader les falaises. On y fit aussi des opérations de démolition. Le *2nd Battalion* de *Rangers* retrouva Bude le **14 février 1944**. Les entraînements devaient continuer, et Rudder veillait à garder intact le bon moral de ses

Entraînements sur Slapton Sands. À gauche se trouve le *USS LCT-548* accompagné, sur la photographie, de *LCVPs* se dirigeant alors vers la côte. (80-G-251959, Naval History & Heritage Command, National Archives.)

hommes, malgré les dernières opérations annulées. Les *Rangers* s'entraînaient à monter les falaises avec de plus en plus de matériel sur le dos, mais aussi à l'aide d'échelles en acier. Il s'agissait d'échelles extensibles et étroites de 1,20 mètre, qui, si raccordées les unes aux autres, pouvaient atteindre jusque dans les 30 mètres. À Bude, le *Battalion* fut quelque peu réorganisé, car des hommes ne remplissaient finalement pas assez les conditions imposées. Ces derniers furent remplacés par des hommes d'unités américaines qui se trouvaient positionnées en Angleterre. Le *Lieutenant Colonel* Ronald Lane, dans son *Rudder's Rangers*, nous indique ainsi que: «*parmi eux* [il y avait] *les lieutenants Robert T. Edlin et Joseph E. Leagans, de la 28e division d'infanterie, accompagnés de 33 soldats de* 1st *et* 2nd Class. *Une nouvelle vitalité fut insufflée avec des hommes comme Donald C. Pechacek, William A. McKitrick et Robert M. Parker du 109e régiment d'infanterie, Staphen J. Nezezon, John D. Oehlberg, et Hellmuth M. Strassburger du 112e régiment d'infanterie et Alvin S. Ruse-Bakke, Martin E. Painkin et Edison Crull du 110e régiment d'infanterie*». À Bude, on continua aussi à entraîner les hommes à combattre dans des bâtiments et savoir prendre un village. On leur apprit aussi à utiliser un lance-flammes.

Fin **mars**, le *Major*, accorda cinq jours, à tour de rôle par *Company*, de permission. Certains en profitèrent pour visiter Londres, d'autres parcoururent le pays, pour parfois retrouver des amis stationnés dans d'autres unités, quand quelques-uns ne bougèrent tout simplement pas de Bude, afin de mieux se reposer. Après Bude, une nouvelle destination attendait les *Rangers*. Ceux-ci partirent pour une école d'entraînement très réputée, le camp de Braunton. Là-bas, ils y apprirent à réaliser une opération amphibie et savoir opérer une attaque sur un terrain protégé de barbelés et de mines. Donc, ouvrir une brèche et désamorcer des mines, en utilisant des pinces coupantes et efficacement éviter les mines allemandes, en utilisant un détecteur de mines ou sa simple baïonnette. Les *Rangers* connaissaient à présent toutes les formes de pièges utilisés par les Allemands, et comment s'en sortir, tout en menant un assaut. Encore une fois, de nombreux entraînements se faisaient dans les conditions réelles de ce qui attendrait ces Américains en France, avec des tirs réels. Mais, ce n'est pas tout ce qui attendait les *Rangers* à Braunton. Une fois de plus, on allait initier les hommes à mener des opérations amphibies. Certains *Rangers* furent instruits sur les moyens de venir à bout des obstacles de plages, à l'aide de bangalores et utiliser toutes sortes d'explosifs. À dix kilomètres de route de Braunton se trouvait la plage de Baggy Point. Là-bas, ils menèrent de nombreux exercices tactiques. Des casemates factices avaient été construites pour entraîner les hommes à prendre des positions défensives de plage. On progressait sur la plage, sectionnait les barbelés, et du lance-flammes à la baïonnette en passant par les explosifs, on se familiarisait à prendre les positions. À Braunton, le *Lieutenant* Joseph A. Rafferty prit le commandement de la *Company A*, tandis que Schneider passait de celui du *2nd* au *5th Ranger Battalion*. Le *Captain* Cleveland A. Lytle, qui commandait la *Company A*, passa *Battalion Executive Officer*, c'est-à-dire le second d'un *Battalion* dans le commandement.

À quelques mois du débarquement allié, le **27 avril 1944**, les compagnies de *Rangers* quittaient Braunton pour Dorchester, dans le Dorset, où ils y dormirent sous des tentes. Ils semblaient être à présent ces experts qu'avait tant souhaité George Marshall en juin 1942. De véritables commandos, soldats d'élite prêts à en découdre en toute situation. Ceux-ci ne connaissaient toujours pas la mission qui les attendait, mais le *Lieutenant Colonel* Rudder et Max F. Schneider avaient été mis au courant, quand ils avaient reçu une convocation à Londres, au Quartier Général de Dwight D. Eisenhower. On leur avait expliqué les détails impressionnants de la mission des *Rangers* pour le débarquement allié. Pourtant, les hommes se doutaient bien que le jour tant attendu du débarquement pointait à l'horizon. Début mai, tout concourait à montrer qu'une opération de grande envergure allait voir le jour.

Le **5 mai**, à Slapton Sands, dans le Devon, une manœuvre combinée, nommée *Fabius I*, voyait pour la première fois le *2nd Battallion de Rangers* rejoint par le *5th*, venant du Tennessee, opérer une répétition générale de l'assaut qui attendait les Américains en France. Le *5th Ranger Battalion* avait rejoint l'Angleterre à Liverpool

Des villageois de Slapton Sands quittent quelques temps leur demeure, le 22 avril 1944, afin de faciliter les entraînements pour le débarquement allié. (80-G-253360, National Archives.)

le 18 janvier. Les hommes de ce bataillon, à l'origine commandés par le *Major* Owen H. Carter, avaient pris le *HMS Mauretania* le 8 janvier, après des mois d'entraînements intensifs à Camp Forrest, Fort Pierce et Fort Dix.

Le *5th Ranger Batttalion* de Max F. Schneider, qui s'était formé peu après celui de Rudder, avait ses *headquarters* à Leominster, petite ville anglaise non loin de la frontière galloise. Rudder avait mis Schneider à la tête du *Battalion* le 24 mars. De Leominster, les *Rangers* du *5th* avaient pris la route pour l'Écosse afin de s'entraîner avec les Commandos britanniques. Les entraînements du *5th* continuèrent en avril et en mai, comme à Braunton, avec l'*Assault Training Center*, comprenant notamment des opérations de prises de positions, sur des points fortifiés ou encore dans un environnement très verdoyant. De quoi être préparé et habitué au terrain normand. *Fabius I* s'inscrivait dans une répétition plus générale du débarquement d'*Omaha Beach*. *Fabius* était le dernier grand entraînement avant le débarquement. Beaucoup d'unités, après les exercices, allèrent ensuite directement vers leurs aires de rassemblement. Sur Slapton Sands, choisi pour sa similitude avec les plages de Normandie, les derniers détails, les dernières erreurs, furent corrigés. Cet exercice de très grande ampleur permettait de mieux préparer le débarquement dans sa totalité. Environ 25 000 hommes participèrent aux exercices. D'autres exercices eurent lieu, avec *Fabius II, III, IV, V* et *VI*, pour préparer pendant plusieurs jours le Jour J. *Fabius III*, par exemple, concernant la 3e division d'infanterie canadienne, sur les plages de la baie de Bracklesham, consistait en la répétition du débarquement de *Juno Beach*. Répartis sur six secteurs, en mai, il s'agit des plus importantes manœuvres d'entraînement de toute la Seconde Guerre mondiale. Notons que, devant ces opérations de répétition de très grande envergure, l'armée allemande, au fait de ces manœuvres, envoya des vedettes sur les secteurs d'entraînement. Il n'y eut pas de pertes chez les *Rangers*, mais des unités prenant aussi part à l'exercice furent touchées, notamment des hommes de la *29th Infantry Division* des États-Unis. Au cours de l'exercice, le 28 avril, 749 soldats et marins moururent après que trois navires, les *LST 507*, *531* et *289*, aient été

Cette photographie de 1944 a été probablement prise à Slapton Sands. Le panneau veut empêcher tout accès, du fait que la zone soit toujours minée, suite aux entraînements. Nous pouvons y lire : *"Danger. Minefield contains A mines. You travel road at your own risk. You have been warned".* - (« Danger. Le champ de mines contient des mines. Vous circulez à vos propres risques. Vous aurez été avertis. » (D 21973, IWM.)

touchés par des vedettes allemandes peu après 2 heures du matin. Le 1er mai, juste avant les entraînements de *Fabius I*, des *Rangers* de la *Dog Company*, avaient pu faire la découverte des grappins et autres techniques expérimentales visant à aider au mieux les *Rangers* à se hisser en haut des falaises. Après *Fabius I*, de nouveaux entraînements et expérimentations eurent lieu. C'est là que les *Rangers* développèrent, pendant plus de dix jours, l'utilisation des mortiers lance-roquettes, pour expédier les grappins en haut des falaises, jusqu'à 60 mètres. Il fallait assurer au mieux la montée, et l'on se questionna aussi sur le matériel nécessaire que chaque soldat devait avoir avec lui pour atteindre les hauteurs.

Le **6 mai**, les *Rangers* faisaient de nouveau leurs preuves dans le Dorset à Swanage, par l'escalade d'une falaise. Richard N Hathaway Jr, l'un des hommes du *5th Ranger Battalion*, dans son *Training for Bloody Omaha*, nous raconte son entraînement à Swanage. On y lit que : *« Le 6 mai 1944, le 5th Ranger Battalion se rendit au village de Swanage, en Angleterre, où nous nous entraînions davantage à escalader les falaises et descendre en rappel. Ils furent aussi initiés à escalader des falaises de 24 mètres de haut »*. C'est au mois de mai que les *Rangers* furent mis au courant de la mission qui leur avait été confiée pour le débarquement. On les rassembla en Cornouailles pour leur préciser le plan du *D-Day* sur des cartes. Les plages de Normandie étaient indiquées avec leurs défenses côtières. On leur expliqua, de ce fait, ce à quoi ils devaient s'attendre sur place, des casemates, des champs de mines, des barbelés, des obstacles en mer et sur les plages. Les *Rangers* furent avertis du rôle qu'ils joueraient lors de l'assaut de la Normandie. On leur souligna aussi que leur ennemi déterminé pouvait, en plus d'Allemands, comprendre parfois des hommes capturés et être d'origine russe, polonaise ou hongroise. Le 19 mai, on peut dire que l'entraînement des *Rangers* était terminé quand les hommes prirent la route de Dorchester pour l'aire de rassemblement du secteur D-5. Le 31 mai, malgré les réponses des batteries de DCA ancrées dans le port, des bombardiers allemands survolèrent le secteur de ralliement, déclenchant de lourdes explosions. Le secteur D-5 fut attaqué par des Junkers Ju 87, cependant, il n'y eut aucune perte chez les *Rangers*. Le lendemain du **31 mai**, les hommes, tous sains et saufs, se rendaient dans un autre secteur. Ils avaient évité le pire et, désormais, se reposaient un peu. L'invasion était dans tous les esprits. On était prêt à engager bientôt, la « bataille suprême ».

Retour du *USS LST-289* après avoir été touché, le 28 mai, par les tirs d'une vedette lance-torpilles de la marine allemande lors des opérations de Slapton Sands. (80-G-283502, Naval History & Heritage Command, National Archives.)

4

"La plus dure des missions" confiée aux Rangers

Le *Major General* L.T. Gerow, *Commanding General* du *Fifth Corps*, le 5 juin 1944. Il est ici entouré, à sa droite (ici à gauche), par le *Major General* C.J. Huebner, *Commanding General* de la *First Division*, et, à sa gauche, par le *Brigadier General* W.M. Hoge. Tous les trois sont à bord du *USS Ancon (AGC-4)*. (NH 99216, Naval History and Heritage Command.)

Début janvier 1944, le *Major* Rudder et le chef de *Battalion* Max F. Schneider avaient été convoqués au bureau du *General* Omar Bradley, présent ce jour-là. C'est le *Colonel* Truman Thorson, *General Bradley's operations officer*, qui informa les deux hommes de la mission qui leur avait été assignée, qui ne manqua pas de surprendre les deux *Rangers*. Thorson utilisa des cartes ainsi que de nombreuses photographies de reconnaissance aérienne, tout ceci classé « Top Secret », pour leur expliquer les objectifs. Le plan était le suivant. Les *Rangers* devaient débarquer avec des péniches sur une plage de galets et y avancer jusqu'au bas des falaises, de plus de 30 mètres de haut, qu'il fallait ensuite escalader. Arrivés sur les hauteurs, consistant en une zone très défendue, nos hommes avaient la tâche de réduire au silence la position, en y détruisant ses 6 obusiers de 155 mm GPF. La mission était donc très audacieuse et cruciale pour la réussite du *D-Day*. Le fait est que les hommes devaient, dans le cadre du débarquement allié, détruire une position allemande majeure et hautement stratégique qui pouvait faire feu sur les plages d'*Omaha* et *Utah Beach*. L'officier de renseignement de l'*Admiral* Hall fit alors remarquer : *« C'est infaisable, trois vieilles femmes avec des balais pourraient empêcher les* Rangers *d'escalader cette falaise »*. Schneider était tout autant sceptique. Il faut dire que celui-ci avait déjà pris part à trois débarquements avec le *1st Rangers* de Darby, et concevait mal la mission dont on venait de lui faire l'étalage. Le chef de *Battalion* avait beaucoup souffert des combats. En 1930, une plaque métallique lui avait été posée sur une partie de son crâne, suite à un accident aérien. Il en souffrait régulièrement. Les combats avaient aussi développé en lui des troubles de stress post-traumatique. Rudder sentit la nervosité et le scepticisme de son compagnon à ce moment. Schneider avait tendance à difficilement contrôler ses émotions. Mais qu'à cela ne tienne, Rudder, même s'il avait lui aussi de mauvaises appréhensions, dit à Omar Bradley : *« Monsieur, mes* Rangers *peuvent faire ce travail pour vous »*. L'objectif de la mission de prise de la Pointe du Hoc posé, il incombait désormais à Rudder et Schneider d'élaborer un plan précis d'attaque. Le plan d'assaut fut aussi, pour son développement, supervisé par le *Major General* Clarence Huebner, désigné par Bradley pour, le 6 juin, commander toutes les forces qui se rendraient sur *Omaha Beach* et la Pointe du Hoc. Ce promontoire constituait la position allemande à prendre la plus redoutable du rivage normand. Sa destruction, le jour du débarquement, était essentielle. De la Pointe du Hoc, avec leurs canons de 155 mm, les Allemands pourraient mettre à mal les forces américaines, c'est-à-dire le *V Corps* de la *First Army*, qui devaient débarquer sur *Omaha* et *Utah Beach*.

À la fin du mois de février, fut présenté un plan d'attaque quasi définitif au *Major General* Leonard T. Gerow, qui commandait le *V Corps*, et qui fut encore révisé pour enfin aboutir. On choisit que la mission d'assaut contre la Pointe du Hoc allait être confiée au *2nd Rangers*, divisé en deux groupes. De mission sur la Pointe du Hoc, on pourrait tout aussi bien parler de mission sur *Beach Charlie*, ou secteur *Charlie*, car c'est le secteur des *Rangers* à atteindre pour mettre à mal les forces allemandes le Jour J, allant de Vierville jusqu'à la Pointe du Hoc. Toute forme de bombardement naval, débuté à 5 h 50, mais aussi aérien devait cesser à 6 h 25. Sur *Beach Charlie*, les *Rangers* des quatre *Companies*, *Charlie*, *Dog*, *Easy* et *Fox*, appartenant au *2nd Battalion*, ainsi qu'*Able* et *Baker*, du *5th Ranger Battalion* devaient mener l'assaut. La ***Task Force A***, comprenant les compagnies *D*, *E* et *F* du *2nd Battalion*, une *NSFCP*, *Naval Shore Force Control Party*, c'est-à-dire un détachement naval de contrôle côtier, allait être la première vague d'assaut qui devait débarquer simultanément, de ses 10 LCAs, à la base même de la falaise. En tout, 225 hommes. La *Company D* devait prendre le flanc ouest et les deux autres, *E* et *F*, le flanc est. Envahissant la côte, par la mer, les hommes devaient s'avancer sur la plage de galets et escalader la falaise. Après cela, il fallait détruire les canons de 155 mm GPF avant qu'ils ne commencent à faire feu sur les navires alliés. Une fois en haut, chaque *Company* se voyait attribuer un rôle bien précis dans la destruction des canons. Ensuite, avec la majorité des hommes, il fallait se regrouper et former une ligne de défense sur la route est-ouest reliant Vierville et Grandcamp, derrière les positions défensives allemandes, afin de contenir de fort probables contre-attaques allemandes. Les *Rangers* devaient de cette manière nettoyer tout le complexe défensif et atteindre la route côtière.

La ***Task Force B***, comprenant la *Company C* du *2nd Battalion*, avait une double mission. Tout d'abord, il fallait débarquer sur la plage d'*Omaha Beach*, secteur *Dog Green*, à la droite du *116th Regimental Combat Team* de la *29th US Infantry Division*. Ensuite, avancer dans les terres, en longeant les falaises pour détruire les positions allemandes sur la Pointe de la Percée qui étaient susceptibles d'anéantir les forces américaines sur *Omaha Beach*. Après cela, si tout se passait comme prévu, les *Rangers* devaient avancer en direction des *Companies D*, *E* et *F*, tout en détruisant au passage la station radar de Le Guay. Le jour du débarquement, le radar Le Guay était le WN 74.

Il fallait, pour la survie de la ligne de défense des *Rangers*, l'aide essentielle de la ***Task Force C***, qui arriverait trente minutes après. Si toutes ces manœuvres réussissaient, la *Task Force C*, semblable à une réserve mobile, attendant en mer le signal annonçant le succès des soldats, composée du *5th Ranger Battalion* au complet, mais aussi de quelques hommes des *Companies A* et *B* du *2nd Rangers*, devait débarquer sur la Pointe du Hoc. Cette *Task Force* devait se rendre à la base de la falaise comme les hommes de Rudder auparavant, et les renforcer. Les *Rangers*, des *Task Forces A* et *C*, une fois rassemblés, devaient couper la route côtière qui permettait de relier les petites localités de Vierville et de Grandcamp, pour attendre ensuite le *116th Infantry Regiment*, qui devait venir de Vierville. Il faudrait, très probablement, y contenir, en attendant le *116th*, d'inévitables contre-attaques allemandes. Ensuite, les troupes avanceraient de concert, en direction de Grandcamp. En cas de réussite, les *Rangers* de Rudder devaient envoyer le message «*Praise the Lord*» aux soldats attendant leur signal en mer. On pourrait dresser une hypothèse sur le moyen qui avait été prévu pour envoyer le signal. Étant donné la distance que l'on prévoyait entre la côte et l'*US Navy*, parfois stationnée à moins de 20 kilomètres du rivage, on leur a probablement proposé une liaison avec un SCR 284 en télégraphie. Mais d'autres appareils auraient pu tout autant faire l'affaire. En cas d'échec, c'était le terme «*Tilt*», désignant un essai raté au jeu de flipper, qui devait être reçu. Dans ce cas, tragique, c'est-à-dire, que trente minutes après le débarquement, H+30 minutes, les canons n'avaient pas été détruits, la *Task Force C* devait, ce qu'elle souhaitait éviter le Jour J, se reporter sur *Omaha Beach*, secteur *Dog Green*, et avancer dans les terres en direction de la Pointe du Hoc.

On pourrait se demander quelle fut la date précise à partir de laquelle les Américains avaient commencé à s'intéresser à la Pointe du Hoc. On sait que, le 18 août 1942, un Mosquito de la Royal Air Force avait mené une opération de photographies des côtes normandes. L'appareil, qui avait décollé de Benson, non loin d'Oxford en Angleterre, avait traversé la Manche et s'était rendu à Cherbourg. À plus de 9 400 mètres d'altitude, il avait pris des clichés de la ville et de tout le reste de la côte normande jusqu'au Havre. Ce bombardier polyvalent avait été équipé d'un puissant système photographique pour pouvoir ensuite analyser les clichés. Arrivés ensuite à bon port et une fois développés, les clichés avaient révélé la création d'emplacements pour de puissants canons par les Allemands, sur un promontoire surplombant la mer, non loin de Cherbourg. Le rapport des analystes disait: «*une batterie moyenne de trois canons* [...] *juste au bord de la falaise. Toute la zone est clôturée de fils de fer barbelés. Il y a une route qui pourrait mener à un quatrième emplacement en construction*». C'est sans doute ce rapport qui marqua la toute première fois que l'on s'intéressait à la Pointe du Hoc. Intérêt pour la Pointe du Hoc, et le début de l'aventure des intrépides *Rangers* qui devaient, forts de leurs rudes entraînements, prendre ce point d'appui.

5

En route pour la "bataille suprême"

Les *Rangers* avaient, jusqu'ici, bivouaqué sous haute sécurité, et la tension montait de jour en jour, quand vint le moment où nos hommes allaient embarquer pour la France. Rendez-vous à Weymouth, tout au sud de l'Angleterre pour monter dans les LCAs qui les mèneraient vers les navires destinés à traverser la Manche. Des camions menèrent les deux *Battalions* de *Rangers* le **1er juin**, jusqu'au port. Les civils pouvaient les voir longer les quais, avec tout leur équipement qui pesait bien lourd sur leur dos. Certains les saluèrent amicalement, on alla même jusqu'à leur chanter l'hymne américain. Il était toutefois interdit de leur parler. Des *donuts* et du café leur furent distribués sous une tente de la Croix-Rouge, où ils passèrent chacun en file indienne, pour après rejoindre leur embarcation. Juste avant le départ pour l'Europe, nombreux furent ceux qui rédigèrent des lettres à leur famille. On voyait bien souvent ce message comme le dernier. On ne pouvait pas tout dire dans ses écrits. La mention du débarquement allié y était notamment proscrite. Mais, plus que les opérations à

Ci-contre : le *2nd Ranger Battalion*, marche le long de l'esplanade à Weymouth, il va bientôt embarquer. Certains portent de longs tubes télescopiques. Il s'agit de torpilles *Bangalore*, servant à détruire des obstacles sur les plages. Le masque à gaz des *Rangers* sur leur poitrine est bien visible. (USA C-727, National Archives.)

venir c'est bien souvent des pensées aimantes que l'on souhaitait inscrire avant d'embarquer. Le 1er juin, le *Colonel* J. E. Rudder, qui entretenait déjà une vaste correspondance, écrivit à sa femme et ses enfants une ultime lettre avant le départ. Douglas Brinkley dans *The boys of Pointe du Hoc*, nous fait partager le contenu de cette lettre. En voici des extraits. « My Darling wife and kids. *À présent, vous déposez Bud et Liz avec Jewel et vous êtes très excités par votre voyage à* [San Antonio] *demain. Je suis tout aussi heureux de mon avenir immédiat de donner un bon coup de pied aux fesses à ceux qui me séparent des trois personnes qui me sont le plus chères. Nous sommes vraiment prêts pour le boulot, personne n'a jamais eu comme moi le privilège de mener un groupe d'officiers et d'hommes aussi talentueux au combat.* [...] Good night [...], Daddy's baby and my darling. All my love, Earl. » Juste après avoir écrit à sa famille, le *Major* ordonna à ses hommes d'embarquer dans les navires de transports britanniques. Rudder adressa aussi une lettre à ses hommes. Deborah Dash Moore, dans son excellent *GI Jews*, nous en donne un extrait : « *Il n'y a qu'une seule raison pour que nous soyons là, c'est d'éliminer l'ennemi qui y a amené la guerre. Il n'y a qu'un seul moyen d'éliminer l'ennemi c'est de l'éliminer. Faisons tous le travail pour lequel nous avons été envoyés ici et comme ça nous pourrons tous retourner chez nous le plus tôt possible* ». Ce qui fait très bien dire à l'auteur un peu plus haut dans son ouvrage que : « *pour la plupart des soldats américains, terminer la guerre était la raison pour laquelle vous combattiez. La majeure partie des publications, surtout celles ciblant les dangers du nazisme sur les valeurs démocratiques américaines, n'intéressaient pas la plupart des GI. Le journal des GI, le* Stars and Stripes,

Des *Rangers*, le 1er juin, prennent des *doughnuts* et un café, distribués par la Croix-Rouge. Des officiers du *Transportation Corps* de l'*US Army*, à la devise « Spearhead of Logistics », responsable du mouvement des soldats, inspectent les *Rangers*. (111-SC-329719, National Archives.)

Ci-dessus : *Rangers* à l'embarquement dans Weymouth. Si les *LCA*s ne sont pas identifiables sur la photographie, on voit au second plan, de gauche à droite, les *LCI(L)-497, 84* et le *LCH-87.* (National Archives.)

Ci-dessous : *Rangers* à Weymouth, dans leurs *LCA,* en compagnie des *Coast Guards* de l'*US Navy*. Sur le ponton à droite, un caméraman immortalise l'événement. Il est équipé d'une caméra Bell & Howell 16mm avec un seul objectif. Dans une barge, un *Ranger* salue le photographe. (USA-C1111, National Archives.)

Ci-dessus : des *Rangers* de la *Task Force C, E Company, 5th Ranger Battalion,* fument des *Lucky Strike* en attendant à bord de leur *LCA* qui les mèneront aux navires pour la traversée de la Manche. Tout en haut à gauche de la photographie, on peut voir qu'un mortier de soixante millimètres a été posé juste à côté d'un Bazooka. En bas à gauche, il s'agit du *Sergeant* Sandy Martin qui mourra au combat, le 6 juin 1944. Tenant son bazooka, en haut à gauche, c'est le *Sergeant* Joseph J. Markowitz. Avec sa petite moustache, cigarette à la main droite, nous voyons Joe Presutti. En haut à droite, dans la pénombre se tient le *Private First Class* Frank Lockwood. En bas à droite c'est le *Corporal* John Loshavio. (USA C-741, National Archives.)

En haut, à droite : les mêmes *Rangers* dans leur *LCA*. L'un tient son Bazooka, l'autre son M1 Garand. Celui équipé du lance-roquettes a fait une partie de morpion sur la boîte en carton à sa main gauche. Cette boîte contenait sa ceinture de sauvetage. (USA C-739, National Archives.)

Péniches dans le port anglais de Weymouth. (United States National Archives.)

LCAs dans le port de Weymouth. (USA C-1113, National Archives.)

Nous voyons ici le *LCA 1377*, de la *Royal Navy*, qui quitte son port d'attache pour amener des *Rangers* dans un bateau, pour la traversée de la Manche. Cette photographie a été prise au cours d'un reportage sur l'embarquement des *Rangers*. Pour des raisons de sécurité, les hommes restèrent cinq jours dans les navires anglais, à partir du 1er juin. (USA C-1090, National Archives.)

publia une blague qui circula beaucoup en 1944: "Les Russes combattent pour leur vie, les Britanniques pour leurs maisons, les Américains pour les souvenirs". »

L'après-midi du **5 juin**, Rudder rendait visite aux hommes des *Companies A, B* et *C* du *2nd Battalion*, alors que ceux-ci embarquaient dans le *LSI Prince Charles*. Un *LSI* pouvait embarquer de deux cents à deux cent cinquante hommes. Dans *D-Day, June 6, 1944, The Climactic Battle of World War II*, Stephen Ambrose nous cite ces mots du *Major*, arrivé dans le navire, à ses hommes: « *les gars, sur la plage vous arriverez comme les premiers* Rangers *de ce* Battalion *à mettre le pied sur la terre de France. Mais ne vous inquiétez pas sur le fait d'être seuls. Lorsque* [les compagnies] *D, E et F, s'occuperont de la Pointe du Hoc, nous viendrons et vous donnerons un coup de main pour vos objectifs. Bonne chance et que Dieu vous garde* ». Les *Companies D, E* et *F* prenaient ainsi place à bord des *SS Ben my Chree* et *Amsterdam* tandis que les *Companies A, B* et *C* allaient dans le *LCI Prince Charles*. Au-dessus de leurs bateaux, à proximité de Dorchester, tandis que de nombreux hommes jouaient aux cartes pour se détendre, des avions de la *Luftwaffe* tournoyaient pour prendre des clichés des forces en présence et mener parfois des opérations de bombardement. Lors de la traversée, pour les *Rangers* comme de nombreux

Ci-dessus : ce *LCA* transporte des *Rangers*. À l'avant de celui-ci, nous pouvons voir comme *Rangers*, de droite à gauche, le *Major* Richard Sullivan, le *Captain* John Raaen puis le *Lieutenant* Stan Askin. Ce *LCA 1377* porte aussi, sur sa coque, l'inscription *PB1* qui indique qu'il était affilié au *Prince Baudouin*. À l'arrière du navire, on peut voir un *Medic* avec son casque à croix rouge et l'équipement de soins marqué de la même manière, placé dans un étui d'obus de mortier de 60 mm. Cet étui avait été modifié afin d'y insérer du matériel médical. Il s'agit du *Father* Lacy. Cette photographie a été aussi prise au cours d'un reportage sur l'embarquement des *Rangers*. (USA C-1087, National Archives.)

Nous pouvons voir les *LCA 1377* et *521* en train de quitter Weymouth. (National Archives.)

autres soldats faisant partie des forces de débarquement, on commençait déjà à souffrir du mal de mer, quand ce n'était pas la nourriture qui se mit à causer de sérieux problèmes. Bien trop de menus étaient rances. On souffrait de maux d'estomac, et beaucoup commençaient à se demander s'ils allaient pouvoir tenir debout lors de l'assaut. La nourriture à bord du *Amsterdam*, un petit bateau de passagers britannique, avec un équipage britannique, était anglaise, on leur servit des rognons en ragoût qui ne plurent guère.

C'est dans ce contexte, que découla un événement bien malheureux pour l'un des *Rangers* qui se trouvait donc à bord d'un des ravitailleurs, le *Major* Cleveland A. Lytle. Celui-ci, avait la charge de mener la *Task Force A* à l'attaque de la Pointe du Hoc. Il était l'un de ces *Rangers* à faire partie du *Battalion* dès sa création. Diplômé de Clemson University, Lytle était bien connu pour son courage et sa camaraderie. Encore quelques mois auparavant, le *Major* disait à ses hommes : « *Je suis si fier d'être parmi vous et d'être l'un des vôtres* ». Dans la nuit du 4 au 5 juin, l'alcool fut grandement consommé, dans le cadre d'une fête organisée par de nombreux officiers, pour célébrer la promotion de Joe Rafferty au rang de *Captain*. Notons que les historiens sont partagés sur le lieu où se déroula cette soirée. Steven J. Zaloga et Patrick K. O' Donnell nous indiquent qu'elle eut lieu à bord du *Ben my Chree*. Helmut Konrad von Keusgen, nous parle du *Prince Charles*. Nous pencherons plutôt pour le *Ben my Chree*, puisque c'est à son bord que se

Ci-dessus : un *DUKW*, tel ceux de la Pointe du Hoc, embarque dans un port du sud de l'Angleterre pour les plages de Normandie. Il prit place à bord du *LST-357*. (National Archives.

Le *Major General* Clarence L. Huebner, de l'*US Army*, se trouve à droite de la photographie et, derrière lui, c'est le *Major General* Leonard T. Gerow, de l'*U.S. Army*. Au centre, nous pouvons voir le *Rear Admiral* John L. Hall Jr., de l'*USN* et, à gauche, le *Lieutenant General* Omar Bradley, de l'*U.S. Army*. Nos hommes observent, au large des côtes d'Angleterre, un entraînement d'invasion à bord d'un *LCI(L)*. (80-G-253483, National Archives.)

trouvait la *Ranger Force A*. La soirée avait bien débuté mais le *Major* Cleveland A. Lytle fut dépassé par l'ébriété, du Gin, apporté apparemment par Rudder. Lytle annonça aux hommes dans la pièce que la mission était non seulement inutile, mais aussi suicidaire, les canons de la Pointe du Hoc, affirmait-il, ayant, d'après des renseignements de la résistance française, été déplacés. Pour étayer ses propos, en repoussant violemment le *battalion medical* officer, le *Captain* Walter E. « Doc » Block, cherchant à calmer le *Major*, présenta un croquis. Ce papier indiquait que les pièces de quinze centimètres et demi, indiquées dessus par des flèches, avaient été démontées. Sur le même papier, on pouvait y voir les batteries quatre et cinq ainsi que l'indication « *Guns dismantled* », soit en français « canons démantelés ». Il dit alors aux hommes présents qu'il avait donc la confirmation que, par le travail d'enquête de la résistance, les pièces n'étaient plus sur la Pointe du Hoc. Il leur dit aussi qu'il n'était pas le seul à le savoir. Et d'ajouter enfin que la mission, qui n'avait pas été annulée, était par conséquent un véritable « *suicide* ». Il leur dit : ***« Que vous le sachiez ou non, les renseignements disent que les canons ne sont pas là. C'est du suicide, et seul Dieu sait pourquoi ? »***. Cet événement est la preuve que les Américains savaient pertinemment qu'à la pointe du Hoc, les canons avaient été enlevés par les Allemands. L'information, envoyée par Eugène Meslin, alias Commandant Morvin, au BCRA de Londres, comme quoi les canons de la Pointe avaient été déplacés de l'autre côté de la route nationale 814, en somme qu'ils avaient été enlevés par les Allemands de la Pointe du Hoc, était bien parvenue aux Américains. Rudder, qui commandait la *Provisional Ranger Force*, fut immédiatement informé des propos alcoolisés du *Major* Lytle et choisit alors de le relever, de suite, de ses fonctions. Il faut noter que Lytle, au courant par Rudder, comme d'autres officiers, du déplacement des canons, juste avant d'embarquer pour la Manche, avait essayé la semaine avant l'embarquement de persuader Rudder d'annuler la mission. Même si Rudder agréait avec son homologue du caractère peut-être suicidaire et inutile de la mission, il lui indiqua que, de toute manière, il n'était pas en son pouvoir de l'annuler. Rudder avait appris le déplacement des canons, mais uniquement à partir de sources de la résistance française. Rien n'avait été confirmé par ses supérieurs. Dans une lettre de l'éminent historien Thomas M.

Au fur et à mesure que les navires alliés approchaient des côtes de Normandie, la tension montait chez beaucoup de *Rangers*. On jouait aux cartes, on pouvait aussi passer le temps en aiguisant son couteau ou plaisanter entre amis pour désamorcer la situation. Nous pouvons voir, sur cette photographie, une part infime de l'armada du 6 juin avec ce convoi de *Landing Craft Infantry (Large)*. Chaque *LCI* tirait un ballon de protection contre la *Luftwaffe*. Parmi les *LCI* présents sur cette photographie, nous pouvons voir le *LCI(L)-56*, au loin à gauche, ainsi que les *LCI(L)-325* et *LCI(L)-4*. (26-G-2333 Normandy Invasion, June 1944, National Archives.)

Hatfield, pour le *Washington Post*, en 2019, il y est rappelé que : « *Les registres tenus par le personnel d'Huebner ne relèvent aucunement une mise en doute de la présence de ces fameux canons. Si Huebner n'était pas au courant du rapport selon lequel les canons allemands n'étaient pas sur la pointe, qui l'était ? Il y avait des rumeurs non fondées selon lesquelles les canons allemands avaient été déplacés, mais cela ne pouvait être vérifié qu'en s'y rendant. Si un tel rapport existait, quelqu'un a oublié de le dire au* Bomber Command *de la RAF, qui a envoyé 124 bombardiers* Lancaster *au-dessus de la Pointe du Hoc, larguant 1 606 bombes. Puis sont arrivés les* Marauders B-26 *américains avec plus de bombes, juste avant que les Rangers n'arrivent.* » De plus, déplacer un canon ne voulait pas dire que celui-ci était inopérant. L'artillerie pouvait très bien se trouver non loin du point d'appui, prête à faire feu. Mais aussi, il fallait priver les Allemands d'un poste d'observation stratégique sur la future flotte d'invasion. Enfin, certes les canons étaient le premier objectif, mais les *Rangers* devaient aussi escalader la Pointe, pour ensuite barrer la route côtière de renforts ennemis qui auraient l'intention de se porter sur *Omaha Beach*, et cela à plus de neuf cents mètres dans les terres. Il y avait aussi les hommes et installations redoutables de la Pointe de la Percée. Rudder n'avait, de toute manière, pas le pouvoir, en tant que *Lieutenant Colonel*, de changer une mission qu'il n'avait d'ailleurs pas choisie. Le choix de la mission, c'est bien le *Lieutenant General* Bradley qui l'avait conçu. Rudder avait, quand à lui, entraîné ses hommes, physiquement, psychologiquement et élaboré l'assaut conjointement avec le *Major General* Huebner. L'ordre de débarquement avait été passé en revue par Rudder, pour la dernière fois, le 28 mai.

Se posa pour Rudder, une fois la rixe dans le *Ben my Chree* terminée, la question du remplacement

Sur les côtes d'Angleterre, on chargea le matériel nécessaire à l'invasion de la Normandie. Ici, une *Jeep* était chargée à bord d'un *LCM*, venant du *USS Joseph T. Dickman (APA-13)*. Ce n'est pas le *USS Joseph T. Dickman* sur la photographie. (26-G-3423, National Archives.)

de Lytle. Il fallait trancher vite, car les bateaux alliés ne tarderaient pas à terminer leur traversée de la Manche. Tout le sort de l'opération des *Rangers* était désormais remis en jeu. Si Rudder choisissait de rester à bord du *Prince Charles*, il se serait retrouvé à commander à la fois les *Forces A* et *C*, dans leur attaque sur *Omaha Beach*, mais aussi, de devoir gérer la *Force B*, qui devait se lancer à l'assaut de la Pointe du Hoc et de la Pointe de la Percée. Le *Major* choisit de remplacer Lytle et d'en avertir immédiatement le *Major General* Clarence Huebner, de la *1st Division*, la *Big Red One*, qui allait bientôt débarquer sur *Omaha Beach*. Dans ses mémoires de Guerre, le *General* Bradley raconte qu' Huebner objecta de suite : *« Je ne peux pas vous laisser faire ça. J'ai besoin de vous pour superviser toute l'opération des* Rangers. *Il se peut que nous ayons des* Rangers *éparpillés sur une étendue de plage de six et demi ou huit kilomètres. Vous ne pouvez pas prendre le risque d'être mis K.O. au premier round »*. Ce à quoi Rudder répondit : *« Je suis désolé de devoir vous désobéir. Si je ne le remplace pas, il se peut que ça ne démarre pas »*. Le *Lieutenant General* Omar Bradley, commandant la *US First Army*, objecta aussi. Mais ce dernier finit pourtant, avec Huebner, à admettre que Rudder était le plus à même de remplacer Lytle. Rudder participerait donc à l'assaut de la Pointe du Hoc. Comme Rudder changea de poste, cet épisode eut la fâcheuse conséquence de priver les *Rangers* d'un officier, en mer, pour coordonner leur soutien. Pour le *Major* Cleveland A. Lytle, c'en était fini de la mission du 6 juin. Plus tard, il fut transféré dans la *90th Division*. Il se distingua sur le théâtre européen en secourant de la noyade, sur la rive opposée de la Moselle, deux GI's qui ne savaient pas nager. Il reçut à ce titre la *Distinguished Service Cross*. Ses anciens compagnons d'armes, des années après la fin de la guerre, le retrouvant, le questionnèrent sur son passage chez les *Rangers*. L'un des meilleurs amis de Frank South, qui se trouvait à bord du *Prince Charles* et qui avait tout entendu des propos de Lytle, ainsi que le *Ranger* Willy Clark, retrouvant le *Major*, comprirent clairement de celui-ci, *« ne voulait plus entendre quoi que ce soit à propos des* Rangers *ou encore le mot "Rangers" »*. Thomas Hatfield dans son *Rudder*, nous indique que, dans les années 1960, questionné à une réunion de *Rangers* sur l'acte de Lytle à bord du *Ben My Chree*, Rudder a répondu qu'*« il essaya juste* [ce soir-là] *de sauver son cul ! »*.

Le ***HMS Prince Baudouin (British Landing Ship Infantry)*, ici en train d'embarquer trois *LCAs*. Les *LCAs* étaient le *521*, *670* et *554*. On peut noter l'inscription *PB* sur la coque des embarcations.** (USA C-1097, National Archives.)

Vers 4 heures du matin, le 6 juin, Rudder se transférait du *LSI Prince Charles* vers le *SS Ben my Chree*, tout en prenant soin de serrer la main à ceux qu'il quittait, et peut-être ne reverrait plus. Le *Private First Class* Theodore H. Wells suivit Rudder dans son transfert. C'est lui qui devait permettre les communications avec Schneider. Apprenant le remplacement de Lytle, les hommes des *Companies D, E* et *F* furent ravis de voir Rudder les commander. Mais la

Les *Rangers* à bord de leur péniches le 1er juin. (National Archives, 111-SC-190375)

tension n'était pas descendue à bord du *Ben my Chree*. On essaya alors de se détendre, Ruggiero fit un numéro de claquettes au son du ukulele d'un de ses compagnons, très sûrement pour calmer l'angoisse. On chantait aussi, on jouait au poker et on continuait de boire. Dans les odeurs de whisky, de cigarettes et de peinture à bateau, il était très difficile de trouver le sommeil. Cette nuit, du 5 au 6 juin, parmi les milliers de troupes alliées les accompagnant, peu importe son grade, nombreux étaient ceux qui pouvaient ressentir de l'appréhension devant une opération de si grande envergure, et aux objectifs tant attendus. L'armada en mer était gigantesque. L'assaut sur la Pointe du Hoc se situait dans le cadre d'*Omaha Beach*, un des secteurs de plages de Normandie du Jour-J, situé entre les rivières de la Vire et de l'Orne. La côte normande était délimitée en secteurs désignés par un nom de code. Les Anglais, Canadiens et quelques Français devaient débarquer sur *Gold*, *Juno* et *Sword Beach*, tandis que les Américains se chargeraient d'*Utah* et *Omaha Beach*. Chaque secteur de plage était ensuite à nouveau délimité par un autre nom de code. Sur *Omaha Beach*, il y avait sept secteurs. D'ouest en est, on trouvait, *Charlie*, *Dog Green*, *Dog White*, *Dog Red*, *Easy Green*, *Easy Red* et *Fox Green*. Pour le débarquement allié, plusieurs dizaines de milliers de bateaux de guerre et d'avions étaient mobilisés. La mer était noire d'une quantité innombrable à l'œil et phénoménale de navires.

Dans *The Mentor Leader*, Tony Dungy revient sur ce que pouvaient être alors, dans le cadre du débarquement, les appréhensions du général en chef du *Supreme Commander of Allied Expeditionary Forces*, *SHAEF*, Eisenhower. Il s'agit du quartier général des forces alliées en Europe Nord-Occidentale. Il fut conçu à la fin de l'année 1943 et se subsista jusqu'à la fin de la Seconde Guerre mondiale. L'auteur nous dit: *« Cette nuit-là, la dernière avant l'assaut, Eisenhower a dû avoir encore des doutes. En conséquence, il écrivit un message au* General *Marshall, son* commanding officer, *au cas où l'assaut échouerait. L'écrit reflétait une réalité honnête du processus décisionnel: pas d'excuses et pas d'explications. Simplement une prise de responsabilité.»* [Et l'auteur de citer Eisenhower] «*Nos débarquements dans la zone de Cherbourg-Havre ont échoué à prendre pied de manière satisfaisante et nos troupes se sont retirées. Ma décision d'attaquer à ce moment et à cet endroit se fondait sur les meilleures informations disponibles. Les soldats, l'aviation et la* Navy *ont donné toute leur bravoure et leur dévotion face au devoir. Si des fautes ou des reproches doivent être faits sur cette tentative, elles incombent à moi seul.*» Le 6 juin, Eisenhower, adressait à ses soldats cette lettre: «*Soldats, Marins et Aviateurs des Forces Expéditionnaires Alliées! Vous êtes sur le point de vous embarquer pour la grande croisade vers laquelle ont tendu tous nos efforts pendant de longs mois. Les yeux du monde sont fixés sur vous. Les espoirs et les prières de tous les peuples épris de liberté vous accompagnent. Ensemble, avec nos valeureux alliés et nos frères d'armes sur d'autres fronts, vous détruirez la machine de guerre allemande, anéantirez la tyrannie nazie qui s'exerce sur les peuples d'Europe et vous apporterez la sécurité dans un monde libre. Votre tâche ne sera pas facile. Votre ennemi est bien entrainé, bien équipé et rompu au combat. Il combattra sauvagement. Mais c'est l'année 1944! Il s'est passé beaucoup de choses depuis le triomphe nazi de 1940-41. Les Nations-Unies ont fait subir aux Allemands de grandes défaites, lors de batailles ouvertes, d'hommes à hommes. Notre offensive aérienne a profondément réduit leur puissance dans les airs et leur capacité à mener la guerre sur le sol. Notre effort de guerre nous a donné une supériorité écrasante en armes et en munitions, et a mis à notre disposition de grandes réserves d'hommes bien entraînés. Le vent a tourné! Les hommes du monde libre marchent ensemble vers la Victoire! J'ai une entière confiance dans votre courage, votre dévouement et vos qualités au combat. Nous n'accepterons rien d'autre qu'une victoire totale. Bonne chance! Et implorons la bénédiction de Dieu Tout Puissant sur cette immense et noble entreprise. Dwight Eisenhower*». À bord du *SS Amsterdam*, dans la nuit du 5 au 6 juin, beaucoup d'hommes de la *Dog Company* étaient tout aussi anxieux que dans le *Ben my Chree*. Le *Chaplain* Joe Lacy, passa entre les rangs pour rencontrer chacun des *Rangers* et leur offrir un réconfort moral et spirituel. Joe Lacy reçut la *Distinguished Service Cross* pour son courage à *Omaha Beach*. George Kerchner, l'un des hommes de la Pointe du Hoc, qui reçut la même distinction que lui, se souvint toute sa vie des mots du *Chaplain* à ses compagnons: «*quand vous débarquerez sur la plage et avancerez, je ne veux voir personne agenouillé à prier. Si c'est le cas, je viendrai pour vous botter le derrière. Vous me laissez prier, et vous... Combattez*»!

Eisenhower à son bureau, le 31 décembre 1943, alors général en chef du *SHAEF*. (USA C-2175, National Archives.)

Ci-dessus: chargement d'un *Half-track*, semi-chenillé, de l'*US Army* à bord d'un *LCT* dans un port anglais. La photographie a été prise entre fin mai et début juin 1944. (USA C-751, National Archives.)

Arrivée de Tanks MK VI par LCT en Angleterre le 22 février 1944. Si ceux-ci ne sont pas amphibies, leurs manches à air permettent au moteur de ne pas prendre l'eau jusqu'à un mètre. (SC 188372, National Archives.)

6

Les bombardiers de la Pointe du Hoc

Le Douglas A-20 *Havoc*

Un total de 359 appareils de types différents fut engagé lors de ces opérations de bombardement. Le Douglas A-20 *Havoc*, présent les 25 avril et 4 juin, fut l'appareil le plus engagé sur la position normande avec pas moins de 136 avions mobilisés. Si, parmi les troupes britanniques et du Commonwealth, ce bombardier léger, avion d'attaque et chasseur nocturne, était nommé «*Boston*», les pilotes combattant de nuit, de la *RAF*, lui avaient offert, tout comme dans l'*USAAF*, son nom de service, soit «*Havoc*». Cet appareil fit ses débuts en 1937 quand l'*United States Army Air Corps* lança une demande pour que lui soit réalisé le meilleur avion d'attaque possible. Au début, la Douglas Aircraft Company ne gagna pas le contrat mais la France se montra très intéressée et en commanda cent le 15 février 1939. Les Français en demandèrent davantage par la suite et notamment lors de la campagne de France. Mais les commandes étaient toutefois de petite taille.

A-20 *Havoc* du *416th Bomb Group* au-dessus de la petite commune du Molay-Littry, le lendemain du débarquement. (Conseil Régional de Basse-Normandie / National Archives USA.)

A-20 *Havoc* du même *Bomb Group* attaquant les voies de communications allemandes sur une route de Normandie le 6 juin. (United States Air Force, National Archives.)

Après la défaite française de 1940, les USA et l'Angleterre finirent par adopter cet appareil. Ils en récupérèrent notamment de nombreux exemplaires destinés à la France, désormais occupée. C'est à partir de ce moment que les Douglas A-20 *Havoc* allaient être déployés sur tous les grands théâtres d'opération de la Seconde Guerre mondiale. On le retrouva aussi bien dans le Pacifique, où il y excella lors d'attaques en vol rasant, comme en septembre 1944, pour les 370 A-20 *Havoc* basés en Nouvelle Guinée. Mais aussi en Afrique du Nord lors de la bataille de Kasserine et en Europe, ainsi que le montrèrent les bombardements en Normandie. Il s'agissait d'un avion très moderne, léger, rapide et puissant. Comme le souligne Harold Skaarup dans son *California Warplanes*: *« il était moderne pour son époque, avec un train d'atterrissage à trois roues qui permettait des décollages plus rapides et lui donnant une meilleure maniabilité au sol. Contrairement à la plupart des bombardiers bimoteurs, l'A-20 n'avait pas besoin de copilote, un seul tireur à l'arrière, et parfois un navigateur dans le nez. Ses deux moteurs Wright R-2600-23 poussaient le* Havoc *à une vitesse maximale de 548 km/h, conduisant certains pilotes à affirmer que cet avion rapide était presque un chasseur-lourd [...]. Quand la guerre révéla le besoin désespéré d'un chasseur de nuit américain, certains A-20 furent équipés d'un radar d'interception aérienne et d'un ensemble de quatre canons de vingt millimètres [...]. Désigné* P-70, *le bombardier convertible a servi de chasseur de nuit provisoire, jusqu'à ce que le Northrop* P-61 Black Widow *soit disponible. L'A-20 servit aussi comme avion espion, de reconnaissance et de transport léger».* Sa longueur était de 14,63 m pour 18,69 m d'envergure et 5,36 m de haut. Il accueillait trois personnes pour la version G, avec un pilote pour deux mitrailleurs. Dans la version C, on y retrouvait quatre personnes, avec un pilote, deux mitrailleurs et un bombardier. Ses deux moteurs Wright R-2600-23 Double Cyclone pouvaient développer une puissance totale de deux fois 1 600 chevaux lui permettant de pousser ses 12 340 kilos à une vitesse maximale de 550 km/h. Le plafond utile de l'appareil était en revanche plutôt modeste, avec 7 800 mètres. Son armement était variable, car l'appareil pouvait détenir 4 canons de 20 mm ou 9 mitrailleuses de 12,7 mm et 2 mitrailleuses de 12,7 mm. L'appareil pouvait aussi embarquer près de 908 kilos de bombes, ou encore une torpille.

Lors des raids sur la Pointe du Hoc, il s'agissait d'A-20 de la variante G ou H. L'A-20 était un appareil difficile à intercepter en raison de sa vitesse alors même qu'il pouvait disposer d'une cargaison de bombes très conséquente. L'appareil eut d'autres missions en Normandie que la Pointe du Hoc. Toujours dans le cadre du débarquement, il fut utilisé par les forces françaises du *342 Squadron «Lorraine»* de la *RAF*. Quand il fallut, dans le cadre de la préparation du débarquement américain sur *Utah Beach*, disperser un épais rideau de fumée, des îles de Saint-Marcouf à la Pointe de Barfleur, l'appareil fut aussi au rendez-vous. De sa première livraison en 1940 jusqu'en 1944, les entreprises Douglas et Boeing produisirent plus de 7 478 A-20, avec huit variantes aux États-Unis. Il y eut notamment l'A-20 C produit à 948 exemplaires, qui pouvait emporter une torpille. On notera encore le A-20 G, conçu à 2 850 exemplaires, plus conçu comme un avion d'attaque au sol. Il était très puissant, avec ses 2 mitrailleuses de 12,7 mm et 4 canons de 20 mm. En 1944, le coût moyen de fabrication d'un *Havoc* était de 100 800 dollars. Parmi les acquéreurs du A-20, il y eut aussi l'URSS, qui en commanda 3 125.

Préparation d'un A-20, en juillet 1942, sur la base de Langley Field en Virgine. (LC-USW36-203, Library of Congress.)

Ci-dessus : une formation de A-20 au-dessus des côtes françaises en 1943. Il s'agit d'appareils de *l'US 9th Air Force*. (United States Air Force.)

Ci-dessous : vérification d'un moteur d'A-20 à la base de Langley Field, en juillet 1942. (LC-DIG-fsac-1a35092, Library of Congress.)

Un B-26B *Marauder* du *556th Bomb Squadron* déchargeant sa cargaison mortelle vers 1944-1945. (National Archives.)

Le Martin B-26 *Marauder*

Juste après les attaques du 25 avril 1944, les forces allemandes de la Pointe du Hoc allaient voir déferler sur elles, le 13 mai, plus de 69 tonnes de bombes. Il s'agissait cette fois-ci de Martin B-26 *Marauder*. Cet appareil fut présent aussi le 22 mai, et pour les dernières frappes, à 6 h 30, le 6 juin, tout juste avant l'arrivée des *Rangers*. Il s'agissait du meilleur bombardier intermédiaire de son époque. En janvier 1939, l'*USAAF* avait lancé un appel d'offres pour un nouveau bombardier intermédiaire, qui devait être rapide avec une capacité d'emport de bombes de 910 kg et un grand rayon d'action,

Des B-26 *Marauder* en Normandie, avec leurs « bandes d'invasion », au-dessus d'Auderville. (National Archives.)

soit 4 800 kilomètres d'autonomie. Il fallait un appareil, en somme, comparable au *Baltimore*, mais avec la capacité d'emporter deux fois plus de bombes et d'équipage. Le constructeur, Glenn L. Martin, conçut un appareil qui eut tout de suite les faveurs de l'*USAAF*. Le 25 novembre 1940, les premiers exemplaires décollaient. Homologués en février 1941, au lendemain de l'attaque de Pearl Harbor, le 8 décembre 1941, ils vrombissaient au-dessus de la base navale américaine. C'est surtout en Nouvelle-Guinée, décollant d'Australie, qu'ils entrèrent en action. L'appareil pouvait emporter jusqu'à 1 500 kilos de bombes, pour un rayon d'action de 1850 kilomètres. Son coût de fabrication avoisinait les 100 000 dollars. Avec une longueur de 17,75 m et une envergure de 19,81 m pour 6,05 m de haut, les deux moteurs Pratt et Whitney R-2800-43 en étoiles pouvaient, de leurs 1 920 chevaux respectifs, propulser l'appareil à un maximum de 510 km/h. Le B-26 avait un plafond maximal de 7 200 m. Il emportait 7 personnes, 1 pilote et son copilote, un navigateur et un radio à côté d'eux. Deux hommes étaient mitrailleurs. Dans le dos de l'avion, se trouvait une mitrailleuse double de calibre .50 et dans la queue une mitrailleuse de calibre .30. Ces armes ne constituant généralement pas une protection suffisante, on ajouta régulièrement plus d'armement à ces mitrailleuses. Au moment de l'arrivée de ces appareils sur la Pointe du Hoc, leur réputation de « *Widow Maker* », c'est-à-dire de « faiseur de veuves », s'était peu à peu estompée. Il faut dire que, dans les premiers temps de l'appareil, il y eut de nombreux crashs à l'atterrissage, en raison de sa grande vitesse à l'arrivée au sol qui était peu commune pour les pilotes de bombardier. Le *Marauder*, premier appareil de l'*US Air Force* utilisé de nuit en Europe, fut de ces bombardiers qui pilonnèrent l'Allemagne, ouvrant la voie aux forces alliées vers Berlin. Lors du débarquement et de la Bataille de Normandie, du 6 juin au 25 août 1944, ces appareils furent utilisés pour, tout comme à la Pointe du Hoc, pilonner des positions allemandes. Mais ils furent aussi engagés pour détruire des ponts. Harry Gael Michaels, dans la très instructive préface de son ouvrage *Wings Over Normandy: A Story of the B-26 and One Man That Flew it*, souligne ce fait. Il nous dit ainsi que : « [cet] *appareil fut essentiellement conçu pour des bombardements à basse altitude, des mitraillages et fut le bombardier le plus actif durant l'invasion de la Normandie. Il était utilisé pour mitrailler les concentrations de*

Un B-26C-45 MO au-dessus de la forêt normande de Balleroy, en Normandie. (National Archives.)

troupes ennemies derrière les emplacements de canons fortifiés qui étaient situés bien au-dessus des plages et pour bombarder les lignes ferroviaires, les ponts et les convois de ravitaillement. Après que les troupes alliées aient rassemblé leurs forces et pris pied sur le territoire français, le B-26 fut souvent utilisé contre les défenses côtières ennemies, les gares de triage, les aéroports en France, les routes et les batteries côtières. Ce fut une tâche très difficile [...]. Les pilotes avaient du mal à distinguer, depuis les cieux, les troupes ennemies des troupes alliées et de nombreuses pertes sont survenues aussi bien pour les forces allemandes que nos propres troupes». Sur la Pointe du Hoc, il aurait pu s'agir de B-26 de type C ou D.

Douze B-26 traversant la Manche, le 6 juin 1944 pour la Normandie. Ils survolent des *PT boats*. Notons la mitrailleuse *.50 caliber* sur le navire d'où la photographie a été prise. (NH 44308, Naval History and Heritage Command.)

Un modèle B-17 E entre 1941 et 1942. (United States Air Force.)

Le B-17

35 B-17 firent leur apparition le 5 juin, à 9 h 21, sur la Pointe du Hoc. Ce fut l'unique fois que cet appareil opérait sur la position, y déversant un total de 104,25 t de bombes. Imaginé dès 1934 par Boeing, le B-17 entra en service à partir de 1938. Ce quadrimoteur fut très utilisé par l'*Army Air Force*, lors des campagnes de bombardement en Europe, notamment en Allemagne. En Méditerranée, c'est lors de l'attaque du port de Benghazi, le 11 août 1942, que les premiers B-17 entrèrent en action. Ils arrivèrent sur Berlin le 4 mars 1944, lorsque trente appareils de ce type y déversèrent un déluge de bombes sur la capitale allemande. Les B-17 furent aussi employés lors de la bataille du Pacifique. On les utilisa à bon escient, lors de raids aussi bien contre des bases que des navires japonais, comme à Midway. Les premières forteresses volantes à entrer en action furent les B-17 C et B-17 D, livrés à la Grande-Bretagne. Les premières sorties furent peu concluantes pour les Anglais, dénonçant sur cet appareil le manque d'armement. Mais les Américains avaient prévu la critique. Sur les planches à dessin, très vite, le B-17 E n'eut plus grand-chose à voir avec le B-17 d'origine. Le nouveau modèle possédait 12 mitrailleuses de 12,7 mm et une de 7,62 mm. La dénomination de « forteresse volante » pouvait à présent prendre toute sa valeur, tant l'appareil était bien défendu. 200 B-17 étaient en service avant Pearl Harbor, mais les États-Unis en accélérèrent la production faisant de cet appareil le premier à être produit en masse. Afin de se protéger au mieux des chasseurs allemands, les B-17 et leur équipage, de dix personnes, volaient en formation serrée. Cette tactique pouvait parfois amener des collisions ou faciliter les tirs de la DCA allemande. Il affichait un poids à vide de plus de 14 842 kilos pour une longueur de 22,8 m, une envergure de 31,8 m et 5,8 m de haut. Le B-17 pouvait atteindre une vitesse

Un B-17, le 12 juin 1944, à Saint-Laurent-sur-Mer en Normandie. (National Archives.)

Le nez d'une « forteresse volante », un B-17 G. Photographie prise vers 1944. (United States Air Force.)

maximale de 462 km/h pour un plafond de 10 850 mètres, grâce à quatre moteurs Wright R-1820-97 Cyclone. En 1944, un B-17 G, soit le modèle avec 13 mitrailleuses de calibre cinquante et une tourelle dans le nez, commandée à distance, pour mettre à mal les attaques frontales, coûtait à la fabrication 204 370 dollars. Au total, de 1940 à 1945, l'*Army Air Force* fit déployer 12 692 « forteresses volantes », construites par Boeing, Douglas et Vega. Dans son *Boys in the B-17: 8th Air Force Combat Stories of WWII* , le *T/Sgt* James Lee Hutchinson nous raconte quel était le profil de l'équipage d'une « forteresse volante ». Il nous dit : « *L'âge moyen des garçons dans un bombardier était de 22 ans et les adolescents constituaient 50% de l'équipage d'un B-17 "Flying Fortress". Ils étaient trop jeunes pour voter, mais pas trop jeunes pour se battre. Enrôlés à 18 ans et envoyés vers le service, ils étaient rapidement entraînés. Les gars pouvaient compléter un entraînement de base, école d'artillerie, formation du personnel navigant et effectuer des missions en moins de huit mois; ils avaient 19 ans. La formation des officiers mécaniciens navigants, [...] et des opérateurs radio, prenait trois mois de plus, et comme moi, avaient dix-neuf ans lorsqu'ils combattaient. Les pilotes, navigateurs et bombardiers étaient plus âgés, mais une large majorité des pertes de la Eighth Air Force, pendant la Seconde Guerre mondiale, étaient des adolescents ! Les archives montrent que vingt-six mille jeunes moururent, vingt-deux mille blessés et vingt-huit mille prisonniers de guerre.* » Sur la Pointe du Hoc, ce furent des B-17 G qui opérèrent.

Coucher de soleil sur une formation de B-17, le 31 août 1943, au-dessus de la France, près de Meulan. Les appareils appartiennent au *91st Bomb Group*. (National Archives.)

Le de Havilland *Mosquito*

Sur la Pointe du Hoc, ce furent des *Mosquito B.IV Series II* qui eurent la tâche de déposer le 6 juin, à 4 h 46 précise, des marqueurs, *TI, Targer Indicators*, pour délimiter les cibles. Cet appareil fut présent le 6 juin pour différentes missions mais aussi tout au long de la bataille de Normandie. Le *Mosquito* était un appareil fait de bois, chose singulière à une période où cette matière était vue comme obsolète pour les avions. Ses ailes, son fuselage et son empennage étaient en bois, avec des brides en épicéa stratifié et des nervures en contreplaqué. L'ensemble des éléments de l'appareil, une fois collé et cloué, était recouvert de tissu. Cette structure en bois allait être un immense avantage pour l'infiltration au sein des couvertures radars ennemies. Un *Mosquito* possédait une envergure de 16,43 m, une longueur de 12,43 m pour une hauteur de 4,65 m. L'appareil possédait deux moteurs Rolls-Royce Merlin V-12 en ligne, avec une puissance de 1 230 chevaux chacun à refroidissement liquide. Ces performances offraient ainsi au *Mosquito* une vitesse maximale de plus de 650 km/h avec un plafond de 9 500 mètres, pour un rayon d'action de 2 000 kilomètres.

L'histoire du *Mosquito* débuta à l'été 1938, lorsque la société britannique de Havilland commença à penser la création d'un bombardier qui pouvait être à la fois léger et rapide. Le premier vol de cet appareil fut en décembre 1940, pour une entrée en action le 30 mai 1942, au cours d'une opération dans laquelle quatre *Mosquito* bombardèrent Cologne quelques heures seulement après un raid immense de plusieurs milliers d'autres appareils. Cet avion fut l'un des plus réussis de l'aéronautique britannique. Son succès tint surtout au fait de sa versatilité. Il fut utilisé pour des opérations fort variées chez les forces alliées, surtout au sein de la *RAF*. L'appareil fut surtout impliqué dans le cadre d'attaques au sol sur des objectifs précis. L'auteur Philip Birtles, dans son *De Haviland Mosquito*, y souligne le caractère polyvalent de cet appareil

Un de Havilland *Mosquito B Mark IV* va bientôt décoller de Marham, dans le Norfolk, pour l'opération *Oyster* du 6 décembre 1942. La mission était de pilonner l'usine Philips d'Eindhoven qui fabriquait des pièces pour les radars allemands. Huit escadrilles participèrent à l'opération. (C 3304, IWM.)

Un *Mosquito FB Mark XVIII* du *248 Squadron* de la *RAF Special Detachment*, basé à Portreath en Cornouailles. Il porte ici des « bandes d'invasion ». (CH 14114, IWM.)

qui pouvait aussi bien être utilisé comme bombardier, chasseur, qu'appareil photographique. Il nous dit ainsi que : « *le de Havilland* Mosquito *fut le premier modèle d'avion de combat multirôle de la Seconde Guerre mondiale, un bombardier non armé à grande vitesse et de reconnaissance photographique, un chasseur-bombardier et un lutteur antinavire, bombardier de précision à haute et basse altitude. Les équipes de la* Pathfinder Force, *équipées de* Mosquito, *assuraient que les cibles étaient marquées dans toutes les conditions météo [...]. Les équipages de* Mosquito *effectuèrent souvent de dangereuses missions de reconnaissance météorologique pour ouvrir la voie aux bombardiers ; leur dernier service avec la RAF fut comme remorqueur de cibles, aidant à la formation des tireurs air-air et sol-air* ». Les *Mosquito* de la Pointe du Hoc avaient pour mission de déposer des marqueurs afin que les B-26 américains puissent, dans la nuit, bombarder la position allemande. Ils volaient ainsi à l'avant du raid. Ces marqueurs brûlaient, dans des couleurs changeantes, afin de ne pas être confondus avec les leurres que pouvaient parfois déployer les Allemands. Les nombreuses vagues d'attaques sur les sites de lancement V1 en 1944, soulignèrent combien il s'agissait d'un appareil très précis dans les bombardements. Seules 40 tonnes de bombes suffisaient aux *Mosquito* pour détruire une installation de V1, alors qu'il ne fallait pas moins de 200 tonnes pour des bombardiers lourds. Au total, ce furent 7 781 de ces appareils qui furent construits, avec plus de quarante-quatre types différents.

Au cours de leur carrière, basés en Grande Bretagne, les Mosquito larguèrent pas moins de vingt-sept mille bombes. Parmi la totalité des bombardiers de la *RAF*, ce fut l'appareil avec le taux de pertes le plus bas. Ce chasseur-bombardier pouvait être équipé de quatre mitrailleuses de 12,7 mm et de 907 kilos de bombes. Le *Mosquito* fut une telle réussite qu'il en vint à susciter l'admiration du commandant en chef de la *Luftwaffe*, Hermann Göring. Ce dernier poussa ses ingénieurs à s'en inspirer pour créer le *Focke-Wulf Ta-154 Moskito*, conçu également en bois. Dans leur travail collectif *deHavilland Mosquito*, les historiens Montelli, Brown, Kittel et Graf, soulignent combien cet appareil fut utilisé dans de nombreuses aires géographiques, et fut, fort de ses succès et de ses particularités, l'objet de nombreux surnoms. Ils nous disent : « *[Il] fut invoqué pour de nombreux rôles par la* Royal Air Force (RAF) *et de nombreuses forces aériennes alliées sur le théâtre européen, dans le Pacifique et en Méditerranée ; dans les forces armées, il fut gardé en service bien après la guerre et fut aussi utilisé par la British Overseas Airways Corporation (BOAC) comme avion de transport. Surnommé affectueusement* "Mossie" ("Sparrow") *[moineau] par ses équipages, il eut d'autres nombreux surnoms associés à la construction d'une cellule en bois :* The Wooden Wonder (the Wonder Wood) *[la merveille en bois]*, The Timber Terror (the Terror of wood) *[la terreur de bois]* et moins respectueusement, The Termite's Dream (the dream of termites) *[le rêve des termites]* ». Sur la Pointe du Hoc, les *Mosquito* appartenaient au *8th Group* de la *RAF*. Comme le souligne Pierre-Alain Antoine pour la Rubrique Historique de Guerrelec : « *La version bombardier du* Mosquito *a été utilisée en 1943 par le* Bomber Command *au sein du* Group 8 (Pathfinder Force) *et au sein des* Squadron 105 *et* 139 *constituants la* Light Night Strike Force (LNSF). *La* LNSF *procédait à des intrusions nocturnes à grande vitesse à l'aide d'instruments sophistiqués de navigation comme le système GEE ou le système OBOE (système de navigation britannique à deux faisceaux, équivalent du Knickebein allemand) et d'aide à la visée en aveugle grâce au radar aéroporté H2S. Sa mission*

Épave d'un *Mosquito B.IV* série 2 DZ534, écrasé en mer au large de Cherbourg, dans le cadre d'une opération sur la commune de Givors. On aperçoit légèrement les bandes d'invasion et la cocarde anglaise. (National Archives.)

était double : d'abord détruire les objectifs de taille moyenne mais de valeur stratégique élevée et, en second lieu, faire diversion pour couvrir les raids de bombardiers lourds en simulant de grandes formations par la formation de nuages de paillettes [...]. »
Le *Mosquito* dit ses adieux au second conflit le 2 mai 1945, quand le *608th Squadron* prit part à une importante attaque sur Kiel.

Un *Mosquito B.Mk 35*, basé aujourd'hui au EAA Aviation Museum, dans le Wisconsin.

Installation de « flash bombs » dans un *Mosquito* du *140 Squadron* de la *RAF*. Photographie prise en 1944. (C 4998, IWM.)

Le Avro Lancaster

Sur la Pointe du Hoc, le coup de grâce de l'intense campagne de bombardements, fut porté le 6 juin, à la suite des marqueurs des *Mosquito*, par 108 Lancaster. Ces appareils déversèrent sur la position pas moins de 364,8 tonnes de bombes. Le 3 mars 1942, marqua le début opérationnel des premiers *Lancaster*. Il fut construit à plus de sept mille exemplaires et, jusqu'à la fin du conflit, ces bombardiers effectuèrent, sous les couleurs de 56 escadrons différents de la *RAF*, plus de 156000 sorties. C'était l'avion de la *RAF* le plus redouté par les Allemands. Si pour le dernier grand bombardement sur la Pointe du Hoc, des *Lancaster* furent mobilisés, c'est qu'il faut dire que cet appareil, principal bombardier de la *RAF* au cours de la Seconde Guerre mondiale, était terriblement efficace. Il s'agissait d'un appareil exceptionnel, comme le souligne bien Gordon A. A. Wilson dans son *The Lancaster*. L'auteur nous dit : « *Il ne fait aucun doute que la décision du* Bomber Command *de se concentrer sur un bombardier lourd quadrimoteur fut la bonne. Le fait que le bombardier lourd* [pouvait porter] *trois fois le chargement en bombes du bombardier moyen suffisait comme seule justification. Les trois principaux types de bombardiers lourds étaient le* Halifax, *le* Stirling *et le* Lancaster. *Le* Lancaster *prouva sans aucun doute qu'il s'agissait du meilleur bombardier [...], avec une grande facilité de pilotage pour les* [hommes] *inexpérimentés. Il eut un taux d'incidents relativement bas et les pertes furent faibles. La robustesse du* Lancaster *le faisait rentrer chez lui* « on a wing and a prayer. » Équipé d'une soute à bombes de 10 mètres de long et de 50 mètres de large, il pouvait installer, à son bord, une charge égale voire même supérieure à son propre poids. Il emporta ainsi à son bord les bombes conventionnelles les plus importantes. Il y eut ainsi *Grand Slam*, charge de plus de dix tonnes et *Tallboy*, bombe perforante, de six tonnes. Les *Lancasters*, à l'instar de ceux de la Pointe du Hoc, faisaient généralement des attaques de nuit, à l'inverse des B-17 volant de jour, tels ceux du *379th Bomb Group* pilonnant la position allemande le 5 juin 1944 à 9 h 21.

Les *Lancaster* effectuèrent des raids importants, comme la destruction des barrages de la Ruhr, dans le cadre de l'opération *Chastise*, le 17 mai 1943, ou encore la destruction du cuirassé *Tirpitz*, le 12 novembre 1942, opération *Tungsten*. La première version du *Lancaster* fut le *Mk I*. Sur la Pointe du Hoc, l'un des *Lancaster* qui opéra était du type *Mk III*, le *Avro Lancaster Mk III ND 739*, qui subit un destin tragique en se faisant abattre par le *Focke-Wulf 190* de l'*Oberleutnant* Helmut Eberspacher. Le *Mk III* possédait des moteurs Merlin américains, soit quatre moteurs Rolls-Royce Merlin XX en ligne de 1460 chevaux chacun, avec une longueur de 21,10 m, une envergure de 31,10 m, pour 5,97 m de haut. L'appareil pouvait atteindre une vitesse maximale de 462 km/h, pour un plafond pratique de 7 500 mètres. L'équipage était de sept personnes. Pour se défendre, l'appareil possédait huit ou dix mitrailleuses de 7,7 mm. L'emport de bombes de cet appareil, de 8 135 kilos, était de deux à trois fois supérieur à celui des autres bombardiers comme le B-17. La différence notable du *Lancaster Mk I* avec le *Mk III* résidait dans les moteurs. Le fait est que les commandes pressaient, car il fallait fournir la *RAF* en mécanique à grande échelle. Packard se chargea de construire des moteurs Packard Merlin 28. Ainsi, le moteur fut la seule différence forte entre le *Mk I* et le *Mk III*, car l'appareil était conçu sur les mêmes lignes de fabrication. La construction des *Mk III* démarra à la fin de l'année 1942 et ces appareils entrèrent en service en 1943, avec un total de 3 039 bombardiers construits. Le *Lancaster Mk III* de la Pointe du Hoc utilisait des munitions de .303. Il transportait onze bombes de plus de 450 kilos, MC, *Medium Capacity bomb* et quatre, GP *General-Purpose bomb*, de plus de 226 kilos. Les *Lancaster* déversèrent, durant toute la guerre, plus de 600 000 tonnes de charges dont 51 000 incendiaires. Le dernier appareil de ce type en service vola en 1953.

Avro *Lancaster III* de la *RAF* en 1944. (Royal Air Force.)

Ci-dessous : Avro *Lancaster III* de la *RAF*. (80-G-427139, National Archives.)

Ci-dessus: un *Lancaster* parmi d'autres appareils de la *RAF*. (CH 14880, IWM.)

Le *Lancaster* britannique 'Fanny Ferkin li' du *401st Bomb Group* atterrit sur la base de la *8th Air Force,* en Angleterre, le 3 mai 1944. (342 FH-3A06228-65803AC, National Archives.)

7

Les bombardements de la Pointe du Hoc

Avant que les *Rangers* essaient de poser le pied sur les hauteurs de la Pointe du Hoc, la position allait être l'objet d'une intense campagne de bombardements. Elle débuta des mois auparavant. Au total, le 6 juin au matin, quand les *Rangers* prenaient la direction de la plage dans leurs péniches, si l'on cumule les tirs de l'*US Navy* et les bombardements aériens, c'était plus de dix mille tonnes d'explosifs qui s'étaient abattus sur la position. À titre de comparaison, si l'on cumule la somme de ces charges, elle équivaut à la moitié du tonnage de la bombe nucléaire « *Fat Man* », forte d'environ vingt kilotonnes de TNT, larguée sur Nagasaki le 9 août 1945. Bombarder la position s'inscrivit dans un plan plus global d'élimination de l'artillerie sur le littoral français. Sur la Pointe du Hoc, les raids aériens avaient pour but de détruire les canons. Mais, cette grande campagne de bombardements, devait permettre aussi de neutraliser les garnisons et leurs installations, qui pouvaient prendre des formes très variées. Bombarder, au préalable par l'aviation et la marine, les fortifications adverses, était essentiel. On savait très

Bombardement de la position par des Douglas *Havoc*, le 25 avril 1944. Ils sont maintenant sur le retour vers l'Angleterre. La position, fumante, en bas, a beaucoup souffert ce jour-là. (National Archives.)

À l'ouest de la Pointe du Hoc, les Allemands avaient installé une batterie factice. Elle se trouvait entre la Ponte du Hoc, Wn 75, et la commune de Criqueville-en-Bessin, Wn 76. Sur cette photographie aérienne nous en voyons une partie. (Conseil Régional de Basse-Normandie / National Archives USA.)

bien que les péniches américaines se feraient voir en approchant la côte. Donc, il fallait à tout prix annihiler les forces de résistance pour museler toutes les contre-attaques lors de l'arrivée sur la plage. Le *Colonel* Richardson, lors de la phase d'élaboration des plans d'attaque de la Pointe, suggéra que l'on utilise une section de parachutistes pour empêcher l'ennemi d'intervenir. Mais le *General* Gerow refusa cette idée. On opta donc pour la marine et les forces aériennes. Afin d'éviter de révéler les intentions du débarquement allié, à chaque fois que la Pointe du Hoc était bombardée, d'autres positions reçurent le même tribut en Normandie et dans le Pas-de-Calais. Les premiers bombardements sur la Pointe débutèrent le 15 avril 1944 et ainsi de suite les jours suivants.

À la suite de ce pilonnage, dans la période de Pâques, par des Douglas A-20 de la *9th US Air Force*, la position fut sévèrement touchée. L'aviation fit même des victimes et les forces allemandes décidèrent que le PC de la Pointe devait être déplacé vers un poste d'observation plus sûr. Mais c'est surtout à partir du **25 avril** que débuta la campagne intensive de bombardements sur le point d'appui. En cette fraîche journée d'avril, à 16 h 59, 35 bombardiers A-20, appartenant au *416th Bomb Group* , larguèrent 33,75 tonnes de charges. Trente-deux minutes juste après que les hommes de la *Wehrmacht*, sur la Pointe, aient retrouvé leurs esprits, seize nouveaux A-20 du *409th BG* larguaient à présent 16 tonnes de bombes sur la position. À ce moment, de nombreux hommes faisaient la queue dans une cantine située dans la ferme de la famille Guelinel. Ces deux vagues de bombardements détruisirent deux des six emplacements de canon et l'un des six canons de 15,5 cm. Afin d'éviter davantage de dégâts aux cinq autres canons restants, on choisit de les déplacer dans des champs de pommiers à 1 300 mètres plus au sud de la position. L'opération se déroula dans la nuit du 25 au 26 avril. Les Allemands recouvrirent les pièces d'artillerie de filets de camouflage tendus jusqu'aux arbres. On choisit aussi de berner l'adversaire en construisant des pièces factices sur les anciens emplacements de canons, désormais à l'écart des bombardiers alliés. Pour donner l'illusion du canon, on utilisa des poteaux télégraphiques fixés sur des supports de bois que l'on recouvrait de filets de camouflage. Le dispositif fonctionnait bien. Il faut dire que la *Wehrmacht* était passée maître dans l'art de créer des leurres, lorsque nécessaires.

Dans les unités stationnées sur le Mur de l'Atlantique, on avait déjà beaucoup mis en œuvre pour camoufler et protéger le littoral. Surtout depuis que Rommel l'avait ordonné. Mais ceci se fit au détriment des exercices militaires.

En plus du canon abîmé, deux autres furent endommagés et impossibles à réparer. Plutôt que retirés du front, ils furent pourtant déplacés dans le champ. La date du mouvement des canons allemands est aujourd'hui l'objet de contradictions entre historiens. Si pour Helmut Konrad von Keusgen ou encore Peter Howard, les canons furent déplacés dans la nuit du 25 au 26 avril, selon l'historien Jean Quellien, il en est tout autrement. Pour ce dernier, les pièces d'artillerie auraient changé d'emplacement dans la nuit du 15 au 16 avril. Pour cela, il s'appuie sur le témoignage d'un des membres du réseau Centurie pour le Bessin. Ce réseau était l'un des plus importants réseaux de renseignements militaires de la Résistance, rattaché à la France Libre et constitué en 1940 par le colonel Gilbert Renault, alias Rémy. Jean Quellien nous dit ainsi à propos des canons, dans son ouvrage *Le Jour J et la Bataille de Normandie*: qu'« *après la destruction de l'un des canons de la Pointe du Hoc à la suite du bombardement aérien du 15 avril, les cinq autres ont été démontés et transportés discrètement à l'intérieur des terres. Cependant, ce déménagement nocturne n'est pas passé inaperçu. La résistance locale a été alertée par les habitants de la ferme située entre la batterie et la route du littoral. Guillaume Mercader, marchand de cycles à Bayeux était responsable du réseau Centurie pour le Bessin: "Le 15 avril 1944 eut lieu le premier bombardement massif et, dans la nuit du 15 au 16, les canons furent déplacés de l'autre côté de la nationale 814, dans un chemin creux bordé de fossés et de haies constituant un excellent camouflage. Le 17 avril en cours d'après-midi, j'avais la visite de Jean Marion, de Grandcamp, qui venait m'informer de cet important événement. Le 18 au matin, je rencontrais Eugène Meslin, alias commandant Morvin, responsable OCM-Centurie de toute la région. Comme moi, il jugeait ce renseignement de première importance et le fit transmettre au BCRA de Londres. Le 26 avril, le message devait être décodé par le lieutenant Raymonde Berthier, attachée au chiffre du BCRA"* ».

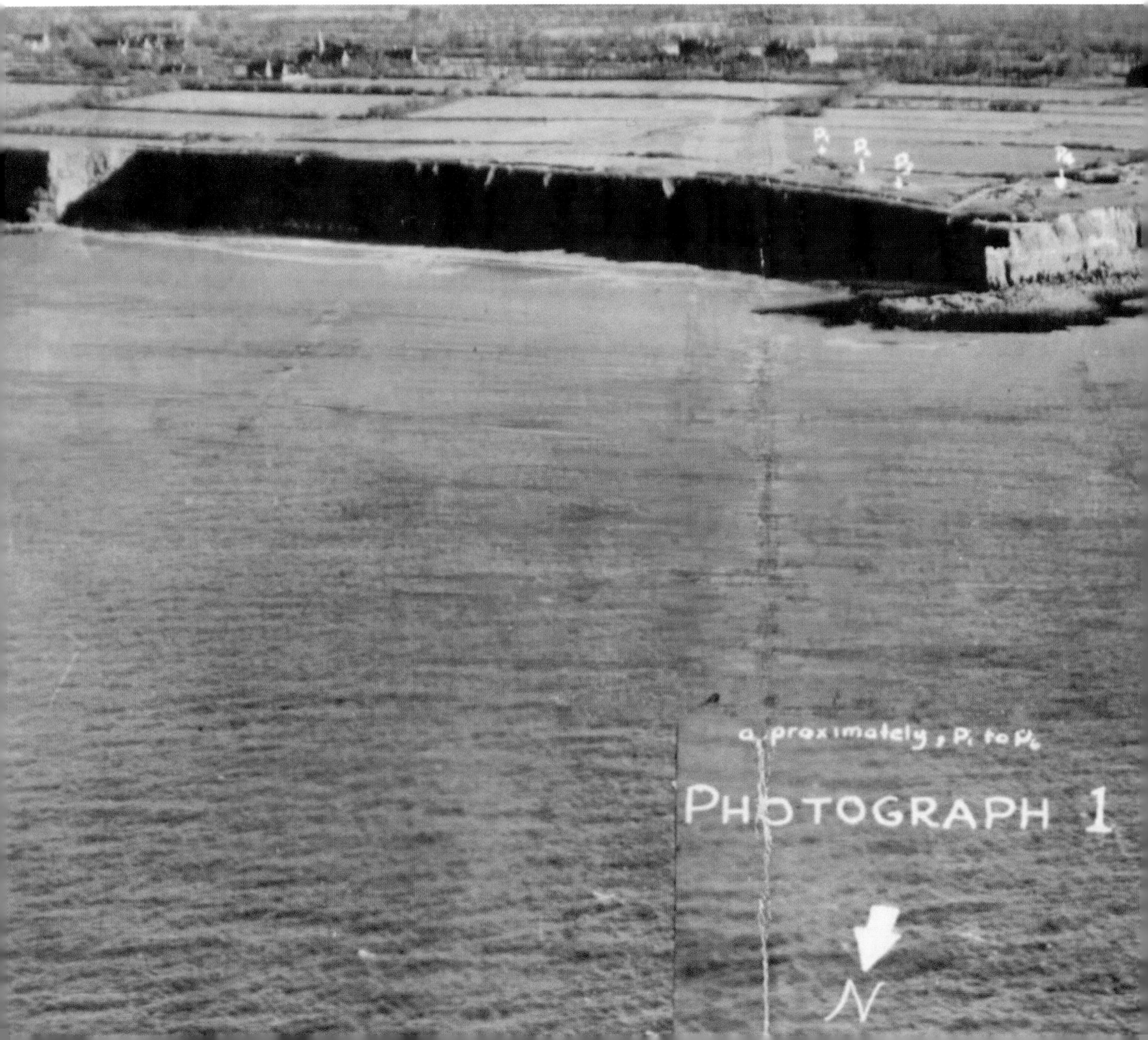

Les falaises de la Pointe du Hoc avant les bombardements. La photographie a été prise en 1943. On y voit noté l'emplacement des canons ennemis et, nettement, la forte verticalité des falaises. (342-FH-3A16097-84515AC, National Archives.)

Lors du bombardement du 25 au 26 avril, des bâtiments avaient également souffert. La propriété des Guelinel, couvrant les services de cantine et les chevaux de la position, fut très endommagée et la cantine détruite. Deux emplacements de canons avaient été aussi atteints. On comptait, dans les rangs allemands, deux morts, un gravement blessé et deux autres plus légèrement. Pour les forces alliées bombardant la Pointe, il avait été difficile d'estimer l'effectif des troupes ennemies sur place. On savait que des prélèvements avaient été faits sur les hommes de la 716e division d'infanterie, qui tenait un secteur allant de Caen jusqu'à Carentan. Donc, les effectifs étaient faibles. Dans son œuvre *Pointe du Hoc*, Helmut von Keusgen, offre d'intéressants témoignages de soldats ayant subi les bombardements. Il nous relate celui d'Emil Kaufmann qui, sous le feu des bombes alliées, sonné par les explosions et gravement blessé d'éclats d'obus, ressortit de cet événement après huit jours de coma. Son témoignage nous dit : « *Soudain, nous entendons un fort bourdonnement puis un bruissement. On entend comme le bruit d'une locomotive à vapeur qui entre en gare... Immédiatement après, les premières bombes de gros calibre tombent sur la grande ferme. Nous pouvons entendre les éclatements se rapprocher rapidement. Tout tremble et sursaute. Nous courons vers la sortie, Otto Keller en tête. Mais ne pouvons plus sortir. À quelques mètres devant nous, la bombe suivante tombe sur le baraquement. Je vois encore la flamme et la poussière* ».

On pourrait se demander si la campagne de bombardements, qui débuta ce jour-là, fut utile à la réalisation du débarquement. Car, à ce moment, les hauts gradés divergeaient sur l'utilité des bombardements pré-débarquement. Steven J. Zaloga dans son livre *Rangers lead the way*, revient sur ces divergences : « *Le* US Strategic Air Force in Europe (USSTAF) *était consacré à l'utilisation de bombardiers lourds des* 8th *et* 15th Air Forces *pour des missions stratégiques. Au printemps 1944, il était engagé dans l'opération* Pointblank, *une campagne de destruction de la Luftwaffe avant le Jour-J avec des bombardements de jour sur les usines aéronautiques allemandes, combiné avec l'attrition des escadres de chasseurs de la Luftwaffe*

Des A-20 *Havoc* typiques de ceux utilisés au-dessus de la Pointe du Hoc. Ils appartiennent ici au *US 410th Bomb Group,* basé à Gosfield en Angleterre. La photographie a été prise lors d'*Overlord*. (United States Government.)

A-20 *Havoc* du *US 416th Bomb Group* larguant des bombes au-dessus de la Normandie. (United States Air Force.)

par l'utilisation de chasseurs d'escorte s'avançant profondément [dans les terres]. *L'*USSTAF commander, Lt Gen *Carl Spaatz était catégoriquement opposé à détourner les bombardiers lourds de ces missions pour les utiliser contre des cibles tactiques telles que les batteries côtières, l'*Air Chief Marshal *Arthur Tedder, adjoint d'Eisenhower, argua que les raids de bombardements étaient inefficaces contre les bunkers de l'artillerie côtière en béton armé et auraient de l'intérêt seulement avant que le béton n'ait été coulé ou lors d'un raid aérien de dernière minute pour perturber les opérations de la batterie. Indifférents à ces objections, les planificateurs de* Neptune *voulurent des attaques aériennes afin d'« affaiblir » les batteries côtières.»* Difficile donc, pour les forces alliées, de connaître le potentiel des opérations. Les photographies prises par les appareils de reconnaissance laissaient envisager que cinq des six canons étaient toujours en état de tirer. Les alliés s'étaient donc laissés abuser par les poteaux télégraphiques recouverts de filets de camouflage. Notons que les Allemands décidèrent d'absorber dans la construction d'une nouvelle casemate l'emplacement du sixième canon. Celui-ci n'était donc plus opérationnel pour loger un canon. Le commandant de la batterie, fit aussi raser le peu qu'il restait de la propriété de la famille Guelinel. Il pensait qu'elle fournissait un point de repère et un objectif aux bombardiers américains. Elle fut détruite et l'ensemble ensuite aplani. Notons que les bombardements de la Pointe du Hoc auraient dû commencer plus tôt.

Le **13 avril** débutaient des pilonnages de positions côtières en Normandie par la *9th Air Force.*

Mais, en raison du mauvais temps, les vols furent retardés. Les attaques du **25** de ce même mois, consistèrent en des préliminaires. La Pointe du Hoc avait été désignée comme « *Air Force target number 4901 W/J/101* ». Le point de jonction pour le dépôt des charges des bombardiers américains, était la jonction sur la route menant de Vierville à Grandcamp et une autre menant à la position allemande. Si les premiers bombardements avaient lourdement affaibli les forces allemandes sur la Pointe, forçant au retrait des canons, la *Wehrmacht* n'était pourtant pas au bout de ses difficultés. Le **13 mai** à 11 h 39, ce n'était plus des A-20 mais 33 B-26 du *322 Bomb Group* qui pilonnaient la Pointe de 69 tonnes de bombes. Mais, après chaque bombardement, les Allemands s'empressaient encore de remettre la position en ordre et surtout de replacer correctement les filets de camouflage sur leurs canons factices. Cette stratégie amena encore les rapports américains à continuer de ne faire état d'aucune altération des canons. Lors de ce pilonnage, des tranchées sur le site avaient été abîmées, mais c'était surtout une partie du champ de mines qui, pilonné, fit exploser de nombreuses charges. Ce détail serait d'une grande aide pour les *Rangers*, car il éclaircit le futur terrain d'attaque des *Rangers* de pièges explosifs. Dans la soirée du **22 mai**, à 19 h 28, c'était au tour de 29 appareils de même type, 29 B-26, du *323rd BG*, de cibler la position normande avec 56 tonnes d'explosifs. Les destructions restèrent limitées et ce ne furent que quelques abris qui furent endommagés. Mais, la position offrait déjà un paysage lunaire, c'en était notamment définitivement terminé de la

La Pointe du Hoc et sa concrétion de trous de bombes.
(A19090, 52237, National Archives.)

ferme des Guelinel. À nouveau, aucun des canons ne fut touché.

Parmi les missions assignées aux *Rangers* de la *Task Force B*, le 6 juin, il fallait détruire la **station de radar Le Guay**. Les bombardiers alliés commencèrent le travail. Pilonner une station radar était compliqué. Non seulement, il s'agissait de sites relativement résistants aux attaques, mais aussi, les radars étaient faciles à remettre en état de fonctionnement rapidement. Inutile donc de presser le pas. Les opérations de destruction ne devraient se faire que quelques semaines avant l'invasion. La station radar Le Guay était une station radar combinée de la *Kriegsmarine* et de la *Luftwaffe*. Sur la Pointe de la Percée, on y trouvait les stations *Igel* et *Imme*. Sur la station *Igel*, on trouvait notamment deux appareils radar *Würzburg Fuse 65*. De ses 12 tonnes pour une parabole de 7,5 m de diamètre, ce radar surveillait les mouvements de l'aviation ennemie, avec une portée de 60 à 70 kilomètres. À partir du 10 mai, les Alliés commencèrent à bombarder les positions radars en Normandie. Le 21 mai, quatre P-47 *Thunderbolts* de la *9th Tactical Air Force* ne réussirent pas à endommager le radar de Le Guay. Notons que la mission était complexe, car il fallait s'approcher à faible altitude de la position pour opérer un maximum de dégâts, et celle-ci était protégée par quatre canons antiaériens de 20 mm. Deux jours plus tard, vingt chasseurs-bombardiers s'acharnaient à nouveau sur le radar. Les rapports allemands firent état de 20% de dégâts sur la Pointe de la Percée, avec notamment deux antennes détruites. La station pouvait encore fonctionner. Les opérations alliées eurent donc du mal à porter leurs fruits. Et ce ne furent pas les raids du 24 et du 30 mai qui auraient pu changer la donne. Ils furent aussi infructueux que tragiques puisque la *Flak* réussit à abattre un *Typhoon IB* du *197 Squadron*.

Juste avant le déclenchement de l'opération *Flashlamp*, c'est-à-dire les derniers raids aériens précédant le débarquement, on pilonna de nouveau la Pointe du Hoc. Le **4 juin**, à 15 h 10, 43 A-20 du *416th Bomb Group* larguaient 50,5 tonnes de bombes. Ces bombardiers furent suivis, douze minutes plus tard, par 42 autres A-20 mais du *409th BG*, larguant 51 tonnes de bombes. Rommel, le jour même, était pourtant toujours sûr qu'un débarquement ne pouvait pas avoir lieu dans les prochains jours. Mais il était à l'affût. La veille, alors au Quartier Général de Gerd von Rundstedt, il avait indiqué à ce dernier son intention de voir Hitler à l'Obersalzberg, pour que soient envoyés en Normandie deux divisions de blindés, un corps de DCA et une brigade de lance-fusées. Ce 4 juin, Rommel ne croyait pas à un débarquement, en raison des conditions météorologiques exécrables. L'Amiral Friedrich Ruge, dans son *Rommel face au débarquement*, nous relate les pensées du *Generalfeldmarschall* avant l'arrivée des troupes alliées. Il nous dit: « *4 juin. Pluie et vent d'ouest très fort. Coup de téléphone au sujet de la navigation fluviale. Rommel part à six heures pour l'Allemagne. Il a d'autant moins de scrupules à partir, déclare-t-il, que, durant son absence, les conditions de marée seront très défavorables à un débarquement et que les reconnaissances aériennes ne fournissent aucune raison de penser que celui-ci puisse être imminent* ». Du reste, il a arrêté en détail, avec Speidel, les mesures à prendre au cas où l'attaque se produirait, des dispositions soigneuses ont été prises pour alerter les troupes et les états-majors. Depuis sa prise de commandement, cinq mois et demi auparavant, la défense a réalisé de très sensibles progrès, mais elle demeure encore

Page précédente : la voûte d'une salle de stockage s'est effondrée sous la force des bombardements. (342-FH-3A19088-52234AC, National Archives.)

Encuvement pour Flak détruit par les bombardements. Il s'agissait d'un 2 cm Flak 30, canon de 20 mm antiaérien. (Conseil Régional de Basse-Normandie / National Archives USA.)

Casemate en construction, endommagée par les bombardements. (National Archives.)

imparfaite. Par exemple, la pose des mines est toujours en cours, la construction des obstructions de plage, dans la zone découverte aux marées de vives eaux, est à peine commencée. Le point le plus faible reste, comme précédemment, le stationnement des divisions blindées trop en arrière de la *«ceinture de Rommel»*, de sorte qu'elles ne pourront intervenir immédiatement et donner à l'infanterie l'aide dont celle-ci aura le plus grand besoin.

Le **5 juin**, veille de l'invasion, des B-17, au nombre de 35, appartenant au *379th BG*, noyaient la Pointe sous pas moins de 104 tonnes de bombes. La même nuit, l'opération *Flashlamp* pouvait débuter. *Flashlamp* était le préalable à la réussite du débarquement. Il fallait pilonner les côtes normandes, soit une partie du Mur de l'Atlantique, afin de détruire, ou au minimum affaiblir, les batteries allemandes posant soucis au débarquement. Sous la tutelle de Sir Arthur Harris, *Air Chief Marshal* du *RAF Bomber Command*, pas moins de 551 Avro *Lancaster*, 412 Handley Page *Halifax* et 49 de Havilland *Mosquito*, soit 1 012 appareils, entrèrent en action. Il s'agissait d'un plan général de bombardement des côtes de Normandie, devant annihiler les batteries de Houlgate, Longues, Merville, Fontenay, La Pernelle, Maisy, Mont Fleury, Ouistreham et Saint-Martin de Varreville. Elles seraient pilonnées par la *RAF*. Le *Bomber Command* lança ainsi dans la nuit 1 211 sorties. Il y eut 8 appareils de perdus.

Le **6 juin**, à 4 h 46, 9 *Mosquito* de la *RAF*, du *8th Group*, préparaient les opérations de bombardement sur la Pointe, avec pour mission d'y larguer des marqueurs. La scène que constatèrent les paysans à proximité, était semblable à un *«ciel en feu»* se souvinrent-ils. Des 9 *Mosquito*, ce fut tout d'abord un *Mosquito IX* équipé d'un radar, appartenant au *105 Squadron*, qui largua des marqueurs rouges. Notons que le *Mosquito* suivant ne réussit pas à larguer ses *Target Indicators*. Sur les neuf appareils prévus pour l'opération, deux avaient vu leur vol annulé. Suivant de peu les deux autres appareils, trois autres *Mosquito* du *109 Squadron «embrasaient le ciel»*, aux dires des populations locales assistant à la scène, larguant à des altitudes de 1,670 et 2,785 km des marqueurs verts. Le témoignage des habitants confirme l'impression que pouvait offrir à quelqu'un d'assister à un largage de *Target Indicators*. Leur quantité, dans le cas d'objectifs très importants, pouvait être considérable. Concernant la Pointe du Hoc, étant donné l'aspect capital de la cible, il est fort probable que de très nombreux marqueurs furent lâchés. Dévalant les cieux, ces *TI* ciblèrent la position afin que 101 bombardiers de la *RAF*, de type *Lancaster*, appartenant au *5th Group*, larguent sur la Pointe, le plus puissant bombardement que celle-ci n'ait jamais connue. Parmi les Lancasters pilonnant la position, celui de Roland Ward, du 50 Squadron, à la devise *«From Defence to Attack»*. L'équipage au décollage de l'aérodrome de Skellingthorpe, situé à 195 kilomètres au nord de Londres, avait traversé la Manche en survolant notamment Bridport à une altitude de 3,350 kilomètres. Arrivé sur la Pointe, il fallu descendre à 2,743 kilomètres tant la couverture nuageuse était importante.

Autre photographie des dévastations. (National Archives.)

Situé dans le nez de l'avion, Dick Haine pouvait enfin apercevoir les marqueurs verts au sol permettant d'ajuster les largages et à quatre heures cinquante, il déchargeait les bombes de l'appareil tout en indiquant ensuite à l'équipage et au pilote «*bombs gone*».Ainsi, à 4 h 50, pas moins de 634,8 tonnes de bombes se mirent à dévaster la position. Les bombes retournèrent le terrain, détruisant batteries et tranchées. Selon d'autres rapports américains, il s'agirait plutôt de 698 tonnes de bombes. Impossible en tout cas, à ce moment-là, pour les hommes du *IIIe Reich*, alors que les sirènes d'alerte sonnaient à tout rompre, de juger la force de la frappe ni même d'évaluer la quantité d'avions dans le ciel, tellement celui-ci en comptait. Chacun se contenta de rester accroupi dans sa casemate, sous ce déluge de bombes, qui s'étala jusqu'à 5 h 03. Sur les localités environnantes, comme à Saint-Pierre-du-Mont ou Cricqueville, les maisons tremblaient et les habitants furent terrifiés. Dans la position encore fumante, alors que les bombardiers se retiraient, les Allemands s'activèrent pour déblayer le terrain, aider les blessés et récupérer les morts dont le nombre n'a toujours pas été quantifié par les historiens.

Sur la position, Wilhelm Kirchhoff, cité par Helmut Konrad von Keusgen dans *Pointe du Hoc*, nous raconte ces bombardements. Il nous dit: «*À nous, les 15 hommes (du* Werfer-Regiment*), il ne nous est rien arrivé lors de ce bombardement. Les explosions ont entièrement enseveli beaucoup de boyaux et arraché partout les filets de camouflage. Ensuite, dans l'obscurité, nous avons réparé autant que possible afin que l'on puisse se déplacer à nouveau. Puis nous avons mangé quelque chose. Nous nous disions: qui sait ce qui nous attend encore aujourd'hui*». De nombreuses tranchées étaient recouvertes de terre tout comme des bunkers à munitions. La surdité, en plus des éclats de toute sorte, qui s'étaient fichés dans les corps, était parmi les blessures les plus répandues. Alors que chacun s'activait, au loin, on pouvait entendre d'autres moteurs d'avions. Il s'agissait de C-47, transportant des hommes du *506th Parachute Infantry Regiment* de la *101st Airborne Division*. Parmi eux, appartenant au *3rd Battalion*, les parachutistes Raymond Crouch, Leonard Goodgall et Bob Dunning. Ces trois hommes atterrirent, par erreur, à proximité de la Pointe. Se cachant dans la campagne environnante, ils rejoindraient plus tard les hommes de Rudder. Notons qu'à 1 h 15, la mise en état d'alerte de toutes les unités de la *352. Infanterie-Division* avait été réalisée par téléphone. Une demi-heure après, un rapport reçu du 914e régiment de grenadiers informait sa division, qu'entre 50 et 60 parachutistes adverses avaient sauté au sud de Brévands, dans la Manche, sur les bords du Canal de Carentan.

À 2 heures du matin, le même régiment informait la *352e* qu'un nouveau largage de parachutistes ennemis avait eut lieu près de Cardonville, à côté de la *II./Artillerie-Regiment 352*. Largage par 30 à 50 appareils. Puis, à peine un quart d'heure après: « *Sur la gauche du secteur tenu par le 914e régiment de grenadiers, l'équivalent d'un bataillon parachutiste occupe le secteur du canal de Carentan au sud-ouest de Brevands. Des parachutistes isolés, qui ont à l'évidence raté*

Casemate numéro 2 endommagée. (Conseil Régional de Basse-Normandie / National Archives USA.)

leur cible, se regroupent près de Cardonville. Dans tous les autres secteurs, le calme prévaut. ». Dans les heures qui suivirent, de nouveaux rapports firent état de largages de parachutistes et d'une intense activité en mer, « *des bâtiments en mer ont été localisés* ».

À 3 h 35, un rapport reçu du 916e régiment de grenadiers indiquait des « *bombardements particulièrement puissants sur Le Guay, Pointe du Hoc et Grandcamp.* » Une heure plus tard, un rapport du 916e régiment de grenadiers indiquait la capture d'un lieutenant américain près du WN Le Guay. Les Allemands avaient questionnés le parachutiste qui leur indiqua que des poupées-leurre, « *explosant au contact du sol* », avaient été larguées au milieu de vrais parachutistes.

À 5 h 20, le 352e régiment d'artillerie indiquait que 29 navires avaient été observés à environ six à dix kilomètres de Le Guay. Le même rapport faisait état de barges de débarquement, une cinquantaine, au large de Port-en-Bessin. D'autres rapports continuèrent dans les heures qui suivirent d'indiquer l'intense activité au large des côtes. Deux minutes après le début des tirs de l'*USS Texas*, un rapport reçu du 352e régiment d'artillerie indiquait à la *352e ID* : « *entre 60 et 80 bateaux de débarquement approchent rapidement des plages près de Colleville. Notre artillerie ne peut pas atteindre ces cibles. La région de Maisy est tenue sous le feu de batteries navales de gros calibre. Il en va de même pour la région de Marcouf. Les vaisseaux ennemis sont trop éloignés et ne peuvent être atteints par notre artillerie* ». Trois minutes

après, un nouveau rapport du 916e régiment de brigadiers leur parvenait : *« Au large de Vierville, 44 navires de débarquement, petits et moyens, sont aperçus, lesquels ouvrent le feu sur la côte ».*

À 5 h 56, c'était au tour du 914e régiment de grenadiers de transmettre à la *352e ID* : *« Situés de dix à quinze kilomètres au nord du WN 88, trois gros bâtiments navals sont observés. Ils bombardent la région de Maisy. »* Les bombardiers, sur la pointe du Hoc, ne sortirent pas sans dommages de leurs missions au-dessus de la Pointe. L'artillerie antiaérienne, sur la position et dans les terres, tirait sur tout appareil ennemi. Il y avait aussi les pilotes de la Luftwaffe. Notons le cas de deux *Lancaster* qui payèrent un lourd tribut. Au moment même où s'enclenchait l'opération *Overlord*, le *I./Schnellkampfgeschwader 10*, unité d'attaque au sol, fit décoller des *Focke-Wulf-190*, avec ordre d'abattre les appareils qui avaient déposé des parachutistes sur Carentan. Parmi les pilotes de *Fw-190*, décolla d'Évreux, avec deux heures de retard, pour la *3. Staffel*, le *Hauptmann* Helmut Eberspächer, accompagné de quatre autres chasseurs. Les hommes devaient longer la côte normande et faire un rapport de la situation. C'est lors de cette mission qu'Eberspacher réussit à abattre un *Lancaster* du *5th Group*. Eberspächer et les quatre autres chasseurs se réclamèrent d'avoir abattu quatre appareils alliés. Eberspächer indiqua ainsi qu'il avait abattu deux *Lancaster* au-dessus d'Isigny. Il affirma aussi qu'il en avait descendu un du même modèle, à Carentan, tout comme un autre appareil de sa formation. En réalité, seuls deux

Rommel inspectant la *21.Panzer-Division*. Photographies prises le 30 mai 1944. (Bundesarchiv, Bild 101I-300-1865-06 / Speck / CC-BY-SA 3.0 et Bild 101I-300-1865-08 / CC-BY-SA 3.0.)

appareils furent abattus. L'un appartenait au *50 Squadron* et l'autre au *97 Squadron*. Dans l'ouvrage *Rückblicke*, Eberspächer écrivit plus tard son vécu des événements. Il raconte son vol: «*Pas de mission de reconnaissance précise donnée, mais je suivais la ligne Caen-Bayeux-Carentan, soit un itinéraire le long de la côte normande. Peu-à-peu, l'horizon, de plus en plus clair à chaque minute qui passait, rendait plus facile de voir ce qui se passait en dessous de moi. En fait, c'était gigantesque. La mer dévoilant de plus en plus les contours de plusieurs centaines de bateaux de tailles différentes. À l'avant, juste au large de la côte, parallèle à la mer, se trouvaient les cuirassés lourds dont tous les canons tiraient sur les casemates allemandes du Mur de l'Atlantique. Entre les deux, se dessinait comme un collier de perles, les péniches de débarquement qui avançaient vers la côte [...]. Alors que je venais juste de commencer ma course, j'ai vu au-dessus de moi, sous la couverture nuageuse éclairée par la lune, une suite de bombardiers britanniques de type "Lancaster". Leur ombre se détachait sur les nuages à la manière d'une lanterne magique, mais je ne pouvais les discerner de la terre encore dans le noir. Nous étions en guerre, l'ennemi devait être combattu, et j'étais dans une bonne position pour tirer.* [L'attaque aérienne se déroula de 5 h 01 à 5 h 04, ce sont ces appareils qui furent la cible des tous premiers engagements du débarquement allié] *Trois des bombardiers britanniques ont entièrement pris feu en quelques minutes – j'ai vu certains équipages flotter avec leurs parachutes vers le sol de France*». Il faut dire que, pour les *Lancaster*, la couverture nuageuse trop importante avait forcé les appareils à baisser leur altitude à moins de 2,75 km, les rendant, en cela, beaucoup plus vulnérables.

Soixante-huit années après les événements, l'un des *Lancaster* abattus fut retrouvé, suite à la trouvaille d'un passionné, et identifié grâce à la bague d'un de ses occupants. Cette bague appartenait au *Flight Lieutenant* Albert Chambers. Il s'agissait du Avro *Lancaster Mk III* ND 739. Le *Mk III* se différenciait du *Mk I* par le fait qu'il était équipé de moteurs Packard-Merlin. L'appareil fut excavé des tonnes de terre l'emprisonnant depuis le 6 juin. Sur l'anneau était inscrit ces initiales «AC» et à l'intérieur «*Love Vera*». Le nom Vera fait référence à Vera Grabb, la femme d'Albert Chambers avec laquelle le mariage s'était déroulé, à peine huit mois avant la tragique nuit du 6 juin où il perdit la vie, à seulement vingt-trois ans. Le *Lieutenant* Chambers, né à Derby, avait eu un parcours militaire formidable. De ses 58 sorties, il s'était forgé une solide réputation et avait gagné la *Distinguished Flying Cross and Bar*. En cette nuit du 6 juin, Chambers était le *97th Squadron signal leader* et agissait comme opérateur radio et mitrailleur. Le bombardier aux mains du *Wing Commander* «Jimmy» Carter, avait décollé très tôt ce matin-là. C'est à 2 h 56, de Coningsby, dans le Lincolnshire, qu'il avait pris son envol. Alors que la mission était un franc succès, ils furent à leur retour pris en chasse par le *Focke-Wulf 190* d'Eberspächer. Les autres membres d'équipage qui donnèrent leur vie cette nuit-là, étaient: le *Squadron Leader* Martin Bryan Smith, mitrailleur de queue, le *Flight Lieutenant* Henry Jeffery, s'occupait du radar H2S. Ce radar permettant d'avoir une précision importante la nuit et sous forte couverture nuageuse. L'*Acting Flight Sergeant* Guy Dunning était copilote, l'*Acting Flight Sergeant* Frank Watson, mitrailleur de la tourelle supérieure, le *Flight Lieutenant* Ronald Conley, un Australien, navigateur et le *Flight Lieutenant* Herbert Rieger, Canadien, bombardier. 72% des hommes du *Bomber Command* morts durant le Second conflit mondial étaient d'origine anglaise. Le reste des victimes venait du Canada, de l'Australie et de Nouvelle-Zélande. Helmut Eberspächer, originaire de Tübingen, était un pilote talentueux. Après sa mission du 6 juin, il obtint, le 24 janvier 1945, le *Ritterkreuz*, soit la croix de chevalier de la croix de fer, pour ses 170 missions en *Jabo* sur le front de l'Ouest. Il vola aussi lors de l'offensive des Ardennes, et survécut à la guerre, crédité de sept victoires au total, dont trois de nuit. Dans son brillant *D-Day bombers*, Stephen Darlow revient sur cet épisode tragique du *D-Day*, au travers du témoignage exceptionnel d'un des membres du *97 Squadron*: « *Charles Owen, un pilote du* 97 Squadron *prit aussi part à l'attaque de la batterie côtière de la Pointe du Hoc et consigna dans son journal: "Nous avons trouvé le briefing un peu étrange pour ce type de vol et avons compris, lorsque nous nous sommes retrouvés sur la côte française, la Manche était pleine de bateaux. L'armée s'était enfin décidée et le* D-Day *était en marche». Nous avons bombardé à* [cinq heures du matin] *au moment juste ou le jour pointe, et nous eûmes une vue générale des Américains courant sur la plage. Jimmy Carter, le pilote, se [fit] tuer par un* Focke-Wulf Fw 190 Würger *au-dessus de la* [Pointe du Hoc]. *La vue était incroyable à notre retour alors que le soleil se levait. Nous sur le chemin du retour et les Américains sur le départ. Nous nous sommes posés juste pour l'heure du breakfast, mais avons été très déçus qu'il n'y ait rien aux news de* [huit heures du matin]. *Les défenses furent certainement actives contre les forces attaquant la Pointe du Hoc. Owen fut le témoin de la disparition du* Wing Commander *E. J. Carter DFC's sur* Lancaster *sans aucun survivant sur les huit hommes d'équipage. De surcroît le* Lancaster *du* 97 Squadron *du* Lieutenant *F. V. Jespersen,* RNAF, *fut abattu, les sept membres de l'équipage perdirent leur vie* ». Notons que, parmi les *Lancaster*, en plus des deux abattus, trois furent endommagés. Probablement, ceux-ci avaient été poursuivis par des chasseurs, mais ce pourrait être aussi le travail de la défense antiaérienne. Ils purent toutefois retourner à la base après le pilonnage de la position et de sérieux dégâts sur l'appareil.

Tandis que chacun s'activait sur la Pointe pour déblayer et réparer les dégâts et que le soleil pointait dans le ciel gris du matin, c'était au tour des canons de l'*US Navy* de rompre à nouveau le silence. Ils allaient essayer de réduire les derniers restes de la position à néant. À **5 h 50**, l'*USS Texas* faisait feu sur la position de ses canons de 14 pouces. L'une de ses salves fit se décrocher une partie de la falaise. Ce fut un simple hasard, mais cette explosion sera ensuite bien utile aux *Rangers*. Le *USS Satterlee* faisait aussi feu sur la position et en particulier sur ses casemates. Le *USS Thompson* se chargeait lui du WN 74 de la Pointe de la Percée. Le radar Le Guay fut pilonné, mais par le *HMS Talybont*. La Pointe du Hoc était l'objectif principal de l'*US Navy Bombardment Force* C, et au total, la position et ses environs reçurent plus de 600 obus. À **6 h 25**, les navires se taisaient et neuf bombardiers B-26 du *391st Bomb Group*, en retard, prenaient le relais de la flotte, en déversant 16 tonnes de bombes sur la position normande. Le bombardement naval aura duré au total trente-cinq minutes. Les B-26, arrivés à **6 h 30**, sonnaient la fin de l'opération *Flashlamp*. Au final, les raids avaient été plus ou moins bien réussis. Ils furent complexes, car rendus difficiles par une couverture nuageuse trop importante, mais aussi des tirs de la *DCA*, quand ce n'était pas les redoutables chasseurs allemands. La position, et nombre de ses hommes, était toujours bien là. Environ 200 fantassins et artilleurs siégeaient encore sur les lieux et beaucoup étaient prêts encore à en découdre. Des forces d'invasion allaient bientôt se présenter aux Allemands, annonçant des affrontements terribles.

Focke-Wulf-190.
(USAAF.)

8

La traversée des Rangers

Tout juste avant quatre heures du matin, le 6 juin, les *Rangers* de la *Task Force A* doivent descendre de leurs bateaux de transport pour embarquer dans les péniches qui les mèneraient à la Pointe du Hoc. Les matelots britanniques hurlent : *« Attention sur le pont !* United States Rangers, *messieurs dans vos embarcations. Bonne chance, les gars ! »*. Les navires amenant les *Rangers* sont arrivés, à **2 h 50** du matin, après cinq jours de mer, à une distance de vingt kilomètres des côtes normandes. Le ciel est gris, et la mer semble suffisamment agitée, ce matin-là, pour facilement supposer des trajets en *LCAs* compliqués et des manœuvres de débarquement difficiles sur les plages. Les péniches des *Rangers*, de conception britannique, sont mises à l'eau à l'aide de grues. Des marins britanniques sont à la barre des embarcations. L'habitude de l'entraînement avec des commandos britanniques facilite le travail et la cohésion, ce matin, entre les Américains et les marins de la *Royal Navy*. Dans le vacarme assourdissant de l'artillerie navale américaine, des cuirassés *USS Arkansas* et *USS Texas*, dix *LCAs*, emmenant en moyenne vingt hommes, s'avancent à présent sur la Pointe du Hoc. Vers **4 h 30**, quatre *DUKWs* rejoignent en mer les *LCAs* des *Rangers*, ainsi que deux navires de soutien, des *Landing Craft Supports*. On se rend vite compte de la force des vagues. La mer très démontée apporte des quantités

L'*USS Texas*, le 15 mars 1943, près du chantier naval de Norfolk, le Norfolk Navy Yard. (19-N-43360, National Archives.)

importantes d'eau dans les embarcations. Vers **5 h 15**, l'une des péniches commence à être prise en tenaille par les lames violentes de la Manche. L'eau submerge l'embarcation. Dans la cohue et le désordre, il faut choisir, soit écoper, soit se retirer du chaland au plus vite avec son très lourd matériel. Tout à coup, le *LCA 914* s'enfonce d'un trait dans les eaux sombres, emportant des *Rangers* avec lui et ne laissant que le *First Class* John J. Riley de la *Dog Company* pour survivant. Le *LCA 914* était l'une des péniches de ravitaillement. Les *Rangers* sont effarés, les Britanniques avaient pourtant donné à leurs embarcations la réputation d'être insubmersibles. Beaucoup d'hommes, essayant de se détacher de leur lourd équipement ou tentant désespérément d'actionner son gilet de sauvetage les enfonçant toujours plus dans l'eau, hurlent à l'aide. En vain.

L'*USS Arkansas*, à peine deux mois avant le débarquement de Normandie, le 11 avril 1944, non loin de la côte Est des États-Unis. (80-G-229753 USS Arkansas (BB-33), National Archives.)

Parmi les hommes qui moururent noyés dans les eaux froides de la Manche, il y avait notamment Francis J. Connelly de la *Easy Company* et le *Pfc* John D. Oehlberg de la *Dog Company*, le *Sergeant* William L. Hollohan, le *First Class* John D. Oehlberg et le *Technician 4th grade* Irving Lomasky. Parmi ces victimes, il y avait aussi les marins qui accompagnaient les *Rangers*, les britanniques John Mc Coy, Donal Harris, et Wilfried Grosse. Le *First Class* John J. Riley avait essayé de sauver Connelly en se saisissant de sa ceinture de sauvetage mais trop tard, son compagnon coula. Le courant l'éloigna des autres hommes de la péniche. Ce n'est qu'en nageant jusqu'au *USS Texas* qu'il put, après quatre heures de nage, être repêché par les marins du cuirassé. Les péniches devaient opérer un trajet de vingt kilomètres jusqu'à la côte en avançant à un peu plus de 8 km/h. Un lourd trajet donc sous cette violente météo. Les systèmes de ces embarcations, lourdement chargées, n'avaient trop souvent plus les capacités techniques d'écoper l'eau qui s'y engouffrait. Le temps, en ce matin du 6 juin, n'est pas du tout celui qu'avait, à l'origine, escompté Eisenhower pour ses forces d'invasion. Tout comme le souligne David Chance dans son *Around the World in 80 Years*: « *Le temps était tout sauf parfait. La Manche était très agitée et avec le vent très fort et étant confinés dans des petites péniches de débarquement, les hommes avaient le mal de mer. Les prévisions météorologique, n'étaient pas bonnes, mais le* General *Eisenhower et les autres n'avaient vraiment d'autre choix que de partir. Les débarquements furent une énorme surprise pour les Allemands, de nombreux généraux, y compris Rommel, étaient rentrés chez eux, car ils étaient convaincus qu'une invasion par ce temps était impossible. Le* General *Eisenhower*

À bord de l'*Arkansas*, le 7 juin, au large des côtes de Normandie, des marins ont inscrit à la craie sur le dessus de la chambre de tir : *« You name it Boss, We'll hit it »*. Sur le canon de gauche est inscrit « Hitlers » et celui de droite : « Downfall ». (80-G-244214, National Archives.)

n'était pas du tout satisfait de la tempête mais il ne pouvait pas garder indéfiniment des centaines de milliers d'hommes dans ces petites embarcations tout ce temps, en attendant que cela s'éclaircisse. Les vagues et le temps lourd ne furent pas favorables avant le 20 juin, et il était hors de question [de repousser l'invasion]. *La luminosité de la lune était aussi importante, ce qui signifiait que ce devait-être maintenant... Le 6 juin, il se concerta à nouveau avec ses généraux et, après une petite discussion, ils dirent tous qu'ils étaient d'accord pour commencer maintenant, et Eisenhower dit doucement en silence "Let's Go"»*. Afin de prévenir le mal de mer, le *Doctor* Block avait demandé que soit donné un frugal petit-déjeuner aux *Rangers*, constitué d'un café et de deux petits *pancakes*. Dans son livre, *Memoirs*, le *Field Marshal* Montgomerry revient sur cette météo catastrophique. Il indiquait que, devant ce temps exécrable, *« nous [devions] accepter que le D-Day ne serait pas une grande réussite »*.

Peu après, aux environs de **6 h 40**, c'est au tour du *LCA 860* d'être submergé. *« Dieu ne me laisse pas couler »* s'était dit, à l'intérieur de la péniche, Ruggiero. Les casques utilisés par les *Rangers*, pour écoper l'eau, ainsi que l'ordre du commandant de la *Company D*, le *Captain* Harold Slater, de jeter tout le superflu par-dessus bord, ne suffisent pas. Pourtant, il y avait encore quelques instants, on avait vu, à bord de ce *LCA*, les péniches voisines prendre l'eau et même hésité à leur porter secours. Mais l'heure n'est pas au sauvetage et, de toute manière, c'est sa propre péniche qui commence à couler. Tous les efforts n'y peuvent rien. Le chaland s'enfonce dans les eaux de la Manche. Lou Herman a envoyé des signaux radio : *« Ici LCA 860. Nous coulons »*. Puis d'indiquer juste après : *« Mon Dieu ! Nous avons coulé »*. Il avait été interdit, dans les premières heures du débarquement, de porter secours aux hommes en mer. *« Abandon ship ! abandon ship ! »*, hurle Slater. Parmi les vingt hommes de la *Company D*, six périrent, ne réussissant pas, dans les remous de la Manche, à activer leur gilet de sauvetage, ou encore à retirer leur équipement, beaucoup trop lourd pour ne serait-ce que tenir à la surface de l'eau. Il s'agissait du *Private First Class, Pfc*, Harold Lester, du *Staff Sergeant* Norman G. Miller, du *Technician Fifth Grade, T/5*, Thomas Mendenhall, du marin britannique William H. Pusey et du *Pfc*, photographe de l'Armée, Kegham Nigohosian de la *165th Signal Photo Company*. Il y avait même celui qui était considéré comme le meilleur nageur de son bataillon, le

T/5 Raymond Riendeau. Difficile de tenir longtemps dans l'eau froide, il fallait prendre son courage à deux mains et patienter. Quand Ruggiero nagea vers le lieutenant Mc Bride pour lui dire qu'il avait froid, ce dernier lui répond: «*Relève ton col*». Les survivants pourront être secourus une heure et demie après. Quand on récupérera les *Rangers* à bord des navires et les déposant sur des banquettes, on leur offrira parfois, pour se remettre, du café coupé de cognac. Beaucoup souffraient d'hypothermie. Qu'à cela ne tienne, Slater, dit le «Duke», ordonne immédiatement qu'on lui fournisse des vêtements secs et du matériel pour que lui et ses hommes puissent retourner au combat. Il n'en sera rien et beaucoup seront même rapidement rapatriés en Angleterre, afin d'être hospitalisés. Il faudra attendre dix-neuf jours plus tard pour que les hommes retournent au combat. Les autres péniches, pendant que certaines coulent, se dirigent jusqu'à leur but final. Le message d'Herman avait motivé plus d'un à écoper l'eau de son chaland.

Les *LCAs* des *Rangers*, dans cette traversée mortelle, aggravent d'autant leurs difficultés en réalisant un trajet bien loin de l'objectif initial. Il faut dire que les bombardements navals et aériens, de par la fumée intense et épaisse qu'ils créèrent, obscurcirent la localisation du lieu d'attaque. Les *LCAs* se déportèrent vers l'Est, à plus de quatre kilomètres de la pointe du Hoc. À travers les écumes, écopant de son casque, dans le *LCA 668*, le *First Sergeant* Leonard Lomell se retourne vers son ami Jack Kuhn: «*Hey Jack! Regarde ça. C'est pas la Pointe. C'est l'objectif de la* C Company». Mais, plus que la fumée obscurcissant l'horizon, il s'agit surtout d'une erreur de navigation. Le *Lieutenant* Colin Beever, un jeune officier, comme bon nombre des pilotes de péniches d'assaut, souvent d'ailleurs trop peu expérimentés, appartenait à la *RNVR*, la *Royal Navy Volunteer Reserve*. À bord du navire *ML-304*, il était en charge de guider les péniches. Il fait ce matin-là, malheureusement, une erreur de localisation. Il disposait, afin de guider les *Rangers*, de deux instruments de navigation. Avant d'approcher de la côte, il dépend d'un système de navigation Q.H. 2. Une fois rapproché de la côte, Beever utilise un radar Type 970, afin de localiser et d'identifier la Pointe du Hoc. Malheureusement, à **5 h 30**, à la fois le QH2 et le radar Type 970, ne réussissent pas à fonctionner correctement, en raison d'un défaut d'alimentation. Beever a beaucoup de mal à distinguer la Pointe du Hoc de la Pointe et Raz de la Percée, qui, en mer, se ressemblent beaucoup. Et c'est ainsi, aux alentours de **6 heures**, alors que les hommes de Rudder ne sont qu'à moins de cinq kilomètres du bon point d'arrivée, que l'officier ordonne aux péniches de virer plein ouest, en direction de la Pointe de la Percée. Cet objectif était normalement réservé aux hommes de la *Task Force B*. De cette erreur, l'opération se met à prendre un tournant dramatique. Les *Rangers* mettent pas moins de quarante minutes à atteindre la Pointe du Hoc. Les péniches prennent la bonne direction quand Rudder s'aperçoit que ses troupes ne se dirigeaient pas sur le bon point, et cela alors que son chaland était déjà à

L'*Arkansas* tire de ses canon de marine de 12 pouces sur les côtes de Normandie. Il doit atteindre des positions allemandes afin de couvrir l'assaut d'*Omaha Beach*. (80-G-231250, National Archives.)

L'une des nombreuses cartes utilisées, lors du débarquement, à bord de l'*USS Texas*. Les lignes, en haut à droite du document, parallèles entre elles, indiquent les chenaux dégagés des mines ennemies. Cette carte appartenait au *Captain* R.B. Derickson, de l'*US Navy*, qui, le jour de l'invasion, était à bord du cuirassé comme *Gunnery Officer*. Ce document est aujourd'hui la propriété de l'U.S. Naval History and Heritage Command. (NH89474-KN, Naval History & Heritage Command.)

plusieurs centaines de mètres de l'objectif. Le *Major* ordonne au barreur de son *LCA 888* de virer à l'est. La flottille complète tourne à 160°, de tribord vers la bonne direction. Essayant de récupérer le temps perdu et de diriger correctement les péniches, le choix de Rudder fut de modifier la trajectoire d'arrivée des péniches sur la Pointe. Les hommes devaient normalement déborder les positions allemandes sur les flancs est et ouest. À présent, tous doivent attaquer par le flanc droit de la falaise et de front.

Pendant ce temps, à partir de **5 h 40**, à 3 600 km des côtes, le *LCT-46*, après avoir reçu le code «*Splash*», avait mis à l'eau ses quatre *DUKW*. Ces véhicules amphibies suivaient les péniches de la *Force A*, comme prévu. Rudder n'est pas le seul à s'apercevoir que la direction des péniches n'était pas bonne. Leonard Lomell avait déjà fait signe à son camarade Jack Kuhn que quelque chose ne tournait pas rond. James Eikner, dans le *LCA 722* ou *888*, se rend aussi compte, avec ses hommes, que, malgré la pénombre du petit matin et la fumée sur les côtes, on voit clairement que les péniches sont bien trop à l'est. «*Trois kilomètres trop à l'est*» selon lui. James W. Eikner, 31 ans le Jour J, né un 7 décembre, allait jouer un rôle important lors des opérations. Il avait été dans les tous premiers officiers à rejoindre le *2nd Ranger Battalion* alors qu'il était dans les transmissions avec le grade de *Second Lieutenant* dans la *80th Infantry Division.* Après avoir été dans le *Battalion* des *Rangers* l'adjoint du *Lieutenant* Al Tovey, dans les transmissions, il prit sa place en raison des blessures de ce dernier. Pour l'historien Thomas M. Hatfield, Eikner n'avait pas embarqué dans la même péniche que Rudder, le *Major* avait choisi de limiter les risques en cas de naufrage. Pourtant, bon nombre de publications indiquent que celui-ci se trouvait dans la péniche du *Major.* On peut le noter dans les récents travaux de Steven J. Zaloga, Gary Sterne ou encore Tim Saunders. La question n'est pas tranchée. À bord des navires *USS Texas* et *USS Satterlee (DD-626)*, on s'aperçut aussi de la mauvaise direction empruntée par les *Rangers.* Afin de rejoindre la Pointe du Hoc, les péniches vont caboter sur trois kilomètres à 13 km/h.

L'*USS Texas* en Normandie. Nous le voyons ici, le 25 juin, pris sous les tirs de l'artillerie côtière allemande, alors que celui-ci, tout comme le *USS Arkansas*, d'où la photographie a été prise, pilonnaient la batterie *Hamburg.* (80-G-244210, National Archives.)

Au fur et à mesure que les chalands s'approchaient de la Pointe du Hoc, les forces allemandes sur la position sortirent de leurs abris qui surplombaient l'ennemi, pour engager le combat. La *Wehrmacht* se met à tirer sur les embarcations. C'est le tout début des échanges de tirs. Il est étonnant de voir que les Allemands commencent leurs engagements, à peine les Américains à portée de tir et en mer. En effet, les colonels Goth et Korfes, qui commandaient les *Grenadier-Regimenter 916* et *726*, tenant les secteurs de la *352. Infanterie-Division*, secteurs allant de Port-en-Bessin jusqu'à l'embouchure de la Vire, avaient pourtant ordonné à leurs hommes d'attendre que les troupes américaines soient sur le rivage pour ouvrir le feu. Cet ordre fut suivi sur *Omaha Beach*, non sur la Pointe du Hoc. Les *LCAs* et les *DUKWs* avancèrent sous le feu nourri des canons, des mitrailleuses et des tireurs isolés. Sur ce trajet mortel, une grande péniche, le *LCI(L)-91*, est sévèrement touché par un obus de 20 mm de la *Flak*. Deux hommes meurent sur le coup et cinq autres sont blessés. En plus des tirs des Allemands, les péniches doivent lutter contre le courant violent qui les déporte à l'est et les flots s'engouffrant à l'intérieur, obligeant chacun à écoper de toutes ses forces avec son casque, afin d'éviter le naufrage. Le *LCI(L)-91* continue de subir les tirs acharnés des mortiers et des mitrailleuses. L'eau et les embruns commencent alors à s'engouffrer. L'embarcation se met à s'enfoncer au niveau de la proue, plaçant dramatiquement les hélices en l'air, qui commencent à tourner dans le vide. Des hommes chutent hors de l'embarcation mais, à bord, le *Lieutenant* N. E. Fraser utilise une mitrailleuse Vickers, de 12,7 mm, pour répondre aux tirs. Il réussit

L'*USS Texas*, le 15 mars 1943, au large de Norfolk, en Virginie. (80-G-63539, National Archives.)

L'assaut des *Rangers* s'inscrit alors au sein d'un engagement colossal. Nous voyons ici une infime partie de l'armada du 6 juin avec ce convoi de *LCI(L)* en direction des côtes normandes, le 6 juin. Des ballons de protection sécurisent les navires des attaques à basse altitude de l'aviation allemande. Parmi les *LCIs* de la photographie, nous pouvons voir le *LCI(L)-56*, tout à gauche, mais aussi les *LCI(L)-325* et *LCI(L)-4*. (26-G-2333, National Archives.)

aussi à récupérer des hommes en mer. Un peu plus tard, le *LCI(L)-91* est abandonné et coule. Les *Rangers* entendent les balles s'enfoncer sur les coques de bois de leurs péniches. Tout juste devant James Eikner, à bord du *LCA-722*, le *First Class* John J. Sillmon reçoit un projectile dans la poitrine, juste au-dessus du cœur. Voyant le sang s'épandre abondamment sur la poitrine de Sillmon, un photographe du *Stars and Stripes*, venu couvrir l'assaut, assis juste en face de lui, se retourne vers la droite pour vomir tout son petit-déjeuner sur l'opérateur radio Lou Lisko. Pourtant, des sacs en papier avaient été distribués aux *Rangers* et Walter « Block » leur avait donné un petit-déjeuner léger pour éviter le mal de mer.

Mais la situation dépasse le simple mal de mer. Lisko transportait avec lui une partie de son matériel qui devait composer un ensemble radio SCR 284. Si tout se passait bien, il fallait quatre soldats pour transporter et préparer cet ensemble radio. Une fois le matériel installé,

Les *DUKWs* devaient être d'une aide précieuse pour les *Rangers*. Dans l'assaut de la Pointe du Hoc, les conditions météorologiques et la violence des combats eurent raison d'eux. En voici un le 11 juin 1944, apportant du ravitaillement sur une plage normande. On voit que ce *DUKW* fut surnommé « *Jessie James* ». (80-G-252737, National Archives.)

La traversée fut rude pour les *DUKWs* des *Rangers*. En voici se dirigeant vers les côtes normandes sous un ciel plus clément. (SC 190335, National Archives.)

Ci-dessus : le 6 juin, les forces navales américaines sont dirigées à bord du *USS Augusta*. Elles sont sous le commandement du *Rear Admiral* Alan Goodrich Kirk. Sur cette photographie, il est accompagné, de gauche à droite, par le *General* Omar Bradley le *Rear Admiral* Arthur Struble le *Major General* Hugh Keen. Ils sont ici à bord du *Augusta*, le 8 juin 1944, face aux côtes normandes. (80-G-252940, National Archives.)

L'*USS Satterlee* à l'entraînement pour le débarquement de Normandie, le 14 mai 1944, à Belfast, Lough, une anse d'Irlande du Nord. Photographié à bord du *USS Quincy (CA-71)*, le navire est accompagné des destroyers *USS Baldwin (DD-624)*, à mi-distance, et du *USS Nelson* (DD-623) plus au loin. (80-G-367828, National Archives.)

seul l'opérateur radio suffisait pour démarrer les liaisons. Les trois autres soldats pouvaient retourner au combat. Ce type de matériel était réservé aux opérations sur terre. En mer, à bord des péniches, pour communiquer, on aurait plutôt utilisé un BC 611 entre la péniche et la terre, ou encore un BC 1000. Le BC 1000, compact et étanche, avait aussi l'avantage d'effectuer des contacts sur des liaisons non encombrées. Le fait est qu'il pouvait travailler en quarante mégacycles en FM, donc des bandes non saturées, pour communiquer autant avec l'artillerie que les chars. Ce fut la radio mythique de l'armée américaine durant la Seconde Guerre mondiale, accompagnant les unités du Pacifique jusqu'à la campagne en Europe.

Considérant «*suicidaire*» la lente route parallèle aux falaises empruntée par les péniches, le commandant du destroyer *HMS Talybont*, le *Lieutenant* Edward Francis Baines, décide de rapprocher son *destroyer* de la côte pour canonner, pendant une quinzaine de minutes, la Pointe du Hoc. Il veut ainsi, de ses obus de 100 mm, pouvoir atteindre les nids de mitrailleuses MG42 qui menacent les Américains. Les péniches mettent du temps à atteindre la Pointe, car la vitesse de traversée de ces embarcations est faible. Il faut aussi noter que les Britanniques avaient par ailleurs alourdi les *LCAs* en leur ajoutant de l'armature métallique. De ce fait, les embarcations voyaient leur vitesse de traversée ralentie. Les Britanniques avaient fait le choix de la sureté contre la rapidité. Un *LCVP* aurait pu s'y rendre plus vite. Recevant les tirs violents du *HMS Talybont*, de nombreux Allemands doivent se retrancher dans les dédales de galeries et de bunkers constituant le point d'appui. Georg Kerchner se souviendra toujours du bruit «*terrifiant*» des canons de 355 mm de la marine alliée: «*Nous étions assez près pour entendre et ressentir la vibration des tirs (...) c'était une chose terrifiante (...) comment quelqu'un aurait-il pu survivre à cela ?*». Ces mots nous font penser à ces écrits célèbres d'Hemingway qui, à quelques kilomètres de là, en direction d'*Omaha Beach*, soulignait les mêmes impressions. Dans *En route pour la victoire*, il nous dit qu': «*une flamme pareille à celle d'un haut fourneau jaillissait des canons de quatorze pouces du* Texas *et s'allongeait très loin au-delà du navire. Puis la fumée d'un brun jaunâtre montait en nuage et, pendant que les volutes de fumée se déroulaient encore, le choc de l'explosion et de la détonation nous atteignaient, faisant vibrer l'acier des casques. Cela nous tombait sur l'oreille droite comme un coup de poing administré avec un gant lourd et sec. Puis, sur la partie verdoyante d'une colline qui se faisait de plus en plus nette à mesure que nous avancions, jaillissaient deux grandes gerbes noires de terre et de fumée. (...). [L]es gros canons du* Texas *et de l'*Arkansas *(...) résonnaient comme s'ils avaient projeté des trains entiers à travers les airs (...)*». Le *HMS Talybont* pilonna ainsi la côte sans relâche. Le *Lieutenant* Edward F. Baines en vient à concentrer ses efforts sur une mitrailleuse qui menace les *DUKWs*. Pourtant, cela n'empêche pas le *DUKW Swan-II*, perforé de part en part, le moteur endommagé, de partir à la dérive, le long des falaises. Trois *DUKWs* sur quatre vont atteindre les falaises sur le flanc droit.

Canons de l'*USS Texas*. Date inconnue. (NH 63649, Naval History & Heritage Command.)

Des *Rangers* escaladent la falaise par une section effondrée suite aux tirs de marine. Des cordes à cabillots jonchent le sol. (80-G-45718, National Archives.)

9

LCAs et DUKWs des Rangers

Les *LCAs* des Rangers

Les *Rangers* de la Pointe du Hoc furent la seule unité américaine à utiliser des péniches britanniques de type *LCA* le jour du débarquement de Normandie. L'armée américaine utilisait sinon des *LCVPs*, *Landing Craft Vehicule Personnel* ou *Higgins Boats*. Sur les 408 *LCAs* dont disposait l'*Eastern Naval Task Force*, les *Rangers* de la *Task Force A* en utilisèrent 12. Venant du *LSI(H)-1 Ben my Chree*, il y eut six *LCAs* pour 112 hommes. Le *LSI(H)-2 Amsterdam* en avait six pour 500 hommes. Les *Forces B* et *C*, eurent vingt-deux chalands. Le *LSI(S)-1 Prince Charles* mit à l'eau huit *LCAs* pour 262 hommes, le *LSI(S)-2 Prince Leopold* sept chalands pour 224 hommes et le *LSI(S)-3 Prince Baudouin* répartit ses 246 hommes dans sept *LCA*. Produits à partir de 1939, les premiers *LCAs* furent utilisés en 1940 en Norvège par la Légion étrangère et présents au cours de bien d'autres événements. On peut penser aux évacuations de Dunkerque et de Crète, ou encore les opérations de débarquement d'Afrique

Nous sommes en 1942 et ce *LCA* vient tout juste d'être terminé. (A 9838, IWM.)

du Nord, de Sicile et d' Italie. Le *LCA* dérivait d'un prototype, dessiné par Fleming, de Liverpool, sans cesse amélioré. En Normandie, les péniches devinrent l'un des symboles de l'arrivée des armées alliées sur la terre de France. Mais, ce furent surtout des *LCVPs* qui furent pris en photographie. Les *LCAs* utilisés par les *Rangers*, de 12,5 mètres de long pour 3 mètres de largeur, pouvaient transporter jusqu'à 35 soldats. Cependant, il n'y eut pas de telles quantités de *Rangers* à leur bord le 6 juin. Par exemple, dans le *LCA 860*, qui coula et ses hommes récupérés quelques heures plus tard, se trouvaient vingt et un soldats. Ces chalands étaient en bois, principalement de l'acajou d'Afrique, munis d'un blindage en métal, afin de protéger leurs occupants. Ils étaient considérés comme insubmersibles. Pourtant, devant les vagues du littoral de la Manche, les pompes des péniches ne furent pas assez efficaces pour écoper l'eau qui s'y engouffrait.

Sous la conduite de Rudder, pour la prise de la Pointe du Hoc, six péniches furent équipées, chacune, de six lanceurs de grappins. Ces lanceurs fonctionnaient sur le même principe que le mortier. Les *LCAs* tiraient des grappins de 18 kilos. Les hommes pouvaient disposer aussi, sur la plage, de grappins légers, tirés par des mortiers portatifs. Un *LCA*, normalement, possédait de l'armement, deux mitrailleuses légères de type Lewis, et un FM Bren. Les *Rangers* avaient eu le temps de s'approprier ce type d'embarcation au cours de leurs nombreux exercices, comme à Darmouth, début mai 1944. Dans cette localité, ils durent gagner la plage à bord d'un *LCA* dans des eaux pilonnées par l'aviation alliée pour rendre l'opération plus réaliste. Les barreurs des *LCAs* étaient de jeunes marins britanniques. Ils avaient à leur charge deux moteurs essence Ford V8, de 75 chevaux chacun, pour pouvoir propulser leurs chalands de plus de 15 tonnes à une vitesse de 18,5 km/h à vide et moins de 8 km/h très chargés. Ces embarcations, du fait qu'elles disposaient, à l'inverse du *LCVP*, d'un blindage et de platsbords, étaient plus lentes que les péniches américaines. À bord, le barreur était, normalement, accompagné de deux marins et d'un mécanicien. Il y avait trois *LCAs* pour un officier. Lorsque les *Rangers* sortent des *LCAs*, ils n'ont pas seulement à attendre qu'une rampe s'abaisse, comme pour le *LCVP*. Ils doivent aussi attendre l'activation d'une épaisse porte blindée à deux battants. Cette porte offre alors aux soldats une protection supplémentaire, car ceux-ci sont pris sous le feu ennemi à peine ont-ils mis leurs pieds sur le sable. Le *LCA* fut mis en production tout au long de la guerre et des décennies encore après. Le fait est que plus de 1500 *LCAs* étaient encore opérationnels après le Second conflit, faisant de ces chalands un engin encore très utilisé après la guerre lors de nombreuses opérations de débarquement. L'armée française en utilisa, notamment lors de la Guerre d'Indochine. Très peu de ces embarcations ont subsisté jusqu'à nos jours, car les armées choisirent plus généralement de les couler, plutôt que de chercher à les réparer.

Les *DUKWs* des Rangers

Alors que dix *LCAs* étaient partis pour la Pointe du Hoc, quatre *DUKWs*, des véhicules amphibies, devaient, quelques instants après, les rejoindre. Le nom de *DUKW* pourrait signifier deux choses. Soit *Dual Utility Kargo Waterborne*. Soit, le nom vient de la nomenclature de GMC lors de la création des *DUKW*. *D*, indiquant que le véhicule était construit en 1942, *U*, un véhicule amphibie, *K*, que toutes les roues étaient motrices et *W*, signifiant deux essieux moteurs à l'arrière. Les soldats l'appelèrent bien vite « *duck* », canard. Les premiers GMC *DUKW 353* furent lancés, en 1941, par la firme américaine Sparkman and Stephens. Cette entreprise gérait la flottabilité des embarcations et General Motors se chargeait des moteurs. Un GMC 270, de 6 cylindres et une cylindrée de 4417 cm2, de 104 chevaux tournant à 2750 tours par minute, permettaient de propulser cet engin, de 6,6 tonnes à vide et 9,5 tonnes en charge, à plus de 5,4 nœuds sur l'eau et 80 km/h sur terre. Le *DUKW* était basé sur le châssis du GMC 6x6 353. 21 247 de ces véhicules amphibies furent produits jusqu'à la fin de la Seconde Guerre mondiale. Équipé ou non d'une échelle, le DUKW avait les mêmes capacités nautiques qu'un DUKW sans échelle, mais tout aussi chargé. Ce véhicule, sans blindage, permettait de faire la navette entre les navires de transport et la terre ferme, très utile quand les forces alliées se trouvaient en l'absence de port. Ces véhicules étaient aussi très utiles pour traverser les rivières. L'engin, de treize tonnes, possédait, pour la terre ferme, six roues motrices et une hélice pour les trajets sur l'eau. Un *DUKW*, que l'on pouvait bâcher, avait la capacité de transporter plus de 2 370 kilos de matériel, ou 25 hommes avec tout leur équipement. Il avait la capacité d'être armé d'une mitrailleuse de 12,7 mm ou d'un canon de 105 mm *HM2*. Il était prévu pour les *Rangers* d'utiliser, le Jour-J, les échelles télescopiques que possédaient leurs *DUKW*'s. Ces échelles provenaient du matériel des sapeurs-pompiers de Londres, auxquelles on avait ajouté deux mitrailleuses. Elles devaient permettre, en se déployant automatiquement, par un système électrique, de monter rapidement jusqu'en haut des falaises de la Pointe. Seulement, trois des quatre *DUKWs* réussirent à arriver sans encombre sur la pointe du Hoc. Les échelles étaient constituées de sections de 5 mètres, qui, une fois mises bout à bout, faisaient une longueur de 30 mètres. Cinq hommes pouvaient y grimper à la fois, mais leur positionnement sur l'échelle devait être espacé. Les véhicules amphibies de la pointe furent grandement, comme le *DUKW Swan-II*, mis à mal le Jour-J. Mais le constat fut tout aussi accablant quand on regarde le débarquement dans son entièreté. Du 6 au 7 juin, ce ne sont pas moins de 41 *DUKWs* qui furent perdus, alors qu'ils devaient apporter de l'équipement et des vivres derrière les lignes alliées. Lors de l'assaut de la Pointe du Hoc, aucune échelle de *DUKW* ne fut en mesure de faire son œuvre, car les falaises étaient trop ravagées par les bombardements. Il était devenu

Une flotte de *LCAs* passe devant le *HMS Bulolo,* navire de passagers et de fret, duquel, non visible sur la photographie, le roi George VI saluait les marins des embarcations. Nous étions non loin de Beaulieu Roads, en Angleterre, le 24 mai 1944. Cette suite de péniches participa à des entraînements pour le débarquement allié. On peut y voir notamment les *LCA 654, 1254, 926, 1025, 1009, 920, 602, 656, 921* et *1043*. (A 23595, IWM.)

trop dangereux d'utiliser un matériel qui était lourd et demandait de la précision. Des vérins devaient assurer la stabilité de l'engin. L'idéal pour le placement de l'échelle, par rapport à la falaise, était un angle de 70 degrés. Il fallait placer l'engin, ni trop loin, ni trop près de la paroi, juste ce qu'il fallait pour que l'échelle puisse atteindre le sommet et y déposer les combattants. La mitrailleuse présente sur le véhicule était protégée par un blindage et son servant disposait de six chargeurs. Les *Rangers* essayèrent d'utiliser à bon escient les échelles pendant l'assaut alors qu'elles étaient en principe prévues pour être déployées après les combats. Mais les hommes de Rudder s'étaient entraînés à les utiliser sous le feu ennemi. En Normandie, les « *ducks* » furent indispensables, apportant, du 6 juin 1944 au 8 mai 1945, 5 500 000 des 15 750 000 tonnes de matériel chargé pour l'Europe par les Alliés. Après la Guerre, les *DUKWs* furent utilisés dans de nombreux conflits. On les retrouva notamment au cours de la guerre de Corée. On peut en voir quelques-uns de nos jours pour transporter les touristes à Boston.

En dehors des *Rangers*, les *LCVPs* furent utilisés, comme ici, par les troupes américaines débarquées à *Omaha Beach* et *Utah Beach* le 6 juin et les jours qui suivent. Des *Coast Guards* avaient la charge de conduire les péniches vers la plage. (26-G-2343, National Archives.)

10

À l'assaut de la falaise

Avec plus de quarante minutes de retard sur l'horraire prévu, les péniches de Rudder ont enfin atteint les galets de la Pointe du Hoc. Rudder est dans le premier chaland atteignant la plage. Il s'agit du LCA 888, amenant 24 hommes, dont le radio du *Major*, le *Technician Fifth Grade* Francis J. Kolodziejczak. Le code naval «*Crowbar*» peut être envoyé à partir du *ML 304*, reçu, à **7h09**, par le *HMS Prince Charles*, pour avertir le reste de la flotte alliée: les *Rangers* se trouvent désormais juste en bas de la falaise. Notons que les historiens ne s'accordent pas vraiment, dans leurs travaux, sur l'heure exacte d'arrivée des *Rangers* à la Pointe du Hoc. Ainsi, quand Ronald Lane nous indique que les neuf *LCAs* accostèrent «approximativement vers 7h10», Helmut Konrad von Keusgen, nous dit que les hommes posèrent le pied sur la plage à «exactement 7h11». Steven J. Zaloga parle lui de «7h09» quand ce n'est pas Patrick K O'Donnell qui, tout comme Thomas M. Hatfield et Tim Saunders, affirme que Rudder amena ses hommes à «approximativement 7h08». Difficile donc d'y voir clair dans cette compilation d'horaires – [cette divergence est toutefois infime et purement anecdotique... – NDE]. Les *Rangers* accostent en tout cas avec beaucoup trop de retard. Leur dépassement dans les délais permet aux Allemands de se réorganiser après que leur position ait été gravement

La Pointe du Hoc, photographiée vers 2000. Elle subit régulièrement l'assaut de la mer. (E.G./Heimdal.)

pilonnée par les bombardements navals terminés à 6 h 27.

De 6 heures du matin environ, lorsqu'il fut ordonné aux péniches de virer plein ouest, en direction de la Pointe de la Percée, jusqu'à un peu après 7 heures, moment d'arrivée des *Rangers* en bas des falaises, la *352. ID* a reçu de nombreux rapports sur la situation à la fois dans les terres et sur la côte. À 6 h 04, un rapport du 916e régiment de grenadiers indiquait à la *352. ID*, quarante bâtiments en face de Vierville. « *Les défenses côtières sont soumises à un bombardement de forte ampleur.* » À 6 h 15, un rapport du *Grenadier-Regiment 726* parvenait : « *Le* WN 60 *est actuellement la cible d'un violent bombardement. Dans le secteur du* WN 37, *vingt petits bâtiments de débarquement approchent des plages* ». Ce *WN* se trouvait au lieu-dit Le Hamel, au nord de la petite commune d'Asnelles. Deux minutes plus tard, le même régiment notait que : « *certaines unités navales, au large du* WN 37, *font désormais cap à l'ouest.* » Mais surtout, à 6 h 20, le *Grenadier-Regiment 726* faisait état de : « *bateaux de débarquement transporteurs de chars* » avançant sur Vierville. Le 352e régiment d'artillerie *(AR 352)* indiquait à 6 h 26 la destruction de nombreuses positions d'artillerie dans les secteurs des *WN 59*, à Sainte-Honorine-des-Pertes, et *WN 60*, placé au nord-ouest du plateau dominant le vallon de la Révolution, à cause de tirs d'artillerie ennemis. À 6 h 32, le *Grenadier-Regiment 726* transmettait la présence de barges de débarquement en face du *WN 59* et des deux *WN 61* et *WN 62* de Colleville. Mais des pertes « *très légères* ». Quelques instants, les Allemands en indiquaient devant les *WN 65* et *69*, à Saint-Laurent-sur-Mer. À 6 h 57, le *Grenadier-Regiment 914* indiquait une vingtaine de barges de débarquement à l'approche du *WN 92* de Fontenay. Alors que les *Rangers* allaient poser les pieds, dans quelques secondes, en bas de la Pointe du Hoc, le *Grenadier-Regiment 916* indiquait : « *Près du* WN 68, *est de Vierville, débarquement d'une force ennemie d'une cinquantaine d'hommes ; force plus faible du côté du* WN 62 », il était 7 h 05. Le *Grenadier-Regiment 726*, une minute après : « *L'ennemi près du* WN 60, *au nord-est de Colleville, a débarqué une quarantaine d'hommes et un char. Le* WN 60 *échange des tirs avec cette troupe.* » De 7 h 20 à 7 h 25, le *GR. 726* faisait deux rapports donnant un aperçu de l'importance de l'assaut réalisé sur *Omaha Beach* : « *Débarquement de forces ennemies sur les plages face aux* WN 60, 61, *et* 62, *ainsi que plus à l'ouest. Entre les* WN 61 *et* 62, *l'ennemi, de la valeur d'une compagnie, se maintient sur la plage, laquelle est sous le feu de notre artillerie. Le canon antichar de 8,8 cm du* WN 61 *a été mis hors de combat par coup direct. Face aux* WN 37 *et* 37a, *sur la limite droite de la division, des barges de débarquement approchent de la côte ; le débarquement de ces unités est imminent. Le* WN 37 *est la cible de violents bombardements d'artillerie et de tirs de roquettes* ». Puis : « *Une compagnie ennemie attaque les* WN 60 *et 62. Près du* WN 61, *quatre barges supplémentaires ont accosté ; une barge a été incendiée par un antichar de 5 cm. L'ennemi a pénétré dans le dispositif du* WN 62, *alors que le numéro* 61 *subit des assauts depuis la plage et les arrières de la position. Les connections téléphoniques vers Port-en-Bessin et vers le* I./Grenadier-Regiment 726 *sont coupées. Requête au 726e régiment de grenadiers : Quand et par quelle unité une contre-attaque aura-t-elle lieu entre les* WN 61 *et* 62 *afin de repousser l'ennemi ?* » Cinq minutes plus tard, c'était au tour du 352e régiment d'artillerie : « *Pour le moment, les communications sont coupées avec le poste d'observation près de Colleville. Les bateaux de débarquement ayant accosté entre les* WN 61 *et* 62 *ont été anéantis par des concentrations de tirs. Entre dix et quinze petits navires de débarquement*

Le lieutenant-colonel James E. Rudder a pris le commandement du *Provisional Ranger Group*. Cette photo a été prise le 8 juin 1944. (Coll. Heimdal.)

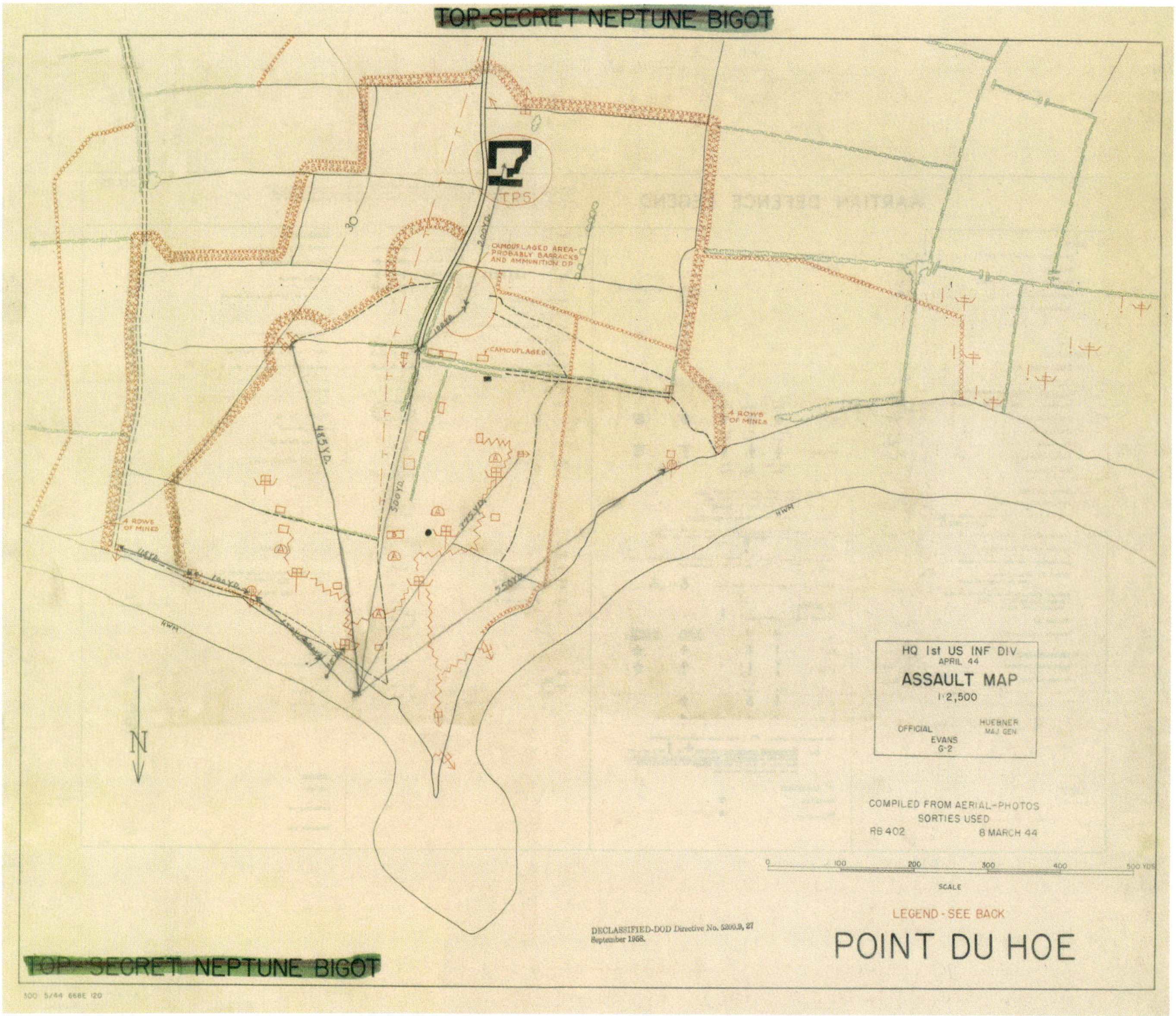

TOP SECRET NEPTUNE BIGOT
TPS
CAMOUFLAGED AREA-
PROBABLY BARRACKS
AND AMMUNITION DP
CAMOUFLAGED
4 ROWS OF MINES
4 ROWS OF MINES
HWM
N
HQ 1st US INF DIV
APRIL 44
ASSAULT MAP
1:2,500
OFFICIAL
EVANS
G-2
HUEBNER
MAJ GEN
COMPILED FROM AERIAL-PHOTOS
SORTIES USED
RB 402
8 MARCH 44
SCALE
LEGEND - SEE BACK
DECLASSIFIED-DOD Directive No. 5200.9, 27 September 1958.
POINT DU HOE
TOP SECRET NEPTUNE BIGOT

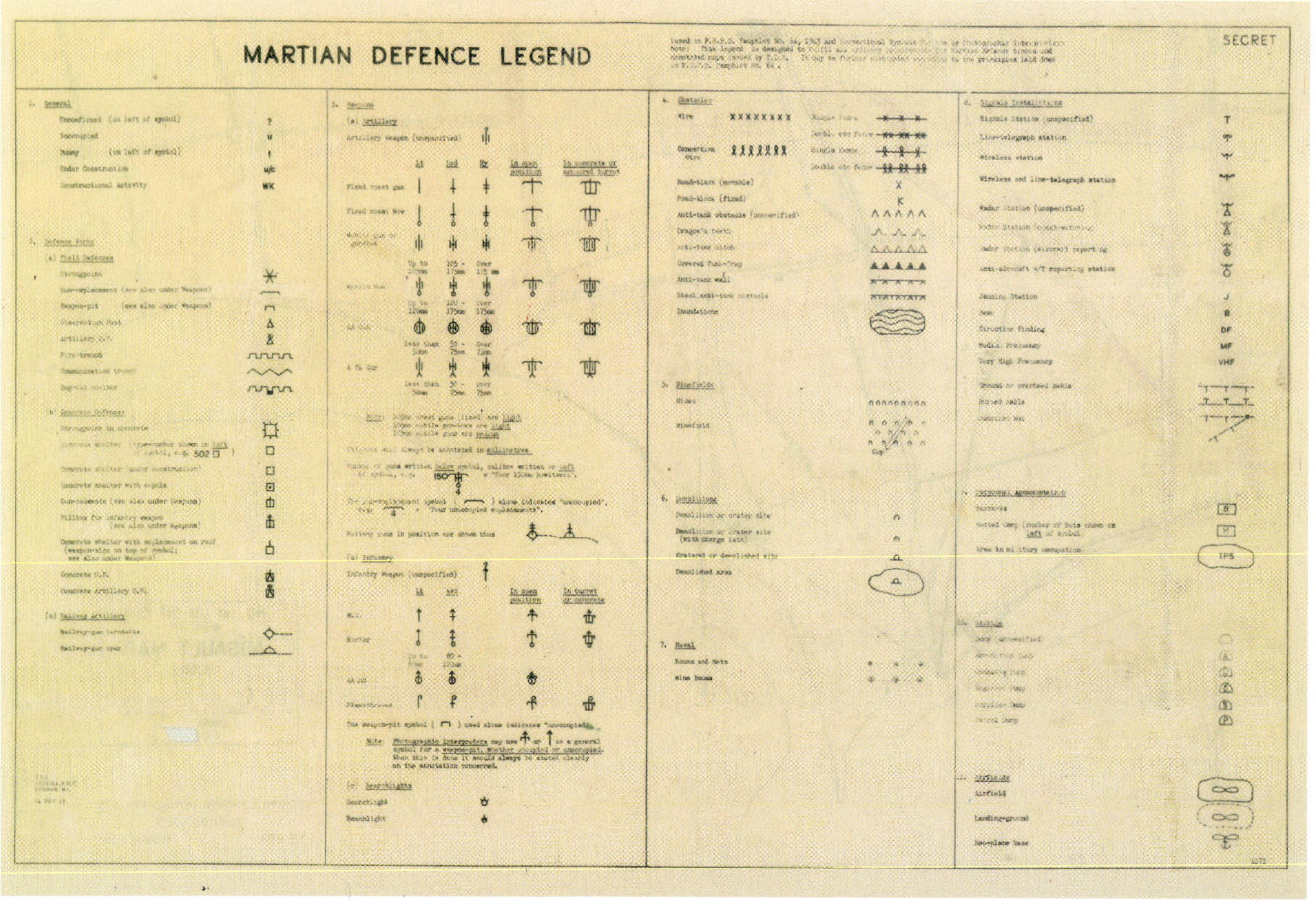

MARTIAN DEFENCE LEGEND
SECRET

approchent de l'embouchure de la Vire.» Les rapports reçus et envoyés par la *352. Infanterie-Division*, dans les heures qui suivront, continueront de faire état des violents combats sur les plages.

À l'arrivée et à l'ouverture des portes des *LCA*s, des obstacles naturels se présentent aux *Rangers*. Non seulement la marée est trop basse pour pouvoir arriver directement aux pieds des falaises, mais aussi, des cratères de bombes, atteignant souvent dix mètres de large et plusieurs mètres de profondeur, souvent remplis d'eau, vont rendre difficile l'avancée des hommes. Sitôt le chaland *888* arrêté sur le sable, ses hommes essuient les tirs d'un groupe de soldats adverses. Toutes les forces de la *Wehrmacht* se trouvent sur les hauteurs. À bord de la péniche de Rudder, se tient le *Sergeant* Domenik B. Boggetto. Il n'a que 26 ans le jour du débarquement. À bord de sa péniche mouvante, épaulant son lourd *FM BAR*, il ouvre le feu en hauteur sur les forces allemandes et réussit, dans un tir à 45 mètres, à abattre l'un d'eux. Touché, le *Landser* s'effondre et vient tomber en bas de la falaise. Le groupe de tireurs ennemis, qui ciblait le *LCA 888*, opte alors pour un retrait immédiat. Le chaland amène surtout seize hommes de la *Easy Company*, tels le *Sergeant* L-Rod Petty ou encore le *Pfc* Ralph Davis, fin tireur, pourtant à l'origine pasteur dans la campagne du Tennessee. Il y a aussi quatre hommes de la compagnie de commandement, trois des *Headquarters*, le *Technician Fifth Grade* F. J. Kolodzijczak, surnommé *«Killer»*, mais aussi un opérateur radio. Les *Rangers* sont aussitôt suivis par les huit péniches les accompagnant. Il faut, pour les hommes arrivés à destination, sous une grêle de balles, parcourir plus de 45 mètres de plage en supportant le poids de leur équipement. Certains, sortant du *LCA*, ont de l'eau jusqu'au cou et doivent s'extraire, non sans mal, des cratères de bombes avec leur lourd équipement. Le *LCA 888* échoue à envoyer la totalité de ses grappins en haut de la falaise. Gorgés d'eau, les cordages sont devenus beaucoup trop lourds. Mais un très large morceau de falaise s'était effondré, en raison des intenses bombardements alliés et il va permettre, plus tard, l'utilisation de cordages. Des hommes essaient d'escalader la falaise à l'aide de leurs baïonnettes et de leurs mains. Mais, la paroi, mêlée à l'eau de mer, forme une boue trop glissante pour avoir une prise correcte. Ralph E. Davis, réussit pourtant à se hisser sur les hauteurs. Étonnement, la première chose qu'il y fait, après s'être protégé, est de rapidement baisser son pantalon et de se soulager.

Non loin de là, Petty essaie tant bien que mal d'éviter les tirs de mitrailleuses sur la plage. Il avait eu la malchance, à sa sortie de la péniche, de tomber tout entier, gorgeant son équipement d'eau, dans un cratère, mais il réussit à s'en extraire rapidement. Il utilisa une corde pour atteindre non sans difficultés, les hauteurs de la falaise. La majeure partie des hommes du *LCA 888* vont utiliser une échelle extensible. Tandis qu'ils s'évertuent à monter, s'entraidant pour maintenir l'échelle correctement sur le flanc de la falaise, le *1st Lieutenant* Ike Eikner vient avec une lourde caisse de trois obus de mortier. Il est tout trempé, en raison d'un trou d'obus dans lequel il était tombé à sa sortie de la péniche. Il dépose la caisse d'obus à l'abri, sous un surplomb, pour que les servants de mortier puissent trouver des munitions. Il installe ensuite son matériel de transmission, un *SCR 300*. En théorie, il ne fallait pas plus de trois minutes pour installer un *SCR 300*. Levant un instant la tête, il aperçoit un jeune Allemand qui observe sa section. Sortant son *Tommy gun*, il appuie sur la gâchette, mais celle-ci était beaucoup trop encrassée de terre et ne répond pas. Quelques instants après, alors qu'Eikner avait nettoyé son arme, le jeune homme est parti. Il faudra attendre 7 h 30 pour que soit installé le matériel radio et, avec le *SCR 300*, avertir le colonel Schneider que les neuf péniches ont bien accosté. Une quinzaine de minutes seront nécessaires aux hommes du *LCA 888* pour atteindre le haut de la falaise. À **7 h 45**, le colonel Rudder installe son état-major sur les hauteurs, dans un cratère de bombe entre un canon antiaérien, maintenant détruit, et le bord de la falaise. Au même instant, Eikner envoie *«Praise the Lord»*, mais sans réponse en mer. Les véhicules amphibies arrivent assez simultanément avec les *LCAs* sur la plage.

Juste à gauche du ***LCA 888***, celui de Rudder, vient se poser, c'est le *Swan IV Ladder DUKW*, l'un des trois véhicules amphibies ayant atteint non sans mal le bord de la plage. Plus vers l'est, se trouvent les *DUKWs Swan I* et *III*. Deux des véhicules s'enfoncent dans les cratères de bombes, les rendant alors inutilisables. La plage est trop parsemée de trous de bombes. Les véhicules, avec pourtant six roues motrices, ne peuvent pas passer. À bord de l'unique *DUKW* qui ne s'était pas enlisé, se trouve le *Sergeant* William Stivison. À peine l'appareil posé et la longue échelle de 33 mètres déployée, celui-ci en utilise alors la mitrailleuse britannique Lewis, double, de 12,7 mm. Accroché à son échelle, penchant dangereusement et oscillant de droite à gauche, du fait que le véhicule est posé sur un sol instable, il fait feu des balles traçantes de ses deux mitrailleuses. L'action de Stivision inspire tout de suite au *Pfc* John Gilhooly l'image des acrobates de cirque. La scène dure quelques instants, mais Stivison ne réussit pas à stopper les forces allemandes qu'il a en joue. Sur un autre *DUKW*, on tente d'installer l'échelle. Cependant, le véhicule est bien loin de la paroi de la falaise dont les rebords sont de plus trop érodés pour y poser correctement l'échelle. De plus, les vagues s'abattant sur le véhicule, elles mettent en péril la stabilité. En dépit de la bravoure de Stivison, aucun des *DUKWs* ne peut

Page précédente : carte Bigot de la Pointe du Hoc datée d'avril 1944. Ce document servira pour la préparation de l'assaut. (NARA.)

Détail de la photo (p. 123) prise sur le PC de Rudder, où nous apercevons le lieutenant-colonel Thomas Trevor, des commandos britanniques. (80-G-45721, National Archives.)

Leonard G. Lomell, âgé de 24 ans. Cet adjudant-chef commandait la 2e section de la Compagnie D du *2nd Ranger Battalion*. Photo prise en 1945. (Coll. L.G. Lomell.)

être utilisé correctement pour prendre la Pointe du Hoc.

Sur la gauche du chaland de Rudder, à 20 mètres, se trouvait le ***LCA* 722**, puis juste à côté, le ***668***. Celui du *Lieutenant Colonel* Thomas Trevor, appartenant aux commandos britanniques, qui avait la charge du *LCA 722*, amenant quinze hommes de la *Company E* formant une équipe de mortiers de 60 mm. Un autre Britannique accompagnait Trevor, le *Lieutenant* Ronald F. Eades, de la *Royal Navy Volunteer Reserve*. En plus des *Rangers* et des deux Britanniques, se trouvaient le journaliste du *Stars and Stripes*, Amos Potts et du personnel radio avec le *Corporal* Louis F. Lisko, le *Technician Fourth Grade* Stephen A. Liscinsky et le *Technical Sergeant* Charles S. Parker. La sortie du chaland ne se fait pas sans problème. Liscinsky sort en premier du *LCA* sous les tirs ennemis. Plongeant dans un cratère de bombe, il a de l'eau jusqu'au cou, gorgeant d'eau son matériel. Lisko réussit à sauver son lourd équipement radio en n'ayant de l'eau que jusqu'à la ceinture. Les opérateurs radio ont réussi aussi à conserver vivant deux pigeons voyageurs. Atteignant au pas de charge la falaise, Lisko et Liscinsky se mettent aussitôt à l'abri. Ils partagent ensuite un *chewing gum*, pour calmer le stress, et attendent Parker, qui les suit de peu. Ce dernier, éreinté tout comme eux, s'écroule auprès de ses compagnons, chargé du lourd équipement qu'il devait transporter. Parker va installer l'unique et primordial *SCR 284* de la Pointe du Hoc. Le lancement des grappins du *LCA 722* ne fonctionne pas correctement. Seuls deux grappins atteignent et se fixent correctement au sommet de la falaise. Essayant de se protéger des grenades lancées par les Allemands, Edward P. Smith, *Technician Fifth Grade*, est suivi de près par le *Sergeant* Hayward Robey. Les deux hommes grimpent à l'aide d'une corde. Aussitôt arrivés en haut de la falaise, Robey abat, avec son *FM BAR*, trois Allemands qui menaçaient ses compagnons en bas. Il utilise pour cela deux chargeurs complets, soit quarante balles. Les survivants se sauvent dans leurs casemates. Robey, lorsqu'il est arrivé en haut de la falaise, est déjà blessé.

En bas, bon nombre de *Rangers* avaient déjà beaucoup subi, en mer, les tirs des forces allemandes. Déjà, au cours de la traversée, le *Pfc* John Sillmon, de la *Easy Company*, de Kannapolis en Caroline du Nord, avait été touché trois fois, dont un coup juste au-dessus du coeur. Bien mal en point à l'ouverture des portes de son *LCA 722*, il reçut encore deux autres blessures lors de la traversée de la plage. Il réussit pourtant à tenir à peu près debout. Pour lui, qui avait indiqué à un camarade, alors qu'il était en permission à Londres, sa certitude d'être touché sur le front européen et pressentait de ne pas réussir à atteindre Paris, c'était prémonitoire. Après la Pointe du Hoc, il sera rapidement évacué et soigné pour retourner chez lui.

Il faut dire que les grenades et les tirs allemands, sur la plage, furent parfois dévastateurs. *« L'ennemi nous noyait sous les grenades »* se souvint Eikner. Toujours du même chaland, le commando britannique Thomas H. Trevor, qui avait commandé les *Rangers* du *2nd Battalion* sur l'île de Wight, grand homme de 1,93 m ayant participé à l'invasion de l'Afrique du Nord, s'avance sur la plage avec sa courte canne au côté. Il dirige ses hommes dans le plus grand calme, donnant l'image de quelqu'un qui sait très bien accepter le danger. Trevor affirmait pouvoir éviter les tirs de *sniper* en se déplaçant par d'habiles pas en zigzag. Pourtant, une balle vient finalement éclater sur le rebord de son casque lourd, blessant le commando au visage. Vociférant contre les Allemands un *« sales fils de p... »*, il doit rapidement se faire soigner le front, et portera par la suite, un très large bandage au visage.

Le ***LCA* 668**, à la gauche même de celui de Trevor, amène des éléments de la *Company D*, sous la conduite du *Sergeant* Leonard Lomell. Ce jeune homme de 24 ans, originaire de Brooklyn, s'était rapidement rendu compte, lors du trajet dans la péniche, que ce ne serait clairement pas comme à l'entraînement. Ses hommes risquaient de souffrir une fois arrivés sur la plage. Il avait vu juste, car à peine le chaland avait-il ouvert ses trappes, qu'une mitrailleuse MG42 fit feu sur ses hommes. Le *LCA 668* amène ainsi des hommes de la *Company D*, dont Jack Kuhn. La traversée avait été très compliquée, chacun ayant dû écoper, avec son casque, les vagues d'eau s'engouffrant dans la péniche. Lorsque la rampe s'ouvre, il faut échapper aux balles allemandes en essayant de ne pas s'engouffrer dans le cratère de bombe exactement là où le LCA s'était arrêté. Lomell reçoit un projectile sur le flanc droit. Le percutant, la balle le fait totalement vaciller et il tombe dans le profond cratère aux eaux boueuses et froides. Son jugement est de croire immédiatement qu'un de ses hommes, Harry Fate, lui a tiré dessus. Lomell lui dit : *« Harry, fils de p..... Tu m'as tiré dessus ! »*. Et Fate de plaider son innocence. Lomell croit alors que celui-ci avait fait cela pour se venger du fait qu'il l'ait rétrogradé quelques semaines auparavant du grade de *Sergeant* à celui de *Private*. *« Ce n'est pas grave. Vous savez que tous les premiers* sergeants *auront leur dû dans la bataille. On se retrouvera dans les combats »*, lui avait alors rétorqué Harry Fate après sa dégradation. Sortant au même instant de la péniche, ayant vu la balle allemande perforer le corps de Lomell, le *Medic* du *Sergeant* désamorce tout de suite l'altercation en frappant violemment Lomell au visage et en l'invectivant : *« Len, ce n'est pas lui ! Il ne l'a pas fait ! »*. Tout de suite après, secouru par les hommes de sa section, Lomell et ses hommes foncent tous ensemble sur les 45 mètres de plage pour se protéger des tirs ennemis. Cet incident révèle bien les rapports difficiles qui pouvaient parfois régner entre les *Rangers*, des premiers jours de leur difficile entraînement jusqu'aux instants décisifs des combats. Si l'esprit de corps fut très recherché et développé par les supérieurs, il n'empêcha pas, qu'entre *Rangers*, des animosités et des rancœurs pouvaient exister. En ce débarquement décisif, pour qu'un *Sergeant* en vienne directement à s'imaginer que l'un de ses hommes puisse lui tirer dessus, prouve que les liens étaient parfois difficiles, fragiles et qu'existaient des rapports de force compliqués entre soldats. On y voit aussi le comportement de chacun aux moments les plus critiques de l'assaut. Devant la violence des combats, se couplant à la fatigue, au stress ou quand ce n'était pas le mal de mer, les grades de chacun finissaient par s'estomper. Un *Medic* (infirmier) pouvait, de ce fait, frapper violemment son supérieur pour en revenir à l'essentiel, c'est-à-dire réussir la mission. De la traversée de la plage jusqu'à la montée de la falaise, les souvenirs de Lomell montrent combien l'entreprise fut rude. Dans son très instructif *The cover up at Omaha Beach*, Gary Sterne cite ces souvenirs de Lomell : *« J'ai été touché avec ma hanche droite traversée. Ça brûlait horriblement. J'approchais du sommet avec ma mitrailleuse et mon opérateur radio et nous luttions sur la corde, exténués. Mon radio Bob Fruhling me dit, "Hey, Len peux-tu m'aider, je suis exténué, mes forces me quittent je suis en train de tomber..." J'ai dit que j'étais tout aussi éreinté et je ne savais pas si je pouvais continuer. J'ai appelé un de nos hommes, Leonard Rubin, il arriva et récupéra Bob et le fit monter en haut de la falaise puis j'ai sauté avec ma mitrailleuse pour les protéger. Lenny nous sauva tous les deux ce jour-là. »*. Le chaland de Lomell réussit à placer trois grappins, pourtant gorgés d'eau, sur la falaise. Il sera placé, plus tard, des échelles sur la partie effondrée de la vaste falaise située en face du *LCA 722*. C'est probablement de ce *LCA 668* que vint le premier *Ranger* à atteindre le sommet de la falaise. Le *Sergeant* Bill Vaughn de la *Company D*, sous la demande de Lomell et pourtant armé de son FM BAR, réussit à atteindre les hauteurs dans les premiers. Il était l'un des grimpeurs les plus aguerris de son *Battalion*.

Tandis que des *Rangers* escaladent la falaise, sur des échelles extensibles ou des cordes, l'infirmier William A. Geitz, 20 ans, né à Frankenburg, en Allemagne, *Technician Fifth Grade*, commence à prodiguer des secours aux blessés. Il avait rejoint le *medical officer* du *2nd Ranger Battalion* le *Captain* Walter E. « Doc » Block. Originaire de Chicago, diplômé de la Northwestern University, Block avait été choisi par Rudder pour son sens du travail bien fait, sa combativité, sa confiance en lui-même tout autant que son humanité. Il était très apprécié des *Rangers*, il va mourir en Allemagne le 8 décembre 1944, lors de combats à Bergstein. Tous les hommes du *LCA 668* réussiront à escalader la falaise en une quinzaine de minutes. Lomell se souvint à quel point les conditions d'escalade des *Rangers* de la *Company D* étaient compliquées. En plus des grenades et des tirs, les Allemands attendaient le meilleur moment pour couper leurs cordes. Les grappins étaient, ainsi se remémora-t-il, le moyen le plus rapide d'arriver à son objectif ou de se faire tuer. Un *DUKW*, enlisé du fait des cratères de bombes, séparait, à gauche, le *LCA 668* de Lomell de celui du *Lieutenant* George Kerchner, armé de son unique colt 45, le *LCA 858*, et du Lieutenant Robert C. Arman, *LCA 887*, chalands des *Companies D* et *F*. Les hommes de la *Company D* devaient normalement débarquer sur le flanc gauche de la Pointe du Hoc. Après cela, arrivé sur les hauteurs, il fallait y traverser une large étendue pour atteindre les canons et les détruire. Ceux-ci étaient situés sur les emplacements quatre, cinq et six. Mais il en fut tout autrement.

Vue aérienne d'une partie du site de la Pointe du Hoc montrant, à gauche, le bord de la falaise où Wilhelm Kirchhoff était installé avec son MG et d'où il tira sur les *Rangers* en train de débarquer. (www.photo-paramoteur.com.)

Le ***LCA 858*** s'arrête lourdement sur la plage. Il est gorgé d'une eau accumulée pendant la traversée et ayant ralenti sa progression. À l'intérieur, il avait fallu une fois de plus écoper l'eau de mer avec son casque. Le chaland arriva sur le rivage environ une à deux minutes après les autres péniches. Trois *Rangers* à bord avaient été blessés par les tirs des mitrailleuses allemandes. S'enfonçant avec ses hommes dans l'eau boueuse jusqu'au cou, du même cratère qui avait submergé Lomell, Kerchner essaya de se détacher du creux et de motiver ses hommes *« Oh, bon sang, on y va ! »* La traversée s'était très mal passée et le lieutenant Kerchner voulait redonner du courage à ses hommes. Lui-même, intérieurement, en venait à douter du succès de l'opération. Il commença à se dire que c'était « une sacrée grosse erreur » que d'avoir envoyé les *Rangers* là-bas. Sur la plage il pensa que les hommes de Rudder ne parviendraient jamais à arriver en haut de la falaise. Notons que le fait d'être totalement trempé, en plus d'alourdir la charge de l'équipement des soldats pouvait grandement décourager ceux-ci. L'intensité des combats ne faisait pas oublier l'eau de mer particulièrement froide qui, au-delà d'encrasser le matériel, tétanisait les corps et démotivait. Kerchner se souvint toujours de sa colère lorsque, à peine avait-il foulé le sol, il se trouva trempé jusqu'aux os et donc obligé d'opérer dans des vêtements mouillés et froids des heures durant. Au fur et à mesure que les péniches arrivent sur la plage, sous une pluie de balles, les hommes traversent une plage sur laquelle s'éparpillent peu à peu les cadavres de compagnons morts ou de soldats allemands abattus et tombés de la falaise. Kerchner se souvint que deux de ses officiers supérieurs furent abattus lorsque celui-ci traversa la plage. Dans sa course, une balle allemande vient perforer le bras du *Sergeant* Francis Pacyga's, pour venir, ensuite, se ficher dans la rotule du *Private First Class* Lester Harris et la faire éclater. Harris s'effondre de suite, laissant tomber son arme. George Kerchner vient au secours de celui-ci pour le ramener au pied de la falaise. Il a d'abord du mal à se mettre à l'abri puis rejoint Rudder au pied de la falaise. Kerchner annonce au *Major* qu'étant donné le naufrage du *LCA 860*, du *Captain* Harold Slater et de ses hommes désormais livrés à eux-mêmes en pleine mer, il doit prendre le commandement de la *Dog Company*. Parmi les naufragés du *LCA 860* se trouvent les *Sergeants* John J. Corona, Joseph L. Stevens, Wilbur K. Hoffman et Antonio Ruggiero. On dénombre aussi les *Technician Fifth Grade* Raymond J. Riendeau, Thomas D. Mendenhall, le *Staff Sergeant* Norman G. Miller, le *Lieutenant* Morton L. McBride ou encore le *Pfc* Harold E. Lester. Kerchner va ainsi devoir dépasser son rôle de chef du *1st Platoon* de la *D Company*. Informé, Rudder, pris dans le feu des combats, lui hurle ensuite : *« Bouge-toi de là, lève-toi et grimpe sur cette corde »*. Trempé et sous les tirs de mitrailleurs allemands, Kerchner escalade la falaise, accompagné de ses camarades, dont, à sa connaissance, trois furent touchés, Cruz, Harris et Pacyga. Dans *D-Day, June 6, 1944, The Climactic Battle of World War II*, Stephen Ambrose nous raconte la traversée de la plage par Kerchner, une fois sorti de son *LCA*, tout en citant le *Ranger*. On y apprend comment ce dernier a vu deux hommes mourir tout près de lui. On peut lire que : *« Le Lieutenant Kerchner était déterminé à*

être le premier sorti de sa péniche. [...] [Il] *attrapa le fusil d'un* Ranger *mort. "Mon premier élan fut d'aller au-devant de cette mitrailleuse en-haut, mais j'ai immédiatement réalisé que c'était plutôt stupide car notre mission était d'atteindre le haut de la falaise et d'aller détruire ces canons. Il n'était pas nécessaire de redire à tel homme de faire ceci ou à tel autre de faire cela" dit Kerchner. "Ils avaient été entrainés, ils avaient l'ordre selon lequel ils devaient monter avec les cordes et les hommes avançaient tous dans le même sens et escaladaient la falaise". Le Lieutenant redescendit sur la plage pour avertir le Colonel Rudder que la* D Company commander's LCA *avait coulé. Il trouva Rudder en train de débuter l'escalade à l'aide d'une corde à cabillots.* [Cette corde britannique, dite aussi *Toggle Rope*, ou corde de franchissement, était une corde toron équipée de petites cales de bois pour faciliter la montée. Elle permettait une meilleure stabilité lors de l'escalade, surtout quand on sait quel lourd matériel pouvaient porter certains *Rangers*.] *"Il ne semblait pas vraiment intéressé que je l'informe de*

Des *Rangers* escaladent la falaise par une section effondrée suite aux tirs de marine. Des cordes à cabillots jonchent le sol. (80-G-45718, National Archives.)

Tous les 100 à 200 mètres, la *Wehrmacht* avait placé des obus contre la paroi des falaises. Ceux-ci étaient censés empêcher de grimper en fonctionnant comme des mines. Ces engins mortels, qui pouvaient contenir de 29 à 66 kilos de charges explosives, avaient été récupérés sur des stocks d'obus destinés à l'origine à l'artillerie française. (Conseil Régional de Basse-Normandie / National Archives USA.)

ma prise de commandement de la compagnie. Il me dit de foutre le camp, de me relever et d'utiliser ma corde". Kerchner accomplit l'ordre. Il trouva qu'escalader la falaise "était très facile", a posteriori plus facile que certaines escalades d'entraînement en Angleterre. La mitrailleuse et la marée montante donnèrent au Sgt. Gene Elder "une certaine urgence" de partir de la plage et d'escalader la falaise. Lui et son équipe escaladèrent librement jusqu'à atteindre le haut de la falaise. "Quand ils atteignirent le haut, je leur dit : « Les gars, baissez vos têtes, parce que le quartier général s'est de nouveau planté et a donné des balles réelles à l'ennemi. »" [...] Les Allemands sur la hauteur réussirent à couper deux ou trois cordes alors que d'autres lançaient des grenades par-dessus la falaise, mais les FM BAR *à sa base et les tirs de mitrailleuses du* Satterlee *maintinrent la plupart d'entre eux à l'écart du bord. Ils n'avaient pas anticipé une attaque de la mer, ainsi leurs*

défenses se trouvaient dans les terres. En plus de cela, les Rangers *avaient accroché des morceaux de mèches aux grappins qu'ils avaient allumées juste avant de faire tirer les roquettes; les mèches enflammées firent croire aux Allemands que les grappins étaient une sorte d'arme qui allait exploser, les gardant à l'écart».*

Un seul des six grappins du *LCA 858* avait réussi à s'arrimer sur les hauteurs de la falaise. Par chance, à leur arrivée en haut, se trouvait une crevasse suffisamment profonde pour protéger les *Rangers* qui, en moins de quinze minutes, se hissèrent sur les hauteurs. Quinze minutes, c'est rapide, quand on sait que Rudder estimait qu'une quarantaine de minutes devaient-être nécessaires pour que tout son *Battalion* puisse arriver en haut et être opérationnel. Au bout de quinze minutes, le *Battalion* n'était pas opérationnel, mais on commençait déjà pour beaucoup à atteindre les hauteurs. Les *Rangers* agirent donc vite, quand on sait d'autant plus la faible quantité de grappins qu'ils réussirent à agripper correctement en haut de la falaise. Dans ce groupe, malgré le fait qu'ils soient tombés dans l'eau en sortant de leur chaland, seul un bazooka était hors-service. Les blessés restèrent en bas. À peine en haut, ils se lancèrent à l'assaut des positions, comme tout un chacun.

À bord du ***LCA 887*** d'Arman, *Company F*, on s'acharna aussi à sortir le plus vite possible de sa péniche et à arriver en vie jusqu'en bas de l'escarpement. Dans ce chaland, on comptait notamment les *Pfc* Garness L. Colden, William H. Coldsmith, Frederick A. Dix et Robert G. Landin. On dénombrait aussi le *Technical Sergeant* John I. Cripps ou encore les *Sergeant*s James R. Alexander et William M. Mc Hugh. Arman constata que les cordes des *LCAs* voisins s'étaient mal agrippées à la falaise, et que, de son chaland, une seule avait fait correctement son travail. Il ordonne alors de désinstaller quatre lanceurs de sa péniche qui étaient des cordes à cabillots, pour les utiliser sur la plage. Sous les tirs et en s'agrippant au *LCA* qui tangue dans les eaux agitées de la Manche, les hommes réussissent à déposer les lanceurs au bas de la falaise. Seulement, ils constatent, trop tard, qu'il leur manque les câblages de raccord pour opérer la mise à feu. Le *Sergeant* John I. Cripps, de la *Company F*, prend l'initiative d'utiliser les fils d'un grappin pour relier un autre grappin à son lanceur. La technique fonctionne mais le *Sergeant*, placé juste à côté des lanceurs, reçoit de plein fouet la détonation des engins. Elle est telle que Cripps se retrouve soufflé par le tir et est blessé. Il en devint partiellement aveugle, mais cela ne l'empêche pas, de recommencer la même manipulation avec trois autres lanceurs. De par sa bravoure, le *Sergeant* permet ainsi à ses compagnons de grimper rapidement sur les hauteurs. À chaque tir, Cripps se brûle le visage, recevant violemment du sable et des galets. Ce n'est qu'une fois les grappins tirés, que le *Medic*,

Frank South, vient à son secours. Dans son *D-Day, June 6, 1944*, Stephen Ambrose nous cite le témoignage de South. Il : *« était à peine arrivé à terre quand le premier cri de "Medic !" survint et j'ai lâché mon* havresac, *attrapé ma trousse de soins, et dégagé l'homme blessé. On lui avait tiré dans la poitrine. J'ai réussi à le tirer jusqu'en bas de la falaise. Je n'ai pas eu beaucoup de temps pour lui tant je devais aller vers un autre, puis un autre, puis un autre.* » *Le Captain Block installa un poste de secours.* » Toujours parmi les hommes du *LCA 887*, William Petty, pourtant l'un des meilleurs grimpeurs, n'arrive pas à se hisser avec les cordes, chutant aux pieds de Doc Block. Le « *Medic* » lui dit immédiatement de faire de son mieux pour se hisser : *« Prends cette corde soldat et monte en haut de la falaise ! C'est en haut que tu es supposé aller »*. Petty de lui répondre : *« Cassez-vous ! Allez au diable, Capitaine ! Qu'est-ce que j'essaye de faire ? »*. William Petty glisse sur les cordes, il fait une chute de neuf mètres. Difficile de grimper quand on porte sur soi un équipement gorgé d'eau de mer et un FM BAR, qui, chargé, pèse plus de 9,5 kg. À ses côtés, Herm Stein n'a pas plus de facilités. D'autant que, durant la montée, son gilet de sauvetage s'est ouvert, l'obligeant à stopper sa course pour détacher son matériel. Un peu plus loin, le soldat Sigurd Sundby essaie désespérément de se hisser sur la falaise, mais rien n'y fait. Sa corde est pleine d'eau de mer. Il se brûle les mains en glissant et retombe violemment sur le sol. Arrivé en haut, William Petty se retrouve dans un cratère. Il est suivi du *Sergeant* William M. Mc Hugh, mais aussi de trois *First Class.*

Deux autres *LCAs*, appartenant à la même *Company* que celle d'Arman, la *Fox Company*, se trouvaient à la gauche de son *LCA*, juste séparés de lui par le *Swan III Ladder DUKW*. À bord du ***LCA 884***, se trouve le *Lieutenant* Jacob Hill dit *« Bangelore Hill »*. Tout comme pour le *LCA 858*, trois hommes y avaient été pris sous le feu des tirs allemands et blessés au cours de la traversée. Les Allemands s'acharnent sur les hommes de cette péniche par des tirs très nourris. Les *Rangers* doivent répondre, avant même l'accostage, par des tirs de mitrailleuse *Lewis*, pour que les Allemands se décident enfin à s'abriter. Dans cette péniche, on trouve notamment les *1st class* William Anderson et Cloise A. Manning ainsi que les *Sergeants* Herman E. Stein et Leon H. Otto et le *Staff Sergeant* Carl Bombardier. Une fois les trappes du *LCA 884* ouvertes, les *Rangers* s'engouffrent dans un trou d'obus, là où leur chaland s'est arrêté. Ils ont de l'eau jusqu'aux épaules. Quatre grappins peuvent se poser sur les hauteurs. Le *Private* William Anderson essaie en vain de grimper. Les tirs, venant du flanc gauche, s'abattent trop violemment sur les *Rangers* et les cordes, si elles avaient pu être fixées à la falaise, n'offrent pas de quoi grimper rapidement. De plus, les hommes sont beaucoup trop exposés aux feux ennemis. L'intensité des tirs allemands et le fait que les cordes soient trop à découvert, forcent les hommes de Hill à se replier vers le *LCA 883*, juste à leur gauche. Dans son *Commandos and Rangers*, le *Major* Tim Saunders nous raconte ce qui s'est passé pour le ***LCA 883***. Il nous dit : « [Ce fut] *le dernier engin à atteindre la côte, [...]* [il] *se trouvait à 300 yards de sa position prévue et considérablement au-delà de la principale zone fortifiée de la Pointe du Hoe'* [« Hoe » écrit ainsi dans le texte]. *Cependant, un morceau de roche dans la falaise protégeait les* Rangers *contre les tirs sur le bord qui causait tant de problèmes pour les autres grimpeurs à l'ouest* ». Et l'auteur de citer ce passage du très instructif *Walking D Day* de Paul Reed pour revenir en détails sur leur escalade : *« Ils ont fait une arrivée à sec, et un tir parfait avec les six roquettes. Cela nous permit de remplir à fond cette difficile mission. Néanmoins, le chemin fut difficile, même sur les échelles. Le 1st Lt Richard A. Wintz, sur une corde simple, trouva impossible de prendre pied sur la falaise glissante. La corde mouillée et couverte de boue rendit difficile de se hisser une main après l'autre, et au sommet Wintz ne fut "jamais aussi fatigué de sa vie".* » Si les six grappins s'étaient posés sur la falaise, ce ne fut pas sans la pression de Wintz auprès du matelot britannique chargé de déclencher les lanceurs. Le *1st Lt* avait vu les cordes des autres chalands retomber lourdement au bas des falaises. Sortant son revolver contre le Britannique, il lui hurle : *« Ne tirez pas avant que je le dise ! Nous avons tout le temps »*. Sorti du même *LCA*, le *Lieutenant* Hodenfield, une fois arrivé sain et sauf en bas de la falaise, devra attendre une heure avant de pouvoir commencer l'escalade. Il fallait attendre son tour. Il voit passer le *1st class* Alvin E. White, ou encore le *Staff Sergeant* Robert G. Yousso. Attendant son tour, adossé au bas de l'escarpement, il y allume une cigarette en disant : *« C'est une bonne manière d'envahir la France, assis à l'ombre avec une cigarette »*. Les deux *LCA, 883* et *884,* s'étaient posés bien trop à l'est, à plus de cent mètres du lieu prévu sur le plan d'origine. Le *Lieutenant* Richard Wintz, *Boat team leader,* n'avait pas réalisé à quel point il se trouvait trop loin du secteur fortifié. À bord de son embarcation se trouvait le *Lieutenant* G. K. Hodenfield, reporter pour le magazine *Stars and Stripes.* Mais surtout, on y trouvait le *commander* de la *Fox Company,* le *Captain* Otto Masny et un *Platoon leader,* le *Lieutenant* Richard Wintz. Du fait que les six cordes du *LCA 883* se soient correctement agrippées à la falaise, des hommes du *LCA 884* s'empressèrent de les utiliser. Dans *Pointe du Hoc,* Helmut Konrad von Keusgen nous donne le témoignage du soldat allemand **Wilhelm Kirchhoff**, sur l'assaut des *Rangers* : *« Les Américains ont probablement renoncé à grimper à un*

L'emblème du *2nd Ranger Battalion* à l'arrière d'un casque. (Coll. privée, photo Heimdal.)

moment et ils se trouvaient en bas, tout près de la paroi rocheuse dans l'angle mort, de sorte que nous ne pouvions pas les voir, ni tirer sur eux. Ils étaient là, au-dessous, bien tranquillement. Je crois qu'ils se sont encore plus serrés le long de la paroi. De temps en temps seulement, quelques Américains tirent vers le haut sur nous, mais, pour nous atteindre, c'est très difficile pour eux. Les Américain morts sont entraînés çà et là longtemps encore dans l'eau. Puis les navires de guerre ont encore tiré quelques obus sur notre position, directement sur le rebord de la falaise. Nous nous sommes repliés quelque peu. C'était une perpétuelle agitation et il n'y avait absolument plus d'ordre véritable... Jusque-là, j'avais tiré à peu près dix mille coups. Il a fallu que je change plusieurs fois les deux canons dont chaque tireur de MG dispose. Le cache-flammes était parfois porté au rouge. »

Bien plus à l'écart des huit autres chalands, se trouvait le ***LCA 861*** du lieutenant Theodore E. Lapres Jr, amenant des *Rangers* de la *Company E.* Il se situait à proximité du promontoire, de la Pointe, à gauche du bunker d'observation, juste en face d'une position de mitrailleuses. Aucun des grappins n'atteignit les hauteurs de la falaise. Certains, même, restent avec la moitié de leur longueur de corde enroulée dans les boîtiers, tant ils étaient gorgés d'eau de mer. Entre trois et quatre Allemands, debouts sur le promontoire, tirent sur la péniche alors qu'elle s'approche de la côte. À l'arrière, les *Rangers* Curtis A. Simmons, alors *Staff Sergeant*, et E. G. Colvard Jr., *Technician Fifth Grade*, se mettent à leur tirer dessus, les forçant à se retirer. De manière intermittente, alors que le *LCA* avait à peine commencé à débarquer ses hommes, les Allemands jettent des grenades sur les Américains, causant de sévères blessures à deux hommes de la *Company E.* Un accident aurait pu s'avérer catastrophique pour les hommes de cette péniche. Alors que ceux-ci s'efforcent

Wilhelm Kirchhoff, (ci-contre) recrue de la 2e Batterie du *Werfer-Regiment 84* (emblème ci-dessous), en 1943, alors qu'il a 18 ans (coll. G.B.), **et en 1994, ci-dessus.** (Photo G. Bernage.)

Wilhelm Kirchhoff est un soldat de la 2e batterie du *Werfer-Regiment 84* (régiment de lance-fusées). C'est ainsi que l'*Oberleutnant* Stockinger (chef de cette batterie) s'est installé à la Pointe du Hoc le mardi 23 mai 1944 avec douze hommes de la batterie, un *Oberwachtmeister*, l'artilleur Kirchhoff avec son MG, deux autres tireurs MG et huit autres artilleurs dont deux radios. C'est une disposition similaire à celle de l'élément avancé de la *1./352* sur le *WN 62*. Nous savons qu'il y avait une batterie du *Werfer-Regiment 84* sur le *WN 67*, placée sur un éperon dans la petite vallée menant à Saint-Laurent, avant l'actuel Musée Omaha Jour J. Etait-ce la 2e batterie ou une autre de ce régiment ?

Par ailleurs, dans l'ouvrage de Hein Severloh, *WN62*, il est signalé que le *WN 61* abritait le poste d'observation avancé de la 3e batterie (lieutenant Wilkening) de l'*Artillerie-Regiment 352*. Enfin, le *WN 69*, à Sainte-Honorine-des-Pertes, abritait le poste d'observation du Ier groupe de ce régiment qui contrôlait aussi la 1re batterie du lieutenant Frerking et la 3e du lieutenant Wilkening. Rappelons d'ailleurs que le *Major* Pluskat (qui commandait cette *I./352*), contrairement à ce que montre *Le Jour le plus long*, n'était pas à ce poste d'observation le 6 juin à l'aube, mais en galante compagnie...

Ainsi, les chefs des batteries d'artillerie de campagne se trouvaient aussi sur la côte, souvent en première ligne face au débarquement, ce fut le cas à la Pointe du Hoc et sur *Omaha Beach* et rappelons que le lieutenant Frerking trouvera la mort, une balle dans la tête, le 6 juin vers 15h30 en décrochant du *WN 62*. Hein Severloh, artilleur, fera face au débarquement avec son MG, comme Wilhelm Kirchhoff à la Pointe du Hoc qui le rappelle : « *Quand les Américains ont voulu descendre des barges, nous les avons pris pour cibles, juste en débarquant, en tirant dans le tas, d'en haut, ils étaient totalement sans défense. J'ai seulement tiré avec mon MG. Je n'en ai pas atteint en visant directement mais au hasard. Les premiers soldats sortis des barges sont tombés, poussés par les autres qui se trouvaient derrière. Les morts flottaient dans l'eau peu profonde et, parmi eux, des blessés que je pouvais entendre hurler et pousser des cris.* »

(Témoignage receuilli par Georges Bernage.)

de grimper, un éboulement causé par une mine allemande vient s'abattre sur eux. Mais, des cinq *Rangers* se trouvant sous la chute, tous survécurent. Certains, tel le *Pfc* Paul Medeiros, devront toutefois s'extraire, non sans mal, des tonnes de gravats qui se sont soudainement abattus sur eux. Medeiros, enterré quasiment vivant, est sorti de là par ses compagnons. On essaie de gravir la falaise. Le *1st Class* Harry W Roberts doit s'y reprendre à deux fois pour atteindre les hauteurs. Lors de son premier essai, un Allemand coupe sa corde alors qu'il se trouve déjà à sept mètres au-dessus du sol. Des fusées à main, déchargées du *LCA*, avaient permis aux *Rangers* de tirer des grappins sur les hauteurs. Roberts doit escalader une falaise s'élevant devant le *LCA 861* à vingt-trois mètres de haut. Le *First Class* chute violemment se déchirant les vêtements et la peau. La corde lâche quand celui-ci est déjà à pratiquement huit mètres du sol. Comme son compagnon, le *Captain* Baugh, il s'abîme sévèrement les mains sur une des cordes en essayant de s'y agripper pour monter. Harry Roberts était l'un des meilleurs grimpeurs de sa *Company*. Commotionné, il utilise une autre corde, le deuxième grappin tiré par les hommes du *LCA 861* et, en quarante secondes, selon ses souvenirs, il atteint le haut de la falaise pour commencer l'attaque du poste d'observation. Le *Lieutenant* Theodore Lapres, en bas de l'escarpement, chercha un endroit pour escalader plus facilement. La corde de Roberts s'est coupée, laissant ce dernier seul en haut. Heureusement s'est créée une butte de craie de six mètres, provenant d'un éboulement de la falaise, probablement dû à un bombardement naval ou aérien. Elle permet à des *Rangers* de lancer une corde au *1st class*, qui fixe celle-ci solidement au sol et se couche dessus pour être sûr de son maintien. De par cette technique, il permet à cinq de ses camarades, dont Lapres, de monter le rejoindre pour attaquer le poste d'observation.

Le ***LCA 862*** séparait les hommes de Lapres de ceux du chaland de Rudder. À bord du *LCA 862*, dans la deuxième péniche à débarquer, à au moins 90 mètres du *LCA* de Lapres, se trouvent aussi des hommes de la *Company E*, quinze hommes avec le *Lieutenant* Joseph E. Leagans, ainsi que du personnel *NSFCP*. Le personnel *NSFCP, Naval Shore Fire-Control Party*, avait la tâche primordiale de rejoindre les hommes en haut de la falaise pour assurer ensuite la liaison avec les navires américains. Ils pouvaient guider l'artillerie navale, dans les secteurs à bombarder, sur la falaise. Dans ce *LCA*, on réussit à ficher deux grappins en haut de la falaise. Parmi les *Rangers* utilisant les cordes de leurs péniches, les *NSFCP* se hissent sur les hauteurs. Juste avant eux, le *Staff Sergeant* Joseph Cleaves et les *Technician Fifth Grade* Victor Aguzzi et John Burnett, à peine arrivés en haut, se précipitent dans un trou d'obus. Les *Rangers* partent ensuite à l'assaut du poste d'observation allemand pour ensuite aller vers la position de tir numéro 3. Mais celle-ci ne comporte pas de canon. Entre vingt et trente minutes après leur débarquement, plus de 200 *Rangers* se retrouvent enfin sur les hauteurs. Mais la situation est loin d'être gagnée. Quinze hommes tués et des blessés gisent sur la plage, comme Frank H Corder. Corder, un jeune *Captain* de Rock Springs au Texas, est touché, sur la plage au visage. Des éclats de métal lui sont rentrés dans la chair. Ils lui font perdre une partie de la mâchoire et un œil. Alors qu'il allait se noyer, il est récupéré par des compagnons et aussitôt pris en charge par les médecins. Il devra attendre plusieurs jours avant d'être rapatrié, et survivra à ses blessures. Les *Medics* vont essayer, tant bien que mal, de les prendre en charge. Certains infirmiers avaient, eux aussi, été touchés lors des combats. Le *Medic Pfc* Charles Korb avait reçu une balle dans la main, l'empêchant de secourir les autres. Block était venu l'aider, mais il avait fallu rapidement le laisser pour tenter de sauver les plus gravement atteints et nécessitant, généralement, une évacuation. De nombreux corps d'Allemands, fracassés sur le sol de la plage, gisaient près de ceux des Américains. Les péniches, arrivées difficilement et dans le désordre sur le littoral et la difficile escalade de la falaise, avaient distribué les *Rangers* de façon éparse sur le promontoire. Cette situation rendait compliquées les liaisons vocales et radio entre eux. Le paysage s'offrant aux hommes, arrivés en haut, était chaotique. C'est la distance et l'éparpillement entre les hommes qui rendra difficile le fait de se retrouver. Mais, le relief du terrain, parsemé de trous d'obus, ne peut alors affaiblir en rien les liaisons radios. Même caché dans le creux d'un profond trou d'obus, un poste portatif peut émettre sans défauts. La terre, ravagée par les obus alliés, permet de s'abriter des tirs adverses. De par le retard des *Rangers*, sur la falaise, après les bombardements, de nombreux Allemands avaient pu se réorganiser. Le retard a eu aussi pour conséquence de ne pas faire venir les renforts de la *Task Force C* de Schneider, censée appuyer la *Task Force A* de Rudder. Il faudra donc se débrouiller seuls. De plus, la péniche de Harold Slater ayant coulé, les hommes de la *Company D* se retrouvent sans leur supérieur. Aucune péniche n'avait apporté, avec elle, des rations de combat et rien ne permet de se changer de sa tenue, gorgée d'eau de mer. Il faut à présent foncer sur les canons et les détruire sous le feu de l'ennemi. Environ trente minutes après le débarquement, c'est quasiment la totalité des survivants de la traversée qui se trouvent sur les hauteurs. Les Américains ont donc réussi une fois sortis des péniches, à gravir rapidement les falaises. Le premier homme à avoir atteint les hauteurs avait réussi son exploit, à peine cinq minutes après avoir débarqué de sa péniche.

Emblèmes de manche en tissu des 2e et 5e bataillons de *Rangers*. (Coll. privée.)

11

Les combats au sommet du point d'appui

Arrivés sur les hauteurs, les premiers hommes découvrent un paysage dans lequel la position n'est plus qu'un terrain retourné par les cratères d'obus. Tout ceci est particulièrement désorientant. L'avantage de ces dévastations, suite aux bombardements de l'aviation et de l'*US Navy*, est que chaque trou de bombe est susceptible de créer des lieux de regroupement et fournir de quoi s'abriter pour tirer sur l'ennemi. Les explosions ont aussi fait détonner de nombreuses mines, permettant un parcours moins risqué sur le site.

Une fois arrivé en haut de ces dangereuses falaises, chaque *Company* a un rôle bien assigné. Il ne s'agissait pas, de manière empirique, une fois sur les hauteurs, de voir comment opérer la destruction des canons. Notons que si les fameux canons de 155 mm étaient le but principal des *Rangers*, au débarquement, il n'en était pas le seul. Se trouvait aussi, à l'extrême bout de la position, un massif poste d'observation qu'il fallait absolument mettre à mal. Se situaient aussi deux casemates de commandement à annihiler. Des canons, les pièces une et

Une des rares photographies prises sur les hauteurs de la Pointe du Hoc. Ici, un sous-officier utilise une mitrailleuse *Browning 1919 A4*. À sa gauche, son compagnon porte un gilet d'assaut. Les hommes appartiennent au *2nd Ranger Battalion*. Un des hommes, celui le plus à droite de l'image, a d'ailleurs peint le chiffre 2 de son bataillon sur la barre verticale des *officers,* apposée sur le losange jaune des *Rangers*, derrière son casque. On ne sait pas à quelle heure cette photographie a été prise. Le photographe se trouvait près du bunker le plus à l'est de la Pointe du Hoc, juste au bord de la falaise, près du PC de Rudder. Les deux photographes qui accompagnèrent les *Rangers* le *D-Day* furent tués le 6 juin, dans la matinée. Leur officier, le *Lieutenant* Amos Potts, abima ses films dans l'eau de mer. Peut-être s'agit-il d'un cliché du reporter de *Stars and Stripes* qui était là aussi. (320894, National Archives.)

deux, ainsi que la position de mitrailleuses de la DCA, devaient être détruits par la *Company F*. L'ensemble se trouvait sur le bord de la falaise à l'est de la position fortifiée. La pièce trois et sa casemate, tout comme le poste d'observation qui dirigeait les tirs des six canons à détruire, étaient eux l'objectif de la *Company E*. Une partie des hommes de la *Company E* devait traverser toute la position fortifiée pour atteindre ensuite la route principale, juste derrière les six canons. On avait, de ce fait, divisé la *Company* en quatre groupes pour réaliser rapidement le travail. La mission du groupe, atteignant la route principale, c'est-à-dire la route côtière, était primordiale car elle visait à éviter toute éventuelle contre-attaque allemande, en y installant une position défensive. Si besoin, un des quatre groupes devait venir en renfort de celui chargé de mettre en place la position de défense de la route est-ouest reliant Vierville et Grandcamp. Le groupe de la *Company E*, en charge de prendre le canon numéro trois et le poste d'observation, devait rester sur la position défensive de la Pointe du Hoc. Ces hommes étaient en lien avec le PC du *Battalion*, pour défendre les positions qui venaient d'être capturées. Les canons quatre, cinq et six, sur le flanc droit, étaient à la charge de la *Company D*. Une fois ces objectifs terminés, c'est-à-dire les canons détruits, les casemates et les complexes défensifs mis hors d'état de nuire, l'ensemble des *Rangers* devait, en rejoignant une partie des hommes de la *Company E*, qui avaient exploré le terrain, se rassembler sur une ligne au sud, le long de la route côtière, à trois cents mètres de la position fortifiée, et y contenir de forts probables renforts allemands. Ces *Rangers* devaient tenir seuls en attendant la relève. Cette force de contention devait empêcher toute arrivée ennemie de Grandcamp. Défendre la route côtière sans renforts ne s'avérait guère rassurant pour le *Colonel* Rudder. Si les hommes de Schneider ne venaient pas, il aurait fallu tenir avec les rescapés de l'assaut, ce qui, au regard des probables pertes, ne serait probablement pas suffisant. Évidemment, ce plan allait être modifié, étant donné la nouvelle configuration du relief, les nombreuses pertes en hommes et le dramatique retard qui avait été pris. Dans l'ouvrage *Small Unit Actions in World War Two*, il y est synthétisé la suite des événements. On peut lire qu' : « *il y eut inévitablement, des écarts* [par rapport au plan initial]. *Certains* Rangers *des compagnies* D *et* E *échouèrent à atteindre la zone de rassemblement à temps pour la prochaine phase de mouvement, ou furent retenus sur la Pointe face à des déploiements inattendus. Sur le flanc est, deux équipes de péniches de la* Company F *furent engagées dans une action qui dura la plupart de la journée. Mais, dans l'ensemble, les mouvements se sont déroulés à peu près comme prévu, un plan basé sur la confiance en la capacité à ce que des petits groupes œuvrent séparément pour atteindre les objectifs principaux. Cette confiance fut couronnée par un succès. Alors que les premiers éléments de* Rangers *quittaient la falaise et se partageaient leurs premiers objectifs, ils ne rencontrèrent aucune opposition excepté à proximité du* [Poste d'Observation]. *La plupart des* Rangers, *ne rencontrèrent aucun ennemi et furent à peine inquiétés par des feux sporadiques provenant de la falaise, à l'ouest de la pointe. Leur principal problème fut de trouver et d'identifier l'emplacement des canons dans les décombres de la position fortifiée.* ». Pourtant, sur les hauteurs, l'avancée tout au long de la journée ne fut pas sans risque et sans violents

affrontements. Le poste d'observation fut loin d'être leur seul obstacle.

Revenons sur ces engagements. Étonnamment, alors que les hommes avaient débarqué depuis déjà trente minutes, les pièces d'artillerie étaient toujours muettes. Parce que la situation était changée, les hommes vont, en partie, devoir modifier leurs plans originaux, ils se séparèrent en neuf groupes, chacun avec son objectif. Comme le souligne le *Major* Tim Saunders dans son *Commando and Rangers*: « *La scène qui accueillit les* Rangers *alors qu'ils se hissaient au sommet de la falaise était inattendue et les désorientèrent pendant un moment. Ils étaient devant une étendue de terre retournée et de morceaux de béton brisés où seules les casemates une et deux et les deux positions de canons antiaériens, à l'est et à l'ouest, étaient clairement discernables. Les utilisant comme*

Le Poste de Direction de Tir, domine la Pointe du Hoc, et dispose d'une large vue en direction du large. Photo prise en 2000. (E.G./Heimdal.) **Nous en voyons le plan, ci-contre.** (P. Gros/Heimdal, d'après H. v. Keusgen.)

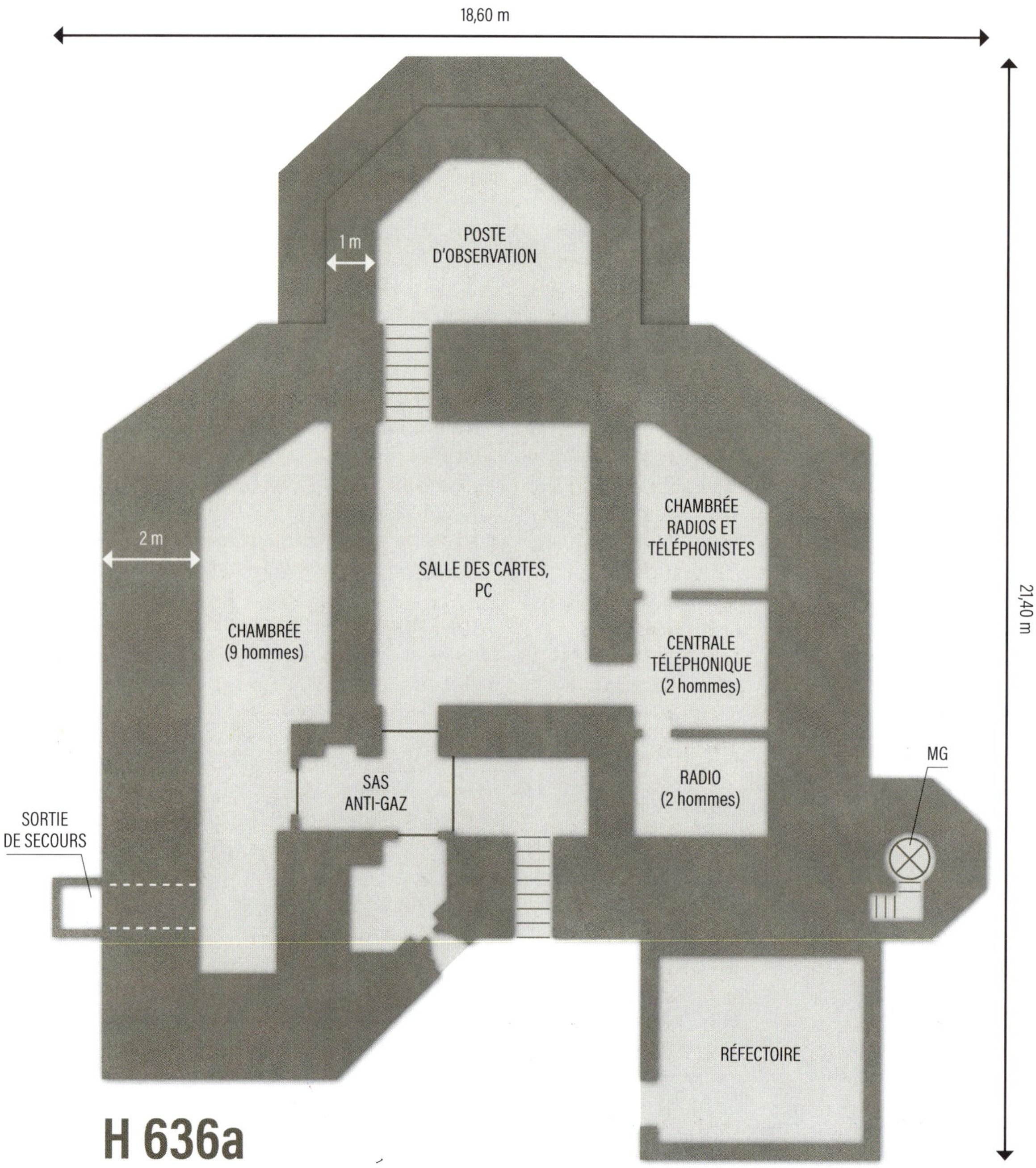

repères approximatifs, les Rangers, *avec difficultés, partirent chercher leurs objectifs individuels, sans prendre le temps de créer des formations. La* Company D, *ayant débarqué entre les* Companies E et F *pour réduire le retard, avait le plus de chemin à parcourir et devait traverser la ligne de progression de la* Company F *pour atteindre ses objectifs et contribuer à ce qui est décrit comme le "chaos" pour tous ceux qui souhaiteraient donner un sens à la bataille.* » Quand les *Rangers* se trouvèrent sur le bord de la falaise, devant tenir sur une étroite bande de terre, l'opposition ne se fit pas trop sentir. Elle se révéla surtout au niveau du poste d'observation, à l'extrémité de la Pointe. Peu après, le nid de mitrailleuses, à l'est, et un canon de la Flak, à l'ouest, ciblent les *Rangers.* Il est difficile, dans ce terrain au relief dévasté, de discerner les emplacements des canons et les forces allemandes. Une partie de la Force E avait pour mission de traverser la position fortifiée pour atteindre la route côtière. Ces hommes sont ceux du *Lieutenant* Joseph E. Leagans. Il avait débarqué du *LCA 862*, juste à droite de celui de Rudder et se trouvait avec deux autres hommes de la *Easy Company*, qui, du chaland, l'avaient suivi, le *1st Class* Victor J. Aguzzi et le *Staff Sergeant* Joseph J Cleaves. Deux autres *Rangers* les avaient accompagnés, le *1st Class* Charles H. Bellows Jr. et le *Technician Fifth Grade* Leroy J. Thompson. Le petit groupe, voyant un Allemand à proximité du poste d'observation, bien à l'abri dans une tranchée, lancer des grenades sur les *Rangers* en bas de la falaise, se sentit le devoir d'intervenir rapidement. Afin de couvrir le groupe, lors de l'attaque du bunker, le 1re classe Bellows se faufile vers la position de tir numéro trois. Le *1st Class* Aguzzi, caché dans un trou d'obus pointe son fusil vers l'entrée du bunker. C'est alors qu'après avoir lancé des grenades sur l'Allemand, qui s'enfuit alors dans le bunker, que Leagans, Cleaves et Thompson essaient d'atteindre le poste d'observation par l'arrière, c'est-à-dire, l'est. Alors que nos trois hommes se dirigent, en rampant, vers la position, Cleaves saute sur une mine et est grièvement blessé. À l'approche du bunker, Thompson entend une radio et tire sur l'antenne de la position pour la faire cesser de fonctionner. Leagans dégoupille une grenade et la lance sur la porte d'entrée, mais celle-ci est trop blindée pour s'ouvrir de cette façon. Leagans décide d'attendre d'avoir des charges de démolition pour aller plus loin dans la prise du bunker. Il décide de foncer sur ses objectifs initiaux, tout en laissant Aguzzi surveiller l'entrée en attendant l'arrivée d'une équipe de démolition. Le *1st Class* Aguzzi, restant ainsi en arrière, est très surpris de voir d'autres *Rangers* arriver juste par l'arrière du poste d'observation. En fait, ces derniers avaient aussi mené une attaque du bunker, sans s'être rendus compte de la présence d'autres de leurs camarades. Il s'agit d'une équipe sous la conduite du *Lieutenant* Theodore E. Lapres Jr. Celui-ci, et cinq autres *Rangers*, le *Staff Sergeant* Charles H. Denbo, le *2nd Class* Harry W. Roberts, le *Sergeant* Andrew J. Yardley, le *Technical Sergeant* Harold W. Gunther et le *1st Class* William D. Bell, tentent aussi de prendre le poste d'observation. Arrivés les premiers sur les lieux, Denbo et Roberts, débarqués du *LCA 861*, mitraillés par des feux venant des embrasures du bunker, y jettent quatre grenades, dont trois réussissent à s'y engouffrer et faire stopper net les tirs à leur encombre. Dans son action, Denbo est sévèrement blessé par une balle de fusil allemand. Ce dernier, ainsi que Roberts, sont rapidement rejoints par Yardley, Bell, Gunther et Lapres. Le *Lieutenant* charge Yardley de tirer au bazooka dans l'embrasure. Alors que le premier coup n'a atteint que le bord de l'ouverture, le deuxième passe au travers de l'étroite embrasure, explosant à l'intérieur de la fortification. Yardley est chargé ensuite par son *Lieutenant* de surveiller le poste, du côté donnant sur la plage. C'est après s'être rendu du côté droit de la position, ne croisant aucun Allemand, qu'il se retrouve nez à nez avec l'un de ses camarades. La prise du bunker demande ensuite bien plus de temps que prévu, et les quatre autres *Rangers* ont, depuis le *LCA 861*, rejoint le *Sergeant* Yardley, bien décidé à en finir avec celui-ci. Avec Yardley, qui surveille le poste d'observation, côté mer, ils essaient de se mettre d'accord sur la tactique à employer pour prendre la fortification. Parmi les *Rangers* qui ont rejoint Yardley, se trouvent le *Corporal* Paul L. Medeiros et le *1st Class* George W. Mackey. Le fait est que toute progression est gravement compromise, tant les balles allemandes sifflent au-dessus de leurs têtes, à l'abri des tranchées. Il faut dire que les Allemands s'acharnent sur les Américains.

Du haut de la falaise, le témoignage du *Ranger* Alban Meccia, cité dans le *Nothing Less Than Victory* de Russell Miller, montre combien la *Wehrmacht* préleva un lourd tribut aux *Rangers* ce jour-là. Alban Meccia nous dit : *« quand nous avons grimpé, les Allemands nous ont tiré dessus. Finalement, nous avons lancé des grenades en haut de la falaise, nous avons avancé en faisant des sillons et en nous protégeant. Puis nous sommes tous allés chasser ces Allemands, et en avons tué beaucoup. Ils avaient laissé un petit chien dans une cabane. Il répondait à l'anglais, mais se dressait quand vous lui parliez en allemand. [...] Il léchait les blessés et les embêta jusqu'à que nous ayons à lui trancher la gorge. J'ai vu un officier allemand tirer sur un de ses hommes dans le dos quand il commença à avancer vers nous les mains levées. Un de nos hommes a vu un drapeau de capitulation et se leva pour faire signe aux Allemands de s'approcher, et il fut tué d'une balle entre les deux yeux. »*. On décide alors que Yardley et Medeiros resteront dans leur tranchée, juste à côté du poste d'observation tandis que le reste des hommes ira retrouver le *Lieutenant* Lapres pour préparer une opération visant à placer des charges de démolition. Cette mission est uniquement réalisable s'il y a assez d'hommes pour avoir une couverture de feu contre les Allemands, permettant d'atteindre et de placer correctement les charges. Dans leur parcours vers Lapres, les *Rangers* sont de nombreuses fois la cible des tirs allemands et le *1st Class* George Mackey est abattu. Se dirigeant vers Lapres, les hommes dépassent Aguzzi sans se rendre compte que ce dernier surveillait toujours l'entrée du Poste. La situation est donc plutôt confuse. Il faudra attendre le lendemain du 6 juin pour qu'un assaut final soit fait contre la position, dans une opération séparée. Des explosifs seront apportés pour enfin réussir à exploser la porte principale. Alors que de nombreux Américains pensaient que les Allemands s'étaient probablement extirpés du bunker par des tunnels rejoignant d'autres positions, ils verront huit hommes en sortir pour se rendre. Le poste d'observation sera enfin pris.

Tandis que les combats avaient lieu autour du poste d'observation, cinq hommes de la *Company F* s'étaient dirigés, en courant tête baissée, vers leur objectif, la pièce d'artillerie numéro deux, située près d'une casemate encore en construction le jour de l'attaque. Parmi eux, se trouve le *Sergeant* William Petty. Celui-ci, rampant avec ses hommes, de cratère en cratère, se rend vite compte, une fois l'objectif atteint, que l'emplacement de la pièce avait été bombardé et que le canon de 155 mm n'était plus là. Il part aussitôt avec ses quatre hommes vers les limites du secteur fortifié de la pointe, à 200 mètres à l'est du chemin de sortie. Là, un autre groupe de *Rangers*, sous le commandement du *Lieutenant* Robert C. Arman les rejoint. Ils décident d'avancer plus profondément dans les terres, en allant de trou d'obus en trou d'obus, pour atteindre une ferme où ils rencontrent le *1st Sergeant* Robert W. Lang. Quelques instants après, ce sont trois autres *Rangers* appartenant à la *Company E* qui les rejoint. Le *Sergeant* Lang, fait le même constat que Petty. Aucun canon n'était présent là où normalement il était prévu de les détruire. Débarqué du *LCA 888*, le même que celui de Rudder, Lang a atteint, accompagné de 15 *Rangers* la pièce numéro trois. Jusqu'au canon de 155 mm, ils réussissent à se protéger de toute attaque. Arrivés à destination, ils sont surpris de ne trouver qu'un tas de ferrailles tordues et du béton retourné. Un poteau télégraphique est là, pour faire croire, à un avion qui aurait survolé la zone, à la présence de la pièce d'artillerie. Lui et ses hommes avancent donc vers le sud, bien perplexes et se demandant ce que les Allemands ont bien pu faire du canon. En chemin vers la grand-route, les *Rangers* sont menacés par des tirs d'artillerie, qui viennent par salves de trois coups. Utilisant son *Handie-Talkie SCR 536*, il tente, en vain, de prévenir l'équipe d'appui-feu que ses hommes avancent au sud de la position fortifiée, et que le tir doit, donc, être allongé. Continuant sa marche, des tirs d'artillerie s'insinuent entre lui et ses hommes. Il choisit alors de s'avancer vers la gauche du champ où ils se trouvaient. Il y rencontre, par hasard, trois hommes de la *Company E*, qui s'étaient égarés pour ensuite rentrer en contact avec Arman. Du groupe, s'étant retrouvé au corps de ferme, les hommes de Petty et Lang prennent des chemins séparés. Alors que ceux d'Arman, tout en rejoignant des *Rangers* de la *Company F*, continuent sur le sentier. Petty se dirige vers la gauche, pour faire du repérage en direction du château. En chemin vers la vieille bâtisse, aucun Allemand n'apparaît et Petty rejoint le reste de son groupe pour se diriger, en avançant prudemment sur le bord de la route, à l'ouest, menant vers Grandcamp-les-Bains. C'est alors que nos hommes, se trouvant à environ une centaine de mètres de maisons, juste à proximité du lieu-dit d'Au Guay, qu'un Allemand tire sur les *Rangers*, qui se dispersent pour se protéger. Ne souffrant d'aucun blessé, les *Rangers* se mettent en quête du tireur embusqué en longeant la partie sud de la commune. Le *Sergeant* Petty et deux de ses hommes, dans leur avancée, sont la cible de deux autres *Landser*, tapis dans un abri fait dans le sol, très bien camouflé. Petty, tout en se mettant à couvert, tire avec son *FM BAR*, mais manque les deux hommes. Mais ceux-ci, probablement intimidés, sortent de leur cache en hurlant «*Kamerad!*» aux Américains. Accompagnés de maintenant deux prisonniers, Petty et ses deux hommes fouillent le hameau du Guay, vers l'ouest, sans mettre la main sur le tireur embusqué. Celui-ci s'est probablement évaporé en quittant le bord. Les *Rangers* de Petty sont rejoints par Arman et ses hommes.

À côté des hommes de Petty et Arman, de nombreux groupes de *Rangers* ont suivi d'autres objectifs. Le *1st Class* William E. Anderson et deux hommes de son *LCA 884* se sont mis en tête, à peine arrivés sur les hauteurs de la Pointe, de détruire une mitrailleuse allemande qui concentrait ses feux meurtriers sur la plage. Le problème, alors que ces hommes se fraient un chemin en sureté jusqu'à l'endroit d'où venaient les balles, est qu'ils sont incapables de localiser les tireurs. Pensant que se poster au bord de la falaise permettrait sûrement d'avoir les soldats, Anderson, laissant ses hommes derrière lui, retourne vers les cordes d'accès à la Pointe. Il vient à la rencontre du *Pfc* John Bacho et du *S/Sgt.* James E Fulton, qui avaient choisi de se porter initialement vers la route principale. Fulton ordonne alors que, couvert par eux, il ira à la rencontre des mitrailleurs allemands. Sur le chemin, ils rencontrent trois camarades qui allaient dans la même direction qu'eux, ce sont le *Lieutenant* Jacob J. Hill et deux autres camarades du *LCA 884*, appartenant à la *Company F*. Le groupe est maintenant composé de six hommes. Ceux-ci se séparent de Fulton et Bacho, partant plus vers le sud afin d'offrir

Canon français de 155 mm GPF (pour Grande Portée Filloud) de la Première Guerre mondiale, semblable à ceux de la Pointe du hoc. Photographie du 18 février 1918. (111-SC-6361, National Archives.)

une couverture aux quatre hommes qui continuaient la progression vers les bruits de tirs. Cependant, les deux *Rangers*, partant trop au sud, perdent le contact avec le reste des autres hommes pour rencontrer Arman et son groupe. Le *Lieutenant* Hill n'est, à présent, plus accompagné que de trois hommes. Sur leur chemin, les *Rangers* font prisonnier un Allemand qui se trouvait dans un champ, à droite du chemin bordé de haies qu'ils parcouraient. L'homme, sans aucune opposition, lève les mains aussitôt qu'il vit les Américains. Alertés par un tir de mitrailleuse, les Américains, qui se questionnaient sur le quoi faire de leur prisonnier, décidèrent de le traîner avec eux dans leurs manœuvres. Ils traversèrent un champ de blé menant aux coups de feu. Depuis la Pointe, on commence alors à leur tirer dessus. Mais, ces tirs ne sont pas dirigés vers eux et ces *Rangers*, qui s'étaient aussitôt mis à terre, se mettent à ramper vers la mitrailleuse. Le groupe décide de se séparer en deux fois deux hommes, pour que le prisonnier soit gardé pendant que, les mains libres, le *Lieutenant* Hill et le *1st Class* Anderson, à huit mètres du chemin de sortie, liquident la mitrailleuse se trouvant désormais devant eux, au-delà de la route. Hill, se levant pour voir nettement la position, hurle : *« Eh fils de p..., tu ne pourras jamais faire mouche avec un tel instrument ! »*. Ces cris retournent alors immédiatement la mitrailleuse contre les *Rangers*. Hill lance une grenade, donnée par Anderson, la mission, stoppant définitivement les mitrailleurs allemands. Cette action sauve probablement la vie aux hommes du *Lieutenant* Lapres qui rejoint quelques minutes plus tard, sortant du chemin de sortie, le Lieutenant Hill. Les quatre hommes de la *Company F*, après leur opération, se chargent de surveiller le chemin de sortie en y longeant prudemment les haies.

Il reste aussi à quatorze hommes de la *Company D*, dont faisait partie le *1st Sergeant* Leonard Lomell et le *Lieutenant* George F. Kerchner, à prendre les canons quatre, cinq et six. Il faut dire que, pour eux, les cartes avaient été rebattues. La *Company* de Lomell ne dispose plus de son chef, le *Captain* Slater, *LCA 860*, mais aussi, d'un de ses chefs de section, le *Lieutenant* Morton L. Mc Bride, car leurs péniches avaient été coulées dans les hautes vagues de la Manche. Lomell fait de son mieux pour continuer la mission, ayant reçu une balle sur le flanc droit. Il réussit, tant bien que mal, à avancer avec ses compagnons vers son objectif. Il n'est pas le seul, de la *Dog Company*, à combattre, ou, au moins, tenter de continuer d'avancer grièvement blessé. Les tireurs isolés visent quiconque relève trop longtemps la tête. Le *Captain* Sammy Baugh, de la *Company E*, reçoit une balle est blessé à la main. Le projectile s'est encastré dans le pistolet qu'il portait dans son holster. La balle, se fichant dans le chargeur, fait détoner les balles de l'arme, déchirant grièvement la main du *Ranger*. Regardant sa main ensanglantée, à l'abri d'un trou d'obus, il vit Sheldon Bare soudain lui apparaître. Baugh affirme que la balle venait d'un sniper. Bare va alors à la rencontre du tireur isolé, mais, dans son action,

Un *Ranger* dans l'un des encuvements détruit. Poteaux télégraphiques à la place des canons. Tout a-t-il été vain ? (Photo US National Archives.)

ne trouvant rien, est touché à l'épaule et doit rebrousser chemin. Traversant le terrain dévasté de La Pointe, Lomell se retrouve un instant dans le cratère où se trouvaient Sheldon Bare et Gilbert Baugh. La blessure de Gilbert Baugh est plutôt impressionnante et Lomell lui indique que lui et ses hommes tentent au mieux de lui envoyer un *Medic*. Mais le *Sergeant* et ses hommes doivent aussi et surtout atteindre les emplacements de canons de 155 mm. Sautant de cratère en cratère, sous le feu nourri des mitrailleuses, des tireurs d'élite allemands, des tirs de mortier, de nombreux *Rangers* tombent. Beaucoup d'Allemands se trouvent à moins de 10 mètres de la batterie n°4, et s'ajoute à cela un canon antiaérien de 37 mm, situé à l'ouest, dont les obus sifflent au-dessus de ceux qui réussissent à se mettre à couvert de son feu meurtrier. Lomell et sa section atteignent, pourtant, au prix de la vie de nombreux hommes, la position N° 4. Mais, l'emplacement ne présente qu'un filet de camouflage dissimulant un poteau télégraphique, là où un canon de 155 mm devait normalement être trouvé et détruit. C'est donc la stupéfaction. Sigurd Sundby, voyant, dans l'emplacement, des câbles, décide toutefois de les couper juste au cas où ils auraient une quelconque utilité. Les hommes décident de se séparer pour atteindre chacun leurs objectifs. Sortant de l'emplacement, Sundby rejoint le Sergeant Richard J. Spleen. Ce dernier avait repéré deux Allemands, qu'il essaie d'abattre de son M1 Garand, mais ceux-ci réussissent pourtant à échapper aux balles américaines pour se cacher dans une tranchée qui menait à une casemate. Convergeant vers les emplacements cinq et six, sous les tirs meurtriers du canon antiaérien de 37 mm, des mitrailleuses et des fusils allemands, les *Rangers* constatent aussi l'absence des canons cinq et six. Il faut donc maintenant trouver le plus rapidement possible les canons susceptibles de tirer sur les plages d'*Omaha* et d'*Utah Beach*. On se demanda chez les *Rangers* si les canons avaient été retirés juste avant le Jour-J. Mais qu'ils sont probablement encore opérationnels et peuvent toujours faire feu sur le littoral, ou, pourquoi pas, dans les terres. Lomell fait remarquer alors à son meilleur ami, le *Sergeant* Jack Kuhn, d'étranges traces de roues partant de la 6e position, mais un peu masquées par l'amoncellement des débris. Les canons disparus peuvent alors, peut-être, se trouver un peu plus en retrait dans l'arrière-pays. Les hommes de la *Company D* prennent le chemin de la grand-route, vers le sud, laissant toutefois à quelques hommes, dont le *Technical Sergeant* Richard G. Spleen, le soin de faire cesser les tirs allemands se dirigeant contre la position six.

En plus de trouver les canons, les *Rangers* devaient établir un barrage sur la route principale. Lorsqu'ils prennent le chemin de la route côtière, suivant les traces de roue, Lomell et ses hommes ne forment plus qu'un groupe de douze *Rangers* sur les vingt-deux que comptait plus tôt sa barge. Il avait fallu se frayer un passage au travers d'un terrain miné tout en progressant sous le feu du canon antiaérien. Sur le chemin, il fallut aussi faire face à de nombreuses casemates dans lesquelles des Allemands s'étaient retranchés. Le *First Sergeant* et ses hommes avancent vers la position, se couvrant dans les trous d'obus. Lomell essaie d'y tirer au bazooka, mais l'engin ne fonctionna pas. Lapres et deux autres *Rangers*, qui venaient de le rejoindre, allèrent vers le flanc droit pour tenter de détruire le canon antiaérien. Dans l'impossibilité d'avoir la position à distance, le *First Sergeant* et ses hommes foncent dessus en hurlant pour en effrayer les défenseurs. De nombreux Allemands répondent à l'attaque tandis que d'autres s'enfuient, parfois non armés, d'autres se rendent. Le groupe poursuit ensuite vers la route côtière.

Mais revenons au PC de la Compagnie. Plus tôt, vers 7 h 45, le *1st Class* William Cruz, de la *D Company*, blessé au bras sur la plage, avait atteint le sommet de la Pointe. Il rejoignit Rudder qui, déjà blessé d'une balle à la cuisse en raison de tirs de la position de DCA, située sur le flanc ouest, avait installé son Poste de Commandement. De nombreux hommes du *Sergeant* Spleen avaient quitté les alentours du PC qui était trop menacé par les tirs. Cruz fut chargé par le *Colonel* de garder le PC. L'emplacement était la cible d'un sniper caché à proximité de la pièce numéro quatre. Cruz, en essayant de faire taire le tireur, accompagné du *Technician Fifth Grade* Gerald A. Eberle, s'attira les foudres du canon antiaérien que Lapres voulait annihiler. Le *First Class* alla à la rencontre de la pièce de DCA pour essayer de la réduire au silence. Sur son chemin, il entre en contact avec un groupe composé du *Sergeant* Richard J. Spleen, de la même compagnie que lui, et de neuf autres hommes. Sous le feu soudain des mortiers et des obus d'artillerie, la totalité des *Rangers* se séparent pour s'abriter dans le cratère de bombe le plus proche. Cruz se cache juste à côté de la position trois. Allant vers la six, en rampant de tunnels en cratères, il y retrouve Spleen et deux autres compagnons. Juste après que les trois *Rangers*, qu'il venait de rencontrer, le quittent en se faufilant dans une tranchée, le *1st Class* reçoit des tirs de mitrailleuses venant de la position de DCA de l'ouest. Il se cache du mieux qu'il peut dans son trou pour sauver sa vie. Catastrophe, des Allemands approchent de sa cache... Mais ils ne le voient pas. Le *Rangers* s'est camouflé sous des morceaux de terre, le visage caché sous son casque. Ne faisant pas le moindre geste, il aperçoit des armes américaines jetées au loin, puis, juste ensuite, un intense tir de mitrailleuses allemandes. Il attend que la situation se calme et que plus personne ne soit dans les parages. Puis, sauvé, il retourne au PC de Rudder. Dans son rapport de la situation au *Lieutenant-Colonel*, il lui dit qu'il était impossible de savoir ce qu'étaient devenus ses camarades. Probablement, ceux-ci avaient été faits prisonniers. Lors de son retour vers le PC, il n'avait pas vu de corps mais constaté un tas d'armes de *Rangers*, des fusils, des mitrailleuses et des pistolets.

Avant de suivre les traces de roues, Lomell avait pris bien soin de disposer ses hommes le long de la route principale sur une distance d'à peu près cent mètres. La partie la plus au sud de la ligne avait été renforcée par le *Sergeant* d'un avant-poste, prêt pour le combat, constitué de Huff, Luning, Johnson, Carty, Fate et Branley ainsi que par le tireur au *FM BAR*, Len Rubin. Le groupe disposait aussi de lance-grenades et d'un bazooka. Il fallait surveiller au mieux l'arrivée des Allemands. Les hommes de Lomell ne sont pas les seuls à avoir pris suffisamment de dispositions pour contrecarrer toute arrivée ennemie. Une cinquantaine de *Rangers*, au total, se trouvent à présent sur la route et, aux environs de **8 heures**, ils ont disposé, de part et d'autre, de nombreux groupes d'hommes. Ces *Rangers*, provenant des trois *Companies*, pensaient recevoir le soutien du *5th Rangers* et des hommes du *116th Infantry* venant d'*Omaha Beach*. Ils n'installent par conséquent aucune défense dans la direction de Vierville. La menace viendrait surtout du sud et de l'ouest, selon eux. Une fois les postes de défense établis, nombre d'entre eux étant constitués à partir de trous creusés par les Allemands le long du sentier, côté nord et bien protégés par les haies, des hommes des *Companies D* et *E* partent en reconnaissance, notamment pour essayer de trouver les canons volatilisés. Lomell, tout aussi préoccupé par les canons manquants, a, depuis le moment où il avait atteint la position de tir numéro six, suivi des traces susceptibles de mener vers les pièces d'artillerie. Cherchant des traces au sol, il s'inscrit dans la plus grande tradition des *Rangers* américains qui, dès le XVIIe siècle, suivaient les empreintes au sol, utilisaient les signes du terrain pour parvenir à leurs objectifs. Arrivé, dans un petit vallon, à environ 250 mètres de la route, Lomell, qui était parti, seulement protégé de son chef de section, Jack Kuhn, aperçoit des installations derrière une haie dans un champ de pommiers. Ce sont les canons ! Au nombre de cinq, les pièces d'artillerie se trouvaient là, stockées en attente, à 1 500 mètres dans l'intérieur des terres. Elles avaient été reculées pour attendre la fin des bombardements. Aucun obus de l'*US Navy*, ni des bombes, n'avaient atteint le champ. Le lieu était vierge de tout cratère. « *Ils sont là* » dit Lomell à Kuhn. Scrutant le terrain, Len s'aperçoit qu'il n'y avait pas âme qui vive mais que, bien caché sous des filets de camouflage, l'ensemble pouvait être déplacé pour le tir, capable de pointer vers *Omaha Beach* et *Utah Beach*. De plus, les canons étaient bien pourvus, puisque des piles de munitions se trouvaient non loin. Lomell aperçoit alors un groupe d'environ 75 à 100 Allemands, à 100 mètres un peu plus loin dans un autre champ. Ils semblaient en train de se préparer à l'attaque. Ils discutent avec un officier qui se trouve dans un véhicule. Certains s'équipent. Les deux *Rangers* doivent donc faire des choix rapides pour mettre les pièces hors d'usage sans se faire voir. Il faut dire que, quelques minutes auparavant, sur leur chemin, Lomell et Kuhn avaient croisé une cinquantaine d'adversaires, à 60 mètres d'eux, qui rejoignaient d'autres de leurs camarades. La campagne était donc fouillée par les Allemands. Ceux-ci auraient pu fondre sur eux à tout moment. « *Jack, tu me couvres, je vais y aller et les détruire* », dit Lomell à son coéquipier qui se charge de lui donner des grenades thermites et de surveiller toute arrivée, pendant que Lomell va mettre hors d'usage les canons. Pour le *1st Sergeant*, il faut faire vite. Un fait rassurant, les canons ne montrent pas de signe d'utilisation. Kuhn confie le matériel adéquat à Lomell afin de les rendre hors d'usage. Il lui donne les deux seules grenades termites dont il disposait. Lomell place un engin par canon au niveau du mécanisme de rotation et les engrenages se mettent immédiatement à fondre. Deux pièces sont alors inutilisables. À l'aide de l'embout du canon de sa *Thompson*, enroulé dans un tissu pour couvrir le bruit, il casse ensuite les systèmes de visée des cinq canons. Les pièces ne peuvent plus servir. Afin de s'assurer que les trois autres canons, où seul le dispositif de pointage avait été détruit, puissent être mis hors d'usage, Lomell et Kuhn partent le long de la route pour récupérer, chez leurs compagnons de la *Company*, toutes les grenades thermites disponibles. Et, de retourner pour anéantir les derniers canons. Tandis que Lomell fait son ouvrage, Kuhn garde l'œil sur les Allemands qui se trouvaient encore à 100 mètres. À **8 h 30**, les cinq canons de 155 mm sont, de ce fait, neutralisés. Quand les deux *Rangers* reviennent auprès des leurs, une immense explosion, près des canons, les souffle à terre. Frank A. Rupinski, de la *Company E*, alors qu'il patrouillait avec ses hommes au sud-ouest de la position, est tombé sur le dépôt de munitions de ces pièces d'artillerie. Décidant de le détruire, il provoque une gigantesque déflagration. Elle projette nos deux hommes au sol. Cependant sans dommage pour eux, ils se relèvent, pensant à un obus tombé sur le dépôt, pour retourner, sans se faire voir, vers la suite de leurs objectifs auprès des hommes de la *Company D*. Non loin des cinq canons, des hommes de la *Easy Company* découvrent le sixième et le détruisent. Afin de prévenir Rudder de la destruction des objectifs, Lomell envoie deux volontaires parmi ses hommes, le *Sergeant* Gordon Luning et le *Private* Harry Fate auprès du *Major*, prenant chacun des chemins séparés. Notons qu'en raison de la transmission difficile entre les hommes qui étaient au-delà de la grand-route, avec le PC de Rudder, toute l'après-midi du 6 juin, leurs communications se font quasiment toutes par des allées et venues à pied entre les deux zones.

Les deux *Rangers*, traversant la Pointe du Hoc, arrivent aux alentours de **9 heures** auprès de Rudder. Le *Lieutenant-Colonel* est dans son PC, installé dans un cratère d'obus, contre une casemate, près d'une position de DCA détruite. Luning avertit d'abord Eikner, qui transmet la bonne nouvelle. La *Company E* envoie aussi des hommes annoncer la destruction des canons. C'est le soulagement pour Rudder. Mais, pour lui comme pour tous ses hommes, il reste encore beaucoup à réaliser. À peu près à ce moment-là, à **9 h 15**, ce 6 juin, la *352. ID* reçoit le rapport suivant du *Grenadier-Regiment 916*: *« devant le* WN 65, *au NE de Saint-Laurent, 60 à 70 barges débarquent des troupes en ce moment même. Aucun rapport reçu de la Pointe du Hoc. La situation devant Grandcamp est sans changement. Les* WN 65–68 *et* 70 *sont occupés par l'ennemi. D'importants nouveaux débarquements ont été observés près des* WN 65 *et* 66. » En ce qui concerne le devenir de l'ensemble des *Rangers* sur la position, de nombreuses indications sont parvenues au compte-gouttes aux Américains. Il en est de même sur le devenir du *5th Rangers*, notamment en raison des émissions radio qui ne fonctionnaient pas correctement. Rudder ne peut pas exercer correctement son commandement. Des *Rangers* lui arrivent, sporadiquement, faisant l'état des forces ennemies sur la position. C'est le cas du *1st Class* William Cruz,

de la *D Company*. Lui parvint aussi le *Captain* Masny, du *LCA 883*, commandant la *Company F*, qui avait accosté à plus de 100 mètres à l'est du lieu de débarquement prévu initialement. Rudder, qui avait été blessé par la position de DCA, mais surtout voyant ses tirs meurtriers s'abattre sur ses hommes, souhaite absolument la faire taire. De plus, si ce canon sert toujours, il aurait pu faire un excellent point de protection dans le cadre d'une contre-attaque ennemie. Otto Masny, de la *Company F*, qui se chargeait d'organiser la défense du PC de Rudder, harcelé par les tirs de la DCA, part, sur ordre de Rudder,

Les *Rangers*, probablement le 8 juin, se trouvent ici en haut de la falaise dans le Poste de Commandement de Rudder, situé en dessous du *Bunker* de la *Flak*, créé par un trou d'obus. Un *SCR 300*, dont l'antenne dépasse nettement, est posé au milieu du PC. Devant la radio, Elmer Vermeer remplit le chargeur de sa Carabine USM1. Un drapeau de la Croix-Rouge a été dressé. En bas du mat, c'est Eikner qui boit à sa gourde. Derrière lui se trouve le *Medic* Frank South. À la gauche d'Eikner est assis le parachutiste Leonard Goodgal, reconnaissable à ses bottes de saut et son insigne de la *101st Airborne*. Juste en bas à droite, le visage bandé, se trouve le Commando britannique Thomas Trevor. Les hommes mangent un peu et récupèrent des combats. Au sol gisent des rations de combat et des boîtes de munitions. Pour Steven J. Zaloga, cette photographie a été prise à D+2, selon Tim Saunders à D+1. (80-G-45721, National Archives.)

avec le plus d'hommes possible, pour définitivement stopper les tirs. Du fait de l'emplacement particulier du canon anti-aérien à l'ouest, il est impossible pour l'artillerie navale de le réduire au silence, comme elle avait pu le faire avec une position de mitrailleuse, dont le repérage avait été effectué par le lieutenant Johnson du *58th Armored Field Artillery Battalion.* Le tir avait permis au destroyer britannique *Talybont* de réduire le nid de mitrailleuses à néant. Concernant la DCA allemande, le *Satterlee* avait tenté, à de nombreuses reprises, de la détruire, mais celle-ci était trop éloignée de la falaise pour permettre un tir plongeant et trop proche du bord pour être atteint par un tir direct. Dans leurs continuels assauts contre l'emplacement, les *Rangers* perdirent entre 20 et 25 hommes. Ils partent à neuf, pour finalement grossir leur force d'attaque, grâce aux hommes rencontrés sur le chemin, dont certains, notamment, du LCA 722. Il s'agissait d'un groupe de mortiers, disposant d'une mitrailleuse calibre .30, retirée d'un des *DUKW* de la plage. Les hommes avancent le long d'un sentier menant tout droit vers la position de DCA. Seulement, alors qu'ils se trouvent non loin du canon allemand, les hommes de Masny étant au sud de l'emplacement de tir numéro six, des tirs de mortiers, de mitrailleuses et de fusils, s'abattent sur eux. Il est donc grand temps de se mettre à couvert et l'ensemble des *Rangers* se disperse. S'ensuivent des échanges de tir. Alors que l'équipe de mortiers américaine est à peine installée, depuis la position de Flak, on peut voir sortir un drapeau blanc. Deux *Rangers* se relèvent de leur cache, croyant à une reddition allemande. Une rafale de mitrailleuse vint instantanément les abattre. Masny qui avait douté de la possible reddition ennemie, resté couché, avait crié trop tard à ses hommes: « *Baissez-vous. À terre les gars !* ». Dans l'intérieur des terres, les forces ennemies installent de l'artillerie qui se met à pilonner de plus en plus les *Rangers.* Le chemin que ces derniers avaient emprunté devenait un immense chaos, forçant à s'extraire des trous d'obus dans lesquels on peut se regrouper. Sur le retour, six *Rangers* sont tués, dont deux par des snipers bien aguerris, alors même qu'ils approchaient, via le sentier, en direction du chemin de sortie, vers le PC de Rudder. Tous les autres survivants rentrent avec des blessures, dont Masny, qui a été touché à l'épaule par un tireur d'élite. Le *1st Class* Fruhling, de la *Company D,* qui l'accompagnait, traînant son lourd *SCR 300,* est secoué par une balle, qui malgré l'avoir atteint au casque, par chance, ne touche pas le crâne. Les deux hommes, tentant de tenir bon, se rendent vite compte qu'ils n'ont plus de quoi se défendre. La *Thompson* de Masny est à bout de munitions et Fruhling n'a plus que deux balles dans son calibre .45. Ils quittent leur trou d'obus dans lequel ils font l'inventaire de leurs munitions, se délestant de la radio, tout en prenant soin d'utiliser les deux balles de Fruhling pour détruire l'appareil, au cas où celui-ci risquerait d'être capturé par les Allemands. Il faut dire qu'un Allemand qui aurait récupéré la radio aurait pu, par exemple, la ramener auprès d'un technicien, pour ensuite que ce dernier voit sur quelle fréquence travaillaient les *Rangers.* De cette manière, il aurait été possible de récupérer les échanges passant sur le réseau radio des hommes de Rudder. Cela ne devait surtout pas être connu des Allemands. Notons aussi qu'un opérateur radio formé pouvait rapidement saisir le fonctionnement du matériel américain. Le SCR 300 comme d'autres combinés pouvait être utilisé par la *Wehrmacht.*

Un *Ranger* sur l'emplacement de Flak occidental avec la pièce de 3,7 cm. (Photo US National Archives.)

Sur leur route vers le P.C., ils rencontrèrent un homme de la *Company F*, le *Staff Sergeant* James E. Fulton. L'homme se reposait à cause du lourd *FM BAR* qu'il avait dû porter toute la matinée. Masny repéra un tireur embusqué dans un arbre. Il demande au *Staff Sergeant* de l'abattre. Alors que celui-ci va s'apprêter à tirer avec son *Browning*, il voit le tireur descendre de son arbre. Quand l'un des *Rangers* sort un casque du cratère à l'aide du canon de sa mitrailleuse, l'Allemand s'apprête à tirer. Ce dernier pense que les *Rangers* sont à court de munitions et comptent bien en profiter pour les descendre en toute facilité. Dans une longue rafale, Fulton stoppe net le sniper, qui tombe immédiatement, et, dans sa chute, tire mécaniquement sa dernière balle en l'air. Les trois *Rangers* retournent ensuite sans encombre au P.C. où se trouve le *Captain* Walter Block. Ils lui font un compte-rendu de la situation. Force est de constater que le canon de 37 mm tirera encore longtemps sur les *Rangers*. Block et d'autres infirmiers ont constitué un poste de secours provisoire, tout comme dans le PC de Rudder. Quand Rudder apprend que les canons ont été détruits, Eikner, qui se trouve auprès de lui, fait la demande, acceptée, de transmettre la nouvelle à l'*US Navy*. Le souci est que les radios, très abimées par la traversée navale et l'assaut de la falaise, sont en bien mauvais état. Dans le cas des *Rangers* de la Pointe du Hoc, il semble peu pensable que l'on se soit affairé, dans les combats, à réparer du matériel radio. Le soldat préférait généralement se délester rapidement d'un poste qui ne fonctionne pas pour en prendre un autre neuf. Un appareil gorgé d'eau, qui aurait eu de rares chances de fonctionner, se trouvait ainsi immédiatement mis de côté. En temps de paix, un appareil tombé dans l'eau de mer pouvait, avec du temps et de la patience, être remis en état. Mais avec la violence et l'envergure des affrontements du 6 juin au matin, l'heure n'était pas à la réparation radio. Eikner avait apporté avec lui un appareil à signaux. Il s'agissait d'une lampe de signalisation *EE-84*. Cette lampe de signalisation optique avait fait ses preuves dès la Première Guerre mondiale pour l'*US Navy*. Elle pouvait servir à la fois dans les unités de transmission et d'artillerie en transmettant en morse les informations. Les signaux pouvaient être blancs ou rouges. Eikner, qui avait récupéré l'*EE-84* en Angleterre, avait commencé à l'utiliser dès 7 h 28 pour communiquer avec l'*USS Satterlee*. Parce que parfois les liaisons radio furent établies, de nombreux tirs navals furent d'une aide précieuse pour les *Rangers*.

Mais des pilonnages leur furent pourtant fatals. Pour des raisons pas encore élucidées, un tir du *HMS Glasgow* vint percuter le PC où se trouvaient Rudder et de nombreux autres *Rangers*. Il s'agissait d'un obus de marquage qui fit exploser une intense poudre jaune. Sa détonation causa la mort du *Captain* Harwood et du *Private* Genther. Rudder, déjà touché à la jambe fut, comme le *Lieutenant* Northon, blessé. Par ce tir tragique, les radios et les hommes chargés des liaisons navales se trouvaient anéantis. Walter Block essaya de soigner Jonathan H Jr Harwood jusqu'au matin du 7 juin, jour où il rendit son dernier souffle. Il avait 25 ans et faisait partie de la *293rd Signal Company*, il s'occupait des liaisons avec l'artillerie. Harwood reçut la *Silver Star* à titre posthume. Les dégâts humains et matériels auraient pu être pires s'il s' était agi d'un obus explosif. De la charge jaune avait couvert le sol du P.C. et Rudder et les survivants se retrouvèrent couverts de cette poudre. Elmer Vermeer, un des spécialistes en démolition de Rudder, qui venait juste d'arriver sur les lieux, eut l'impression que ceux-ci avaient la jaunisse, tant leurs corps avaient viré au jaune. Bill Hoffman se souvint d'un *Ranger* dont la tête avait été tranchée nette par l'obus. Wells, non loin de Harwood, fut aussi blessé. Soigné, il fut évacué le lendemain à bord du *USS Texas*. Il se souvint de son corps, maculé de cette poudre jaune, qui laissait un étrange goût dans la bouche. Eikner maîtrisait le morse et utilisa son appareil de signalisation optique. Il envoya au *USS Satterlee* le message « *Blow 6* », qui signifiait la destruction des canons. En plus, il annonça : « *Located Pointe du Hoc – mission accomplished – need ammunitions and reinforcements – many casualties* ». Eikner envoya aussi un pigeon pour passer les messages. S'envolant, l'oiseau commença à tournoyer, bien en peine au-dessus du PC. Eikner, tirant à côté de l'animal pour l'effrayer, réussit de cette manière à le remettre sur le droit chemin de la flotte d'invasion. Il s'activa de cette manière avec le matériel radio, un SCR 300, un SCR 284, une lampe morse et un pigeon. Aucun message radio ne fut pourtant reçu, le *V Corps Headquarters* ne fit état d'aucune réception. Mais le signal morse oui. Le pigeon, apparemment, quitta la côte pour rejoindre l'Angleterre sans encombre. Les Allemands avaient l'habitude de les abattre. La situation se compliquait pour les *Rangers*. L'*USS Saterlee* répondit aux *Rangers* selon les ordres du *General* Huebner : « *No reinforcements available, all Rangers have landed on Omaha* ». Malgré ses blessures, Rudder continuait à diriger ses hommes. Il essayait aussi de rassurer les plus blessés. Parmi les hommes touchés se trouvait le *Lieutenant-Colonel* Trevor, les *1st Class* Anderson et Fruhling ou encore le *Captain* Masny. De plus, aucun contact entre les *Rangers* et le *116th Infantry* sur *Omaha Beach* n'avait été établi, laissant supposer le pire. À 15 heures, les forces de Canham répondirent uniquement pour indiquer que le message des *Rangers* était passé, mais de manière incompréhensible. Enfin, des contre-attaques allemandes ne vont pas tarder à arriver dans l'après-midi et il faudra tenir la position, en attendant l'arrivée des renforts. Au loin de la grand-route, on peut entendre des forces ennemies se déplacer, parfois se regrouper... Et se préparer au combat.

Emblème de manche en tissu des *Rangers*. (Coll. privée.)

12

Les Task Force B et C sur Omaha Beach, "Rangers menez la voie !"

Alors que la *Task Force A*, composée de 225 hommes, avait pour mission de prendre les falaises escarpées de la Pointe du Hoc, les *Task Force B* et *C* étaient censées arriver au plus vite pour faire front commun devant les contre-attaques allemandes. Ainsi, tandis que Rudder et ses hommes combattaient sur la Pointe du Hoc, d'autres *Rangers* se voyaient confier, comme prévu, la mission périlleuse de les soutenir. La *Task Force B* se composait de 69 hommes du *2nd Ranger Battalion*, *Company C*, commandés par le *Captain* Ralph E. Goranson. La *Task Force C* se composait des *Companies A* et *B* du *2nd Battalion* et de tous les hommes du *5th Battalion.* Notons que s'étaient joints à la *Force C* des journalistes, avec notamment le *Lieutenant* G.

Petit aperçu de la force d'invasion, le 6 juin au large d'*Omaha Beach*. La photographie a été prise à bord de l'*USS Ancon (AGC-4)*. Des ballons de barrages, gonflés à l'hélium, ont été placés, servant à empêcher les avions ennemis d'approcher, à basse altitude, des navires alliés. (Normandy Invasion, June 1944 80-G-231248, National Archives.)

K. Hodenfield, correspondant pour le *Stars and Stripes* et un photographe de l'armée de terre, le *Lieutenant* Amos Potts. Le *Stars and Stripes*, était un quotidien fondé en 1861 durant la Guerre de Sécession, publié pour les forces armées des États-Unis. Il est encore édité de nos jours. Ces deux journalistes avaient rejoint le *Provisional Ranger Group*, qui faisait partie de la *Task Force C*. Les *Rangers* de la *Task Force C* embarquèrent dans leurs *LCAs* alors que les *Companies C, D* et *F* étaient déjà parties. Cette *Force* était sous le commandement du très admiré *Lieutenant-Colonel* Max F. Schneider, du *5th Ranger*. Il devait faire patienter ses hommes à bord des chalands, qui effectuèrent des cercles, en double colonne, à bonne distance de la côte, dans l'attente des nouvelles de la *Task Force A* de Rudder. Si celui-ci annonçait que ses hommes avaient réussi l'escalade des falaises, la *Task Force C*, 18 *LCAs*, pouvait le rejoindre en renfort. Schneider devait normalement apporter son aide 30 minutes après la première vague de *Rangers*, sur la Pointe du Hoc. Sans nouvelles de la *Task Force A*, il aurait fallu se reporter sur *Omaha Beach*. La mer faisait tanguer dangereusement les embarcations des *Rangers*, forçant beaucoup à - tout comme avait pu le faire la *Force A* plus tôt - écoper l'eau de mer avec les casques. À H+30 minutes, la *Task Force C* avait reçu le code «*Crowbar*», en français «*pied-de-biche*», qui indiquait le fait que les *Rangers* avaient débarqué sur la plage de la Pointe du Hoc. Mais rien n'avait signalé qu'ils étaient parvenus à arriver en haut des falaises. L'impatience était donc palpable et le *Commander* Stratford Dennis, de la *Royal Navy*, à bord du *Prince Charles*, après avoir patienté quinze minutes au-delà du temps imparti, prit la lourde décision d'envoyer les hommes de Schneider sur *Omaha Beach*, secteur *Dog Green*. Il faut dire qu'à bord d'un des *LCAs* de la *Task Force C*, on avait essayé, à l'aide d'un *SCR-284*, de contacter les *Rangers* de Rudder. Tout comme le *Commander* Dennis, qui n'eut aucun contact avec la Pointe du Hoc.

Au fur et à mesure que les embarcations arrivèrent sur *Omaha Beach*, prises dans les remous de la Manche, les *Rangers* subirent des tirs de mitrailleuses de plus en plus forts. Ils allaient arriver juste sur les talons du *1st Battalion* du *116th IR*. Quand les péniches des *Companies A* et *B* arrivèrent sur le secteur *Dog Green*, l'une d'elles, le *LCA 421*, transportant le *2nd Platoon* de la *Companie B*, vint toucher une mine et, dans l'explosion, tua le marin chargé de l'abaissement de la rampe de débarquement. L'incident força les 34 *Rangers* embarqués à rejoindre le rivage à la nage avec leur lourd équipement. S'extrayant de leur mortelle embarcation, celle-ci coulant lentement, ils commencèrent à se faire tirer dessus par des mitrailleuses et fusils allemands. On sortait en hâte de la barge, la peur au ventre, dans le sifflement des balles qui passaient au ras du crâne. Certaines traversaient ou se fichaient dans le paquetage. C'est à **7 h 52** que les *LCAs* atteignirent le sable. Deux embarcations amenaient la *Company B* du *2nd Ranger Battalion* d'Arnold. Trois *LCAs* amenaient la *Company A* du *2nd Ranger Battalion* de Rafferty. Schneider arriva sur la plage avec quatorze *LCAs* pour son *5th Ranger Battalion*. Pour les *Rangers* qui posèrent le pied sur le sable ce matin-là... ce fut une vision d'horreur ! La plage était jonchée de corps sans vie des hommes des *116th IR*. Certains avaient réussi à se protéger tant bien que mal sur la longue bande de sable qui menait à des rochers. Pour le *116th*, *Omaha Beach* avait été, et continua d'être, une véritable hécatombe. Le journal de marche du *116ᵉ RI*, que cite Paul Carrel dans *Ils arrivent*, décrit bien tout le tragique du débarquement de ce régiment. On peut lire ainsi : « *l'ennemi avait attendu l'instant propice. Tous nos bateaux tombèrent à la fois sous les feux croisés de ses armes automatiques. Ceux des hommes qui, instinctivement, sautèrent à l'eau pour s'y soustraire, coulèrent à pic. Il fut impossible de réussir à maintenir l'ordre. Chacun ne souhaitait plus que de parvenir au rivage, et ne voyait d'autre issue, pour échapper au tir, étroitement concentré sur les navires, que de se jeter à l'eau et de gagner la côte à la nage. Mais leur équipement était trop lourd. Quelques-uns réussirent pourtant à se maintenir à flot. Beaucoup furent blessés et se noyèrent. Rares furent ceux qui atteignirent le rivage. La situation y était également intenable, ils refluèrent vers la mer, et s'y allongèrent à plat ventre, ne laissant passer que leurs têtes. Puis ils avancèrent en rampant à mesure que la marée monta. Les défenses accessoires de l'ennemi leur tinrent lieu de couvert et ce fut sous leur protection qu'ils parvinrent à gagner le sable sec. Dans l'espace de dix minutes, la Compagnie A se trouva décimée. Au bout de vingt minutes, elle n'était plus qu'une infime poignée d'individus obstinés à survivre et cherchant avant tout leur salut. Tous ses officiers et sous-officiers étaient tombés* ». À l'inverse de la Pointe du Hoc, les soldats allemands attendirent que les hommes du *116th* aient atteint le rivage pour commencer à tirer. Dans le *LCA 1038*, le *Lieutenant* Sidney A. Salomon s'était d'ailleurs étonné de cela. À moins d'un kilomètre de la plage, ne voyant pas de tirs venir, il supposa même que la *Wehrmacht*, devant les tirs pré-débarquement, s'était repliée dans les terres, abandonnant les fortifications littorales.

Arrivés sur la plage, il fallait à présent, pour chacun des *Rangers*, réussir à la traverser sous un déluge de feu. Les *WN 70, 71, 72, 73* et *74* mitraillaient quiconque osait parcourir l'étendue. On essayait de se protéger derrière les obstacles de plage des tirs de fusil et de mitrailleuse. Alors que la péniche du *First Platoon* de la *Company B* arrivait pourtant sans dommage sur le sable, le *1st Lieutenant* Robert Moffatt Brice, de 22 ans, demanda d'abaisser la rampe de sortie. Il cria « *Let's Go !* » mais, instantanément, une rafale de mitrailleuse le faucha net. Dans son excellent *Les rangers à la pointe du Hoc*, Ronald Lane nous raconte les instants tragiques qu'ont pu vivre de nombreux *Rangers* qui tentèrent l'impossible sur la plage : « *Le* Master Sergeant *Robert N. Lemin, le* Sergeant Major *du bataillon, réussit à s'arracher de l'eau et à atteindre le sol français avant que le tir des mitrailleuses ne le fauche. Le 1ʳᵉ classe Henri S. Farrar, un des membres du personnel du P.C,. avait prédit que ce serait son dernier jour. Les balles allemandes atteignirent leur cible et confirmèrent sa prémonition. [...] Le Technician de 5ᵉ grade Olander fut blessé au bras ; les balles lui fracassèrent les os et lui arrachèrent presque le bras. Il réussit à se protéger derrière les rochers où un infirmier* Ranger *lui posa un garrot, mais il mourut sur place. Le* Staff Sergeant *Michael Vetovich* [21 ans], *entouré d'hommes mortellement touchés, réussit quant à lui à passer au travers. Les cadavres jonchaient la plage ; il s'en servit comme de boucliers, évitant les*

projectiles ennemis qui cherchaient à l'atteindre. Peu après, à bout de souffle, il tomba à genoux puis progressa vers les rochers. Il jeta un coup d'œil derrière lui pour voir comment ses hommes s'en tiraient, puis il releva la tête pour regarder ce qui lui faisait face au-delà des rochers. [...] Le 1re classe Floyd D. Whicker reçut aux genoux une rafale de mitrailleuse, mais put néanmoins continuer [...] Le 1re classe William P. MacWhirter et le soldat Frank J Kosina s'affairaient à mettre en batterie leur mortier, lorsqu'ils reçurent un coup au but les tuant tous les deux. Tout près d'eux, le 1re classe Charles L. Davis, de la compagnie B, fut tué net par l'éclat d'un obus de mortier qui transperça son casque». Chacun essayait de faire de son mieux pour atteindre les rochers qui se trouvaient au bout de la plage et surtout sauver sa vie. Les officiers payèrent un lourd tribut ce matin-là. Parmi eux, le commandant de la *Company A*, le *Captain* Joe A. Rafferty, alors qu'il était le premier à sortir de la péniche. Il essaya de s'extraire de l'eau mais, une fois arrivé sur le sable, fut parmi ceux qui revinrent vers les flots afin de se protéger tant la plage était parcourue par les tirs. Le *Captain* hurla à ses hommes d'avancer. *« Pour l'amour de Dieu les gars ! Fichez le camp de cette plage ! »* leur dit-il. Touché à la jambe, il continua à haranguer ses *Rangers*: *« Vite ! Vite ! Vite où tout le monde va se faire tuer ! »* Il reçut alors un second tir, mais cette fois-ci fatal. Un des *Rangers*, Lambert, trop occupé à soutenir ses compagnons, vit le corps sans vie de Rafferty se faire happer par les vagues. Le décès du *Captain* fit passer le *Lieutenant* Bob Edlin au commandement de la *Company*. Traversant la plage, il fut la cible des mitrailleuses allemandes et reçut une balle dans chaque jambe. Il s'écroula net sous la violence du choc. Une des jambes était sérieusement déchiquetée. Il fit tomber sa *Carabine M1* à terre. Bill Klaus attrapa le *Lieutenant* par son *haversack* pour le tirer à l'abri des tirs. Les autres continuaient de tenter la traversée. Edlin demanda au *S/Sgt.* Ted James de prendre avec lui le *T/Sgt.* John White pour, au départ du bout de la plage, avancer dans les terres. Sous un déluge de balles, les *Medics*, comme Randall R. Pinker, de la compagnie de commandement, faisaient de leur mieux pour maintenir en vie les hommes gravement blessés. Pour les opérateurs radio, il fallait avancer sur le sable avec leur lourd matériel. Parmi eux, Gerard C. Rotthof, *Company A*. Après avoir reçu des éclats d'explosif au visage et une balle dans le dos, qui lui arracha une partie d'un rein, il réussit pourtant à traverser la plage. Pour cela, il s'aida des différents obstacles présents pour terminer inconscient vers les rochers. Sur la plage, il avait essayé en vain de trouver son assistant radio. C'est en la parcourant qu'il reçut les tirs ennemis. Plaqué au sol par les coups qu'il venait de recevoir, son matériel était devenu trop lourd à porter (un *SCR 284*). Il dut sa survie au *1st Class* Robert H Cooley, de la même *Company* que Rotthof, qui le rejoignit et le déchargea de son matériel. Cooley put ainsi atteindre le bas de la falaise où le *Captain* Wilkin lui demanda de le rejoindre. Lui hurlant qu'il était blessé, Rotthof s'évanouit. Il fut évacué plus tard. Il se souvint que, sur la table d'opération, on avait dit: *« Je*

Ci-dessous : *LCM*, *LCI(L)* et *LCT* à l'approche d'*Omaha Beach*, le 6 juin, non loin du secteur des *Rangers*. (SC-189988, National Archives.)

Troupes à l'approche d'*Omaha*, le 6 juin. (SC 190257National Archives.)

ne sais vraiment pas quoi faire de ce gars ! ». Il fut rapatrié dans un hôpital de Caroline du Nord. Pendant ses soins, par deux fois, on lui donna les derniers sacrements et il se remit très difficilement de ses blessures.

Dans certaines péniches, on fit le choix de débarquer les hommes à plusieurs mètres de la plage afin d'éviter toute collision avec les mines. C'est ce que l'on opéra notamment dans l'un des *LCA*s de la *Company A*, qui ouvrit sa rampe à 70 mètres du sable. Parmi les *Rangers*, il fallait ensuite rejoindre le rivage, avec de l'eau jusqu'à la ceinture. Certains, en courant dans les vagues, se faisaient toucher quand d'autres plongeaient tout entiers pour espérer ne pas se faire voir. Edgar Arnold, courant vers son objectif, commandant la *Company B*, fut projeté sur le sable, probablement par un obus de mortier. La violence de l'explosion lui arracha sa carabine des mains et il retomba au sol, mais, sans blessure. Le *Lieutenant* Robert Edlin fut touché sur la plage par une rafale aux jambes. Dans l'ouvrage *Omaha Beach* de Joseph Balkoski, on peut y découvrir le témoignage du *Lieutenant*. *« Le Sergeant [William V. « Bill » Klaus], un de mes sous-officiers, était en train de me montrer des photos de sa femme et de ses enfants pendant qu'on naviguait vers la plage. Il a été touché près du bord du rivage et j'ai senti qu'il allait s'abandonner quand je lui ai rappelé notre conversation. Je l'ai placé en sûreté. Un autre gars avait été frappé à la colonne vertébrale. J'ai rampé jusqu'à lui. Il sanglotait. Il m'a dit, "Je ne suis pas en train de glander, mon lieutenant, mes jambes ne veulent pas bouger. Aidez-moi à me mettre debout, que je bute un de ces salopards !"* ». Un peu plus loin, l'auteur nous transmet le témoignage du *Captain* John Raaen : *« les vagues nous secouaient, poussant de droite et de gauche le bateau, qui sautait, roulait et percutait les obstacles allemands. À un moment, nous sommes retombés sur un pieu surmonté d'une* Tellermine. *"Pas de chance. Maintenant c'est foutu !" Mais une autre lame nous a saisis nous rejetant vers la gauche.* [...] *Soudain, le pilote a lancé son moteur et on a touché la plage brusquement.* [...] *Des obus explosaient au bord de l'eau, mais on ne prenait que des tirs de petit calibre venant de la droite.* ». Bien souvent, pour supporter la douleur des blessures, on usait de la morphine comme il en fut administré à Klaus. Sur les 65 hommes et officiers que comptaient chacune des deux *Companies* du *2nd Battalion*, 35 de la *Company A* et 27 de la *Company B* parvinrent à arriver sains et saufs jusqu'aux rochers de la plage. Pour beaucoup d'entre eux, il s'agissait du premier jour de combat de leur vie. Des 27 hommes alignés par la *Company B*, soit 2 officiers et 25 hommes, le *1st Platoon*, sous les ordres du *Captain* Edgar Arnold, l'objectif était de prendre le *WN 71*, situé à l'est de Vierville. Pourtant, malgré l'aide d'un *Platoon* de *DD Tanks* du *743rd Tank Battalion*, les hommes durent rejoindre la plage sans succès.

L'arrivée des hommes du *Lieutenant-Colonel* Schneider sur *Omaha Beach* fut bien différente. Au large, de son embarcation, apercevant les *Rangers* des *Companies A* et *B* dans une situation dramatique, il ordonna à sa flottille, la *507th*, de débarquer plus à l'est. Celle de la *501st*, dépendait au *Lieutenant* J. Mc A. F. Cassidy. Sous les indications de Schneider, Cassidy vira ses péniches dans la même direction que celles de Schneider. Les cinq chalands du *5th* virèrent à l'est sur *Dog Green*, direction le secteur *Dog White*. Le *Lieutenant-Colonel* dérouta ainsi quatorze embarcations. De ce choix de Schneider, sur le changement de direction, allait découler la survie de nombreux hommes. Les barreurs des *LCAs*, de jeunes marins britanniques, se guidaient et pouvaient se suivre en utilisant des signaux manuels. Il fallait, une fois l'ordre donné, se diriger vers la plage, atteindre le sable sans toucher les mines *Teller* et tout cela sous un orage de balles. Le *Sergeant* Herbert Epstein, qui se trouvait dans le bateau de tête, se souvint

***Sherman DD (Dupleix Drive)* en Angleterre.** (MH 3660, IWM.)

toute sa vie à quel point, lui et bon nombre de ses camarades durent leur salut à ce choix stratégique de Schneider. Le *Lieutenant-Colonel* incarnerait pour lui, à tout jamais, la figure de l'héroïsme. À 900 mètres plus à l'est, la plage devenait un terrain moins ceinturé par les tireurs allemands. Sur les 450 hommes de Schneider, cinq perdirent la vie. Il est fort probable qu'un débarquement, comme prévu initialement, aurait été le théâtre d'un carnage. Le *5th Rangers* débarqua vers **7 h 50** sur *Dog White*. Tout comme sur le secteur *Dog Green*, la plage était parcourue d'obstacles de plage très utiles pour se mettre à couvert dans une zone ratissée par les rafales. Dans le passionnant *Voices of D-Day*, de Ronald J. Drez, nous pouvons y lire ce témoignage de John Raaen, du *5th Rangers*: *« Le Jour-J, j'étais sur le* Baudouin. *Nous avons été chargés dans des bateaux puis descendus en mer [...] Nous avons fait des cercles dans l'eau et nous nous sommes séparés des navires, puis nous avons entendu le* Captain *crier à l'aide de son porte-voix: "God bless you, rangers, and good luck!" Nous avons créé une formation puis nous nous sommes dirigés vers la côte. Soudain, nous avons entendu cette énorme explosion. Sullivan et moi avons sauté pour voir par-dessus bord. Un quartier-maître britannique a dit: "Messieurs; C'est le cuirassé Texas". On pouvait entendre les obus fendre l'air, et plus tard voir les embrasements sur ce qui, jusque-là, était une série de collines pas très précises à l'œil émergeant de l'eau. Pendant toute la durée de l'approche, nous avons tous gardé la tête baissée. Sullivan jeta probablement des coups d'œil. Le barreur se tenait sur son pont bien plus exposé, mais peu importe comment, les équipes britanniques nous ont conduit et débarqué sur les plages. Sullivan fut le premier sorti, je fus le second. J'ai foncé sur la plage où les balles arrivaient de toutes parts. Les hommes étaient blottis contre un mur [...] Quand nous, les* Rangers, *sommes arrivés, il n'y avait pas de place contre la digue. J'ai regardé derrière moi la plage et j'ai vu*

L'*USS Texas*, le 24 octobre 1944. (80-G-286091, National Archives.)

des hommes allongés partout, morts et en train de mourir. Certains étaient dans l'eau, cachés derrière des obstacles de plage. Les chars DD offraient une protection contre les terribles tirs d'armes légères que nous recevions de la droite. Le dernier homme à sortir de notre bateau était le père Joseph Lacey (...) Il est resté au bord de l'eau, à tirer les hommes qui mouraient pour qu'ils puissent peut-être tenir plus longtemps. Il soignait les blessés et leur disait les derniers sacrements. Un vrai héros. » Le terrain offrait un avantage au *5th Rangers*. Tous les 15 mètres, se trouvaient des brise-lames perpendiculaires à une digue en bois qui se trouve à la hauteur de l'eau. Ces boisseaux, construits à l'origine par les Normands pour éviter l'érosion du littoral, permirent aux soldats de se protéger et de préparer leur arrivée sur la plage.

En avançant sur le sable, les *Rangers* se trouvèrent au contact des hommes de la *29th Division, 116th Infantry*, arrivés plus tôt. La *29th*, dite *Blue and Gray* en raison de son insigne d'épaule, participa activement aux côtés de la *1st Infantry Division* au débarquement d'*Omaha Beach*. Notons que dans cette division était disséminés des hommes du *29th Ranger Battalion.* Ce troisième élément des Rangers du D-Day est peu connu. Il avait été mis en place le 20 décembre 1942 à partir, surtout, de volontaires de la *29th Division.* De février à mars 1943, ces hommes avaient suivi le stage commando d'Achnaccary. Ils participèrent à des raids en Norvège. En septembre 1943, ils améliorèrent leur entraînement à Dorlin House, dans les Highlands, en Écosse. Le même mois, certains effectuèrent un assaut sur l'île d'Ouessant, en Bretagne, contre une station radar allemande. Le 18 octobre 1943, le bataillon fut finalement dissous, avec ordre pour les *Rangers* de réintégrer leur unité originelle. C'est de ce fait que, lors du débarquement allié, on trouvait de nombreux anciens *Rangers* dans la *29th Division.* Traversant *Dog White*, les hommes du *116th Infantry* et du *5th Ranger* se retrouvaient de plus en plus nombreux à l'abri de la digue. C'est là que Schneider y rencontra le *General* Norman Cota. En quatre heures de combat sur le secteur d'*Omaha Beach*, qui faisait environ six kilomètres de long, 3 000 hommes jonchaient le sol, morts ou blessés gravement. À **8 h 30**, le *V Corps* avait publié un compte rendu, que lut Bradley. Il en fut très sûrement choqué. Il y était indiqué l'immensité des pertes, l'agglomération de ses pauvres soldats, encore en vie, sur une très fine bande de terre, bloqués par des champs de mines, des défenses et des tirs ennemis dévastateurs. Le même compte rendu indiquait que des hommes appartenant à la *716e division d'infanterie allemande* et la *352e* avaient été repérés. À l'abri de la digue, Cota vint à la rencontre des hommes du *Colonel* Schneider. Il leur dit alors : « *Vous êtes des* Rangers *!* ». Puis il continua : « *Je sais que vous ne me laisserez pas tomber!* ». Cota rejoignit ensuite Schneider qui se mit au garde-à-vous en le voyant. Le *General* répondit à son geste par un salut. Il lui dit : « *Vous êtes le Colonel Schneider des* Rangers *?* » Oui, lui répondit ce dernier. « *Bien Schneider vous allez montrer l'exemple. On est foutu si on s'enlise ici. Il faut sortir les hommes de cette foutue plage* ». Cota hurla alors aux hommes qui l'entouraient : « Rangers *lead the way!* » soit « Rangers *menez la voie!* » Le *Corporal* Tom Herring, *Company C* du *5th Ranger Battalion*, se souvint bien du *General* ce matin-là. L'explosion d'un obus, alors qu'il s'avançait vers Schneider, le força à se plaquer au sol. Alors qu'Herring cherchait du feu pour allumer la cigarette du *1st Class* William Stump, plaqué contre lui, et de sa *Company*, Stump tapa sur l'épaule d'un camarade qui se trouvait juste là et lui demanda : « *Hé, mon pote, t'as du feu ?* » Il s'agissait en fait du *General* Cota. Stump, confus, lui fit alors ses plus plates excuses. Cota prit alors de suite son *Zippo* et alluma la cigarette en lui disant : « *Pas de souci mon garçon, on est tous dans la même galère.* » À partir des digues, où les hommes du *5th Rangers*, qui avaient réussi globalement à se regrouper, devaient à présent continuer leur avancée en s'enfonçant dans les terres.

À approximativement **9 heures**, le *5th Rangers* réussit à atteindre, au prix d'âpres combats, le haut des falaises à l'est du *Stützpunk* de Vierville. Il y a une demie-heure de cela, il s'était formé, avec la *Company C* du *116th RCT*, pour avancer sur les falaises qui étaient en diagonale juste à leur droite. Leur ascension se déroula dans des affrontements violents opposant les Américains à de nombreux mitrailleurs et aux tireurs embusqués. On leur refusait tout passage. Les hommes de Schneider furent grandement gênés par l'épaisse fumée qui couvrait le terrain. Certains usèrent des masques à gaz. Sur

Le *Lieutenant General* Bradley, ici à gauche, en juillet 1944 à Cherbourg. À sa gauche se trouve le *Major General* J. Lawton Collins, *Commanding General* du *Seventh Corps.* (SC 191143, National Archives.)

Sherman DD **en Normandie, en juin.** (United States Marine Corps Robert Bare Collection.)

les hauteurs, la fumée était absente. Les *Rangers* étaient suivis du *116th RCT*, dont l'objectif initial était de prendre Vierville, que le *5th Rangers* devait aussi contrôler pour se diriger ensuite vers la Pointe du Hoc. Sur le chemin, les champs de mines étaient un obstacle en plus, mais les Allemands, ayant oublié d'en retirer les panneaux de mise en garde, il était possible de les éviter. Le *Captain* George Whittington, à la tête de la *Company B* du *5th Ranger Battalion*, fut parmi les premiers à atteindre les hauteurs. Dans ses combats, un Allemand se posta devant lui hurlant *«Bitte, Bitte!»*, en français *«S'il vous plaît, s'il vous plaît!»*. Whittington mitrailla à mort le *Landser*. Carl Weast, jusque là, se demanda ce que voulait bien dire *«Bitte»*. Quelques instants après s'être rassemblés, les hommes de Schneider, et des hommes venant de la *Company C* du *116th Infantry*, qui avaient survécu, furent rejoints par les autres *Rangers* de la *Task Force C*, *Companies A* et *B* du *2nd Ranger*. Les deux *Companies* du *2nd Ranger Battalion*, dans leur avancée, avaient été touchées par une très forte résistance. Les Allemands ne lâchaient rien. Les armes à feu et les grenades furent très utilisées dans les combats pour prendre les positions adverses. Ils furent soutenus par un petit groupe du *116th Infantry*. Ce furent les *Rangers* William E. Breher, *Pfc 1st Platoon Messenger* et le *Staff Sergeant* William J. Courtney qui furent les premiers à atteindre le haut de la falaise. À 7 h 45, les *Rangers* s'étaient décidés, sous les ordres du *Captain* Arnold, à quitter le contre-bas de la digue. Y rester n'aurait protégé que peu de temps les soldats. Avancer en franchissant la route juste après la digue, leur permettait de ne plus être des cibles faciles et de, non sans mal, pouvoir abattre les Allemands embusqués tout en fonçant sur leurs objectifs. Les *DD Tanks*, comme pour les hommes du *5th Battalion*, furent bien utiles afin de détruire plus sûrement les nids de mitrailleuses. Au loin, l'USS *Texas* pilonnait la côte, favorisant des feux de broussailles.

Sur les hauteurs de la colline, à l'est du *Stützpunkt* de Vierville, pour les hommes exténués de la *Task Force C* qui avaient pu se rassembler, une vue surplombant une partie d'*Omaha Beach*

Soldat américain mort auprès d'un obstacle de plage d'*Omaha Beach*. (26-G-2397, National Archives.)

s'offrait désormais à eux. Le secteur était maîtrisé mais il leur restait encore tant à réaliser. Tout au long de l'assaut de la *Task Force C*, les hommes de Goranson, *Task Force B*, avaient dû aussi faire face à la dévastation dans un violent débarquement. Le *General* Cota atteint quant à lui le sommet des falaises de *Dog White* à **10 heures**. C'est à partir de là qu'il put rejoindre les *Rangers* ainsi que tous les hommes du *Captain* Hawks de la *Company C*. Deux heures et demie plus tard, Cota rejoindrait le secteur *Dog Green* et le *WN 72* en compagnie d'hommes du *116th RCT*. Dans la *Task Force C* se trouvait la *Force B*. Elle était composée de la *Company C* du *2nd Ranger Batallion* affichant un total de 69 hommes sous le commandement du *Captain* Ralph E. Goranson.

Leur traversée se fit à bord du *LSI(S)-1 Prince Charles*. Ce navire, à l'origine un ferry lancé par le gouvernement belge en 1930 pour des traversées de la Manche, avait été réquisitionné par la *Royal Navy* afin d'en faire un *Landing Ship Infantry*. Le 6 juin, ce navire et ses quasiment 3 000 tonnes sur 110 mètres de long, transportait 8 *LCAs*. Le *HMS* avait opéré dans le cadre des Opérations *Archery* et *Jubilee* et à présent transportait les hommes de Goranson vers le Secteur *Dog Green* d'*Omaha*. La *Company C* prit place dans les péniches vers 4 heures du matin pour quitter le *Prince Charles* à 4 h 27. Pour Goranson et ses hommes, un objectif important leur était confié, en ce matin du 6 juin. À H+3 quand ils auraient touché le sol de Normandie, ils devaient retrouver la *Company A* du *116th Infantry*, qui devait prendre Vierville. En cas d'échec de ces derniers, la *Company C* se voyait dans l'obligation d'escalader les falaises de la Pointe de la Percée via la plage, donc le flanc ouest du secteur *Dog Green*, pour y détruire de nombreuses positions ennemies. Il fallait absolument priver les Allemands, sur ce point stratégique, de pouvoir faire feu sur *Omaha Beach*. Lors de leur traversée de la Manche, Rudder leur avait souligné, à bord du *Prince Charles*, qu'ils seraient «*les premiers* Rangers *à poser pied sur la terre de France*». Puis il avait ajouté: «*Ne craignez rien, vous ne serez pas seuls, tandis que les* Companies D, E *et* F *s'occuperont de la Pointe du Hoc, nous débarquerons pour vous aider à prendre vos objectifs. Bonne chance et que Dieu soit avec vous!*». Pour les aider, ces *Rangers* disposaient, non seulement du soutien des *destroyers* de l'*US Navy*, mais aussi et surtout, ils étaient épaulés par un *Platoon* de *Tanks* amphibies qui

L'un des bunkers de Vierville, *WN 72*, après les combats. (Conseil Régional de Basse-Normandie / National Archives USA.)

tireraient dès leur arrivée sur la plage. Les *Duplex Drive* tanks amphibies appartenaient au *743th Tank Battalion*. Peu des *Tanks* amphibies atteignirent le rivage car ils furent mis à l'eau trop rapidement et par conséquent restèrent enfoncés en bord de mer, ou pire coulèrent. La *Task Force B* utilisait deux péniches. Le *LCA 418* était sous la tutelle du *Lieutenant* Bill Moody, *1st Platoon* et le *LCA 1038* était dirigé par le *Lieutenant* Sidney Salomon, *2nd Plattoon*. Ralph E. Goranson se trouvait avec les hommes de la *1st Section*. La *Task Force* de Goranson devait se porter sur le secteur *Charlie*. Les *Rangers* de Goranson avaient embarqué dans leurs deux péniches à 4 heures du matin et rejoint l'*Empire Javelin* où elles avaient rejoint les hommes du *116th IR*, *Company A*. À un peu plus de seize kilomètres du rivage, l'ensemble, une fois formé, se porta ensuite sur *Omaha Beach*. Le secteur *Charlie* était le plus à l'est de la plage d'*Omaha*. Il s'étendait de la sortie de la petite commune de Vierville jusqu'à la Pointe du Hoc. Ce matin-là, le radar Le Guay était le *WN 74*, tandis que les falaises faisaient partie du *WN 73*. Les hauteurs étaient défendues par une compagnie de grenadiers, la *11./726*. Du 6 au 7 juin, son Poste de Commandement se situait dans Vierville, non loin de l'église, au manoir de Than. Cette importante bâtisse, qui accueillait aussi la *Kommandantur* locale, fut négligée par les *Rangers* et ceux du *116th IR*, probablement de par les trop nombreux autres objectifs qu'ils s'étaient fixés. La structure, qui avait été réquisitionnée en septembre 1943, fut ravagée le 7 juin 1944, non par l'artillerie mais très sûrement par un incendie des Américains pour en dégager une éventuelle menace, comme ils leur fut parfois l'occasion de réaliser. Lorsque le manoir fut pris, de nombreux Allemands furent capturés par des soldats de la *Company B* du *116th* du *Lt.* Taylor. La structure fut ensuite rasée et ses matériaux utilisés en septembre 1944 par les Alliés pour construire des routes. Les propriétaires étaient alors sur Paris à ce moment. Le manoir de Than ne fut jamais reconstruit.

Les péniches américaines approchèrent des côtes dans un vacarme assourdissant. Le *Captain* Goranson dira plus tard que la *Company C* rassembla les meilleurs hommes du *2nd Ranger Battalion*, tous aussi brillants que les marins de la *Royal Navy*. Il faut dire que ses embarcations furent déposées à l'heure exacte. N'ayant pas de nouvelles de Rudder, il devait donc soutenir les hommes du *116 IR* sur Vierville. Les chalands

***LCT* transportant des blessés des combats de normandie.** (Conseil Régional de Basse-Normandie / National Archives USA.)

avancèrent vers la plage alors que le jour n'était pas encore levé. Les barges le firent conjointement avec les cinq *LCAs* de la *Company A* du *116th Infantry*, sous les ordres du *Captain* Taylor Fellers, et les *LCT(A)s* du *743rd Tank Battalion*. Pour beaucoup, la traversée se fit debout, entassés tant la place manquait à bord des péniches. Certains restaient aussi levés pour admirer le spectacle assourdissant de l'artillerie navale pilonnant la côte. Il y avait aussi les impressionnants tirs de roquettes. Pourtant, les tirs de roquettes eurent, tragiquement, que de trop faibles résultats sur les forces adverses. Les charges tombaient en mer et les tirs de la *Navy* n'atteignirent pas assez leurs cibles, allant trop loin dans les terres. Sur *Omaha Beach*, l'impact des bombardements ratés du matin eut des conséquences catastrophiques. Ils ne permirent pas une sécurisation efficace de l'arrivée des hommes sur la plage. Le matin du 6 juin, de nombreux Allemands entendirent les tirs passer derrière leurs têtes. Pour ne pas aider, les 329 *B-24 Liberator*, chargés de 13 000 bombes, avaient aussi dû bombarder les côtes à l'aveugle en raison de la couverture nuageuse, trop basse ce matin-là. La *8th Air Force*, qui devait régler ses tirs à la seconde près, soucieuse de ne pas larguer ses bombes sur les forces alliées en mer, opéra un bombardement trop tôt. De ce fait, des civils et trop peu d'Allemands furent touchés par ces largages qui se concentrèrent dans les terres. Les bombes arrivèrent généralement à un kilomètre et demi, parfois bien plus, de la côte. De cette erreur, découla le sort de milliers d'Américains. Dans son *Operations Analysis*, Charles W. Mc Arthur revient sur ce fait. Il nous dit que: *« dans cette gigantesque invasion par traversée de la Manche, les trois branches*, Army, Navy, Air Force, *firent le mieux qu'elles pouvaient et connurent des succès et des échecs. Les vaisseaux de guerre de la marine firent une chose que les navires de guerre faisaient depuis des siècles: bombarder (visuellement) des défenses côtières.* L'Air Force, *d'un autre côté, faisait quelque chose de nouveau, bombarder des défenses côtières au-dessus d'un très fort couvert nuageux avec un radar H2X, juste au-dessus de nos troupes qui allaient débarquer.»* G. Kurt Piehler et Sidney Pash, dans *The United States and the Second World War*, reviennent sur les tirs infructueux des roquettes. Ils nous disent que: *« les neuf* [Rocket LCT(R)] *assignées à* Omaha Beach *avaient, en effet, envoyé leurs cinq roquettes comme prévu pour pulvériser la plage et, temporairement du moins, sonner tout défenseur allemand. Larry Carr, qui commandait les quatorze LCT(R) de la* Royal Navy *pour l'opération* Neptune [raconta]*: "J'étais sur le pont de commandement des* [Rocket LCT(R)] *et donna l'ordre de tirer, ce qui fut effectué lorsque chaque vaisseau était à 3 500 yards* [3 200 km environ] *de la plage. Nous avons tiré les roquettes pour atterrir à* [presque 300 mètres] *au-dessus de la tête de la première vague d'assaut." Le LCT(R)-423 lança son barrage de 1 000 roquettes sur le Hamel au Prêtre* [*WN 70*, juste à l'est de Vierville] *[...] Le LCT(R)-447 largua un autre millier de roquettes sur les falaises au-dessus des secteurs* Easy Red *et* Fox Green. *Entre 6 h 23 et 6 h 32, trois LCTs, comprenant chacun un millier de roquettes, tirèrent des barrages sur la plage de* Fox Green *et les casemates ennemies dans le secteur.»* Cependant, aussi intenses et violentes qu'ont pu être ces frappes, elles n'en demeurèrent pas moins inutiles sur les défenses des plages et les soldats qui les défendaient. Mais, comme les tirs de roquettes ne furent pas défectueux et crus à ce moment comme bons par l'*US Navy*, elle continua d'utiliser ce procédé au débarquement de Provence. En Normandie, moins de 5% des roquettes furent défectueuses au tir. Mais, leurs résultats furent bien trop limités ce matin-là. À peine, les premiers chalands du *116th IR* avaient-ils abaissé leurs rampes sur la plage, qu'ils furent pris à partie par un feu nourri de mitrailleuses et de mortiers ennemis. La première vague de *LCAs*, arriva à 6 h 30 juste en face du « *Stützpunkt* », en français *« Point d'appui »*, de Vierville. Les hommes devaient se protéger des tirs dévastateurs des *WN 71*, *WN 72* et *WN 73*.

Pour les *GI's*, qui foulaient la terre de Normandie, c'était dans un chaos et un déluge de feu, s'accroissant au fur et à mesure que les rampes des péniches s'abaissaient. Il fallait traverser la plage afin de remplir son objectif. Les *Rangers* qui les suivaient, à neuf minutes, ne purent que constater un véritable carnage dans lequel, les morts ou agonisants s'amoncelaient. Dans cette catastrophe, les *Rangers* de la *Force B*, circulant entre les obstacles de plage et les *DD Tanks* calcinés, allaient tenter de faire leur devoir.

Le *LCA 418* fut la première péniche à atteindre la plage. Dans ce chaland où, encore quelques minutes auparavant, les hommes chantaient pour l'anniversaire de mariage du *Sergeant* Walter B. Geldon, un obus de mortier vint y déchiqueter la rampe de sortie en acier. Deux autres tirs, probablement aussi de mortier, vinrent, en frappant le LCA au milieu et sur l'arrière droit, le couper en deux. Les *Rangers* étaient donc forcés de fuir l'embarcation. On essaya si possible de s'en extraire sur les côtés afin d'éviter les violents tirs de mitrailleuses qui se concentraient sur eux. C'est ce que fit le *Captain* Goranson. Il tira son lourd équipement du *LCA* et plongea aussitôt dans les eaux froides de la Manche avec ses compagnons. Ils accédèrent de ce fait rapidement à la côte qui était un lieu de désolation et de combats d'une extrême violence. Leur péniche, éventrée, se mit ensuite à couler. Ce ne fut guère mieux pour les hommes du *LCA 1038* du *Lieutenant* Sidney Salomon. À bord de l'embarcation, quelque 200 mètres avant d'atteindre la plage, on avait déjà essuyé des tirs de mitrailleuse. Sortant de la péniche, le *2nd Platoon*, avec de l'eau jusqu'au cou, progressa sur la plage parcourue par les tirs. Les mitrailleuses, avec des tirs en enfilade et des tirs de fusils, abattaient net les *Rangers* qui tentaient de sauver leurs vies, tout en accomplissant leur devoir. Le *Lieutenant* Salomon reçut un éclat d'obus de mortier à l'épaule droite. La charge était arrivée juste derrière lui, le projetant au sol. L'explosion blessa et tua des compagnons qui l'entouraient. Accompagné du *Staff Sergeant* Charles F. Kennedy, il se releva et réussit toutefois à avancer sur la plage. Peu à peu, ce qui restait de la *Company Charlie*, se rassembla au pied de la falaise. Elle faisait environ 30 mètres de haut. Pour de nombreux *Rangers*, arrivés à destination, c'était l'instant de constater, plus en détail, l'horreur du carnage sur la plage. Le sang, les hurlements et le matériel détruit offraient une vision apocalyptique. Des hommes gisaient là, morts, tel le *Sergeant* Henry « Steve » Golas. *« Bougez votre cul de cette plage ! »*, avait-il hurlé sortant de la péniche. Il fallut de nombreuses balles pour que celui-ci s'écroule enfin sur la plage. Des blessés aussi, comme le *T/5* Jesse Runyan qui devait porter son lourd *FM BAR*. Il fut violemment touché à l'aine et perdit l'usage de ses jambes. Ceci ne l'empêcha pourtant pas de ramper sur le sable tout en utilisant son fusil-mitrailleur. Il fallait parcourir à peu près 300 mètres pour atteindre le pied des falaises. Goranson, arrivé en contrebas, assista au massacre de ses hommes. Il fut touché neuf fois, mais heureusement les projectiles ne vinrent se ficher que dans son équipement. Au total, des 69 *Rangers* de la *Task Force B*, il y eut 19 morts et 18 blessés. Un *Ranger* remarqua que, sur la plage, se trouvaient des marqueurs pour permettre aux équipes de mortier ennemies de viser rapidement et sans rater son coup. Pour

Des soldats américains observent le *WN 72* de Vierville sur Mer et son canon de 88 mm. Une tente et un projecteur ont été installés sur le dessus du bunker. (275410, National Archives USA.)

Goranson, au vu de la situation, le plan avait changé, tant les *Rangers* et la *Company A* du *116th Infantry* vivaient un drame. Il était hors de question pour lui de prendre, comme prévu initialement, directement le village de Vierville-sur-Mer. Il allait falloir escalader la falaise et faire taire les nids de résistance. Notons que, sur le site du radar, se trouvaient deux canons de 75 millimètres, avec un fort rayon d'action, qui pouvaient tirer sur *Omaha Beach*.

Arrivé juste en bas d'une falaise, Goranson dit à Moody qu'il n'arrivait pas à contacter la *Company A* du *116th* et que Moody devait passer le message à Sidney Salomon du fait que le plan avait changé. « *Nous avons perdu tellement d'hommes. Appliquons le plan 2. Passe le mot à Sid!* ». Goranson demanda ensuite au *1st Lieutenant* William D. Moody, de trouver un passage par lequel on pourrait escalader la falaise. Accompagnés de trois hommes, les *Sergeants* Richard Garett et Julius Belcher ainsi que le *Private* Otto Stephens, ces *Rangers* se mirent immédiatement en quête de venir à bout de la falaise, en utilisant leurs mains et leurs baïonnettes. Les soldats recevaient des jets de grenades et des obus, suspendus à des fils, qui étaient sectionnés un peu plus haut pour, en retombant, exploser. Mais les hommes réussirent à trouver un passage et le *1st Lt* Moody demanda à Otto Stephens d'accrocher une corde à des barbelés sur la hauteur. Le montage fixé, Moody prévint que l'ascension pouvait débuter. Arrivé en haut, il attacha des cordes à cabillots entre elles pour faciliter l'escalade. Des tirs commencèrent à crépiter dans la direction des *Rangers* venant d'une **maison fortifiée**. Les soldats répondirent aux tirs. Les hommes de la *Company C* arrivèrent en haut de la falaise à **7 h 30**. Durant l'escalade, Goranson vit un *LCVP* du *116th RCT, Company B*, se diriger vers la plage. Il ordonna à des hommes de guider les soldats de cette embarcation vers les cordages de montée de la falaise. Les hommes du *116th* rejoignirent rapidement les *Rangers*. Goranson et d'autres de sa *Company* réussirent à prendre la maison fortifiée. C'est cette position qui avait causé le plus de pertes sur le secteur *Charlie*. Il fallut plus de quatre heures, avec les positions qui le ceinturaient, pour en venir à bout. Les hommes de la *Company B*, additionnés à ceux de Goranson,

Le *WN 73* est bien situé, à l'ouest du secteur d'*Omaha Beach*, qui recommence ici. On aperçoit - vue de détail - l'embrasure de la casemate pour pièce française de 75 mm. (E.G./Heimdal.)

Depuis l'embrasure de cette casemate, vue en enfilade sur toute la plage. (E.G./Heimdal.)

constituaient un groupe trop faible pour venir à bout du vaste ensemble, qui plus est alimenté par des troupes ennemies venant de Vierville via un vaste réseau de tranchées communiquant entre elles. Salomon prit l'initiative de monter une patrouille pour éliminer les tireurs isolés. Il faut dire aussi qu'ils venaient d'abattre le *1st Lieutenant* Moody! Il y eut aussi des tentatives individuelles. De nombreuses positions du *WN 73*, cachées derrière les ruines d'une maison, furent prises, notamment à la grenade au phosphore qui avait cette particularité de brûler atrocement les chairs. Le *Sergeant* George W. Morrow, qui était accompagné du *Sergeant* Julius W Belcher, attaqua une position en fonçant dessus. Il tapa d'un grand coup de pied

Sur ce croquis, on aperçoit, au premier plan, le *WN 72* et la sortie D1 avec la route menant à Vierville puis, avec une rapide montée du terrain, le *WN 73*, objectif des *Rangers*. (Heimdal.)

Ci-dessous et à gauche : les vestiges de la « Maison en ruines » restaient encore fantomatiques en 1998, cette villa abritait des hommes de la *Kriegsmarine* et des vestiges de tranchée restaient visibles. (Heimdal.)

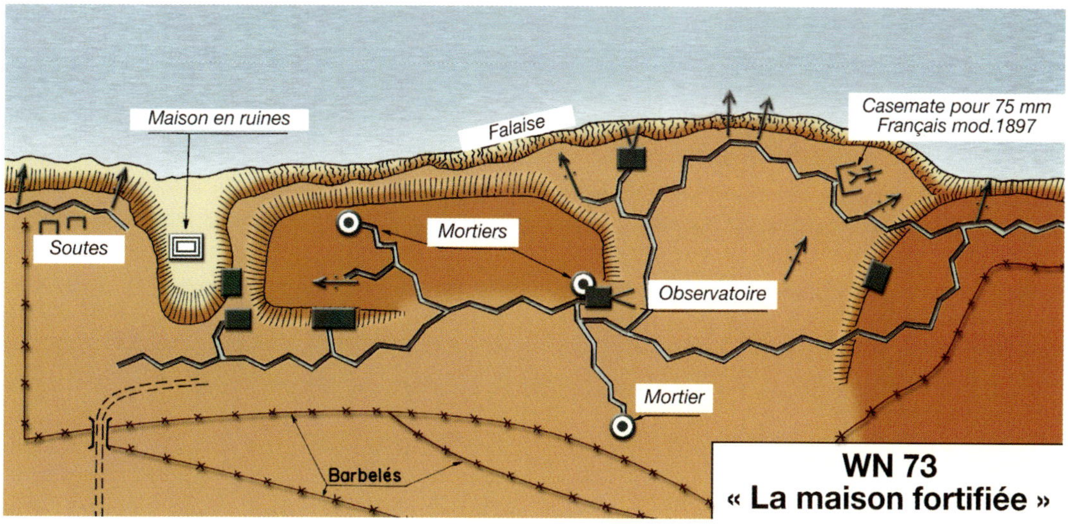

Plan du *WN 73*. On y retrouve la casemate pour canon de 75 et la maison en ruines. (Heimdal.)

***L'USS Mc Cook (DD-496),* le 24 février 1945.** (NH 107416, Naval History and Heritage Command.)

dans la porte de la casemate. Ne craignant pas pour sa vie, une fois la porte ouverte, il dégoupilla et jeta une grenade au phosphore dans la casemate sur les hommes de la *Wehrmacht* qui contrôlaient le lieu. Cette casemate était une position de mitrailleuse qui avait largement et trop longtemps tiré sur les *Rangers* sur la plage. Il vit les *Landser* sortir en hurlant du réduit bétonné. Belcher les tua les uns après les autres. Salomon fit de même dans un réduit. Après y avoir jeté sa grenade au phosphore, il grêla l'endroit des balles de sa Thompson... Mais il n'y avait aucun occupant. Un navire américain à environ 500 mètres du littoral se mit à pilonner les tireurs embusqués. Un destroyer américain fit de même en pilonnant le littoral mais l'action blessa deux *Rangers*.

La *Company C* de Goranson se dirigea ensuite sur la **Pointe de la Percée** pour y détruire les positions. Les falaises étaient constituées de tranchées dessinées en zigzag. S'ajoutaient à cela de nombreux tireurs d'élite, à l'affut de la moindre arrivée d'Américains. Il fallut attendre la fin de la journée pour que les *Rangers* réussissent à nettoyer le lieu, au prix de deux morts. Moody perdit la vie alors qu'il allait juste faire un *debrief* de la situation avec Salomon dans un trou d'obus. Il voulait mettre au point un plan d'attaque du réseau de communications allemandes. Ce *Ranger* avait vingt-cinq ans, une balle le toucha à la tête et il s'affala dans le trou devant son camarade. Plus tard, un rapport américain fit état de 69 ennemis abattus. À 14 h 30, les *Rangers* avaient réussi à détruire la quasi-totalité des *WN 72* et *73*. Sur la Pointe de la Percée, Goranson s'aperçut que les deux canons étaient détruits. Il semble qu'ils aient été détruits par les tirs de l'*USS Mc Cook (DD-496)*, ayant balayé la position à 9 h 48. La violence des tirs avait notamment propulsé un des canons jusqu'en bas de la falaise. En fin d'après-midi, une fois le chemin de Vierville protégé par la destruction d'une de ses principales positions défensives, Goranson réorganisa sa compagnie afin de s'assurer qu'une éventuelle, et si redoutée, contre-attaque allemande ne puisse aboutir. Plus tard, dans la soirée, lui et ses hommes rejoignirent la *Task Force C*, à un kilomètre et demi de Vierville. Hors de question de se reposer. L'ensemble devait rapidement se réorganiser pour assurer la suite des opérations.

Dans les terres, les forces adverses se réorganisaient et certains se soignaient tant bien que mal de leurs terribles blessures. Pendant les combats, non loin de Vierville, en campagne, comme à un kilomètre et demi à l'ouest, dans le petit hameau de **Gruchy**, de nombreux Allemands blessés demandaient de l'aide aux populations locales pour se soigner. Des soldats américains firent de même. Au château de Gruchy, Madame de Loÿs et son fils Guy avaient dû accueillir les Allemands, qui y placèrent le PC de la *9./Regiment 726*, la compagnie qui défendit la Pointe de la Percée et Englesqueville. La présence des centaines d'Allemands, pendant l'occupation, avaient grandement perturbé la vie de cette grande bâtisse et ses quatre tours imposantes. La nuit du 5 au 6 juin, elle se souvient que les Allemands étaient hors d'eux mêmes, courant dans les escaliers et dans les nombreuses pièces en hurlant leurs ordres. Le commandant de la *9./Regiment 726*, le capitaine Alfred Grundschloss, bavarois, né le 19 janvier 1893, à l'origine professeur de droit dans le civil s'était montré très correct avec les Français, dont il parlait très bien la langue. Il est probable que les quelques bombes qui tombèrent dans le parc furent celles de *Liberators* visant la

Percée. De ces bombardements dans les terres, une mère et son fils, à la traite, perdirent la vie. Avant qu'arrive la journée du 6 juin, on vit arriver des blessés. Madame de Loÿs se souvint de l'un d'entre eux, arrivant sur une civière et dont la boîte crânienne était ouverte, laissant apercevoir son cerveau. Elle soigna de nombreux hommes qui lui furent présentés. Peu après 6 heures du matin, dans la propriété, les Allemands avaient déjà pris les armes, alertés par la masse importante de bateaux repérés en mer. Dans l'excellent *Le Jour le plus fou*, on peut lire que, suite à des communications téléphoniques : « *les soldats* [reçurent] *l'ordre de passer "de la phase défensive passive à la phase défensive active". Ils se lèvent, prennent leurs armes, montent lentement l'escalier qui les mène à la surface*, (les hommes s'étaient alors, avec les bombardements, protégés dans un souterrain) *apparemment peu pressés de se battre. Seuls, le téléphoniste et les infirmiers restent dans l'abri. Moral en berne, ils affichent ouvertement leur pessimisme : "Guerre finie. Deutschland kaput", se lamentent-ils auprès de la châtelaine de Gruchy* ». Le 6 juin, Grundschloss rassembla ses hommes pour se porter à la défense de la route de Vierville, il perdra la vie à 800 mètres du château, face aux Rangers et à la *Company C* du *116th*.

L'attaque des *Rangers* des *Task Force B* et *C* fut donc, globalement aboutie, en fin de journée du 6 juin. Leur héroïsme sera plus tard la source d'une grande fierté dans l'*US Army*. Notons que ce sont les opérations de Goranson et de ses hommes qui inspireront, plus tard, le début du film de Steven Spielberg *Il faut sauver le soldat Ryan*, en 1998. Parmi les hommes de Schneider, un petit groupe de la *Company A*, de la *1st section*, dirigé par le *Lieutenant* Charles Parker, perdit le contact dans l'après-midi avec le reste des *Rangers*. Ils avaient progressé dans le même secteur que le *Lieutenant* George A. Taylor, commandant le *16th Infantry Regiment* de la *1st Infantry Division*, avec lequel ils avaient opéré le contact. Les *Rangers* s'étaient retrouvés dans un carrefour, non loin du château de Vaumicel, ou ferme de l'Ormel, un manoir pittoresque de la Renaissance devenu une ferme, où ils engagèrent des combats, avec leurs compagnons contre des hommes de la compagnie *7./916*. Les forces de la *Wehrmacht* étaient arrivées dans trois camions. Les Américains se protégèrent grâce aux murs qui ceinturaient le corps de ferme et réussirent à canaliser la contre-attaque. Les haies dans le secteur furent aussi stratégiquement utilisées. Mais les Allemands furent rejoints par davantage de forces et les Alliés durent reculer. Taylor choisit de retrouver son bataillon stationné à proximité de la route côtière. Les *Rangers* de Parker ne savaient donc rien des changements d'objectifs des *Task Force B* et *C*. À **14 h 30**, quand ils arrêtèrent de combattre contre les Allemands, ils se mirent donc en quête de progresser vers la Pointe du Hoc. Ils réussirent, en traversant une campagne de champs et de vergers, à retrouver Rudder vers **21 heures**. Sur leur chemin, ils firent prisonniers quatre Allemands. Mais ils avaient dû les relâcher pour pouvoir progresser suffisamment vite vers la Pointe avant la tombée de la nuit. Le *Major* leur demanda où se trouvait le reste du *Battalion*. Du fait que Parker ne connaissait pas la position de sa *Task Force*, il lui répondit qu'il estimait que la suite viendrait rapidement derrière sa section. Pourtant à ce moment-là, les camarades de Parker étaient encore autour de Vierville dans des positions défensives. Au soir du 6 juin, sur tout le secteur d'*Omaha Beach*, s'amoncelaient les corps de milliers de soldats alliés morts. On estime que les États-Unis, toutes branches comprises, avaient perdu 4 720 hommes. Du côté allemand, en défendant la plage, la *Wehrmacht* avait perdu environ 1 200 hommes. Omar Bradley dira plus tard : « *Tout homme ayant mis le pied sur* Omaha Beach, *ce jour-là, était un héros.* »

Premières pénétrations dans l'intérieur et contre-attaques, à l'ouest d'*Omaha*. (Heimdal.)

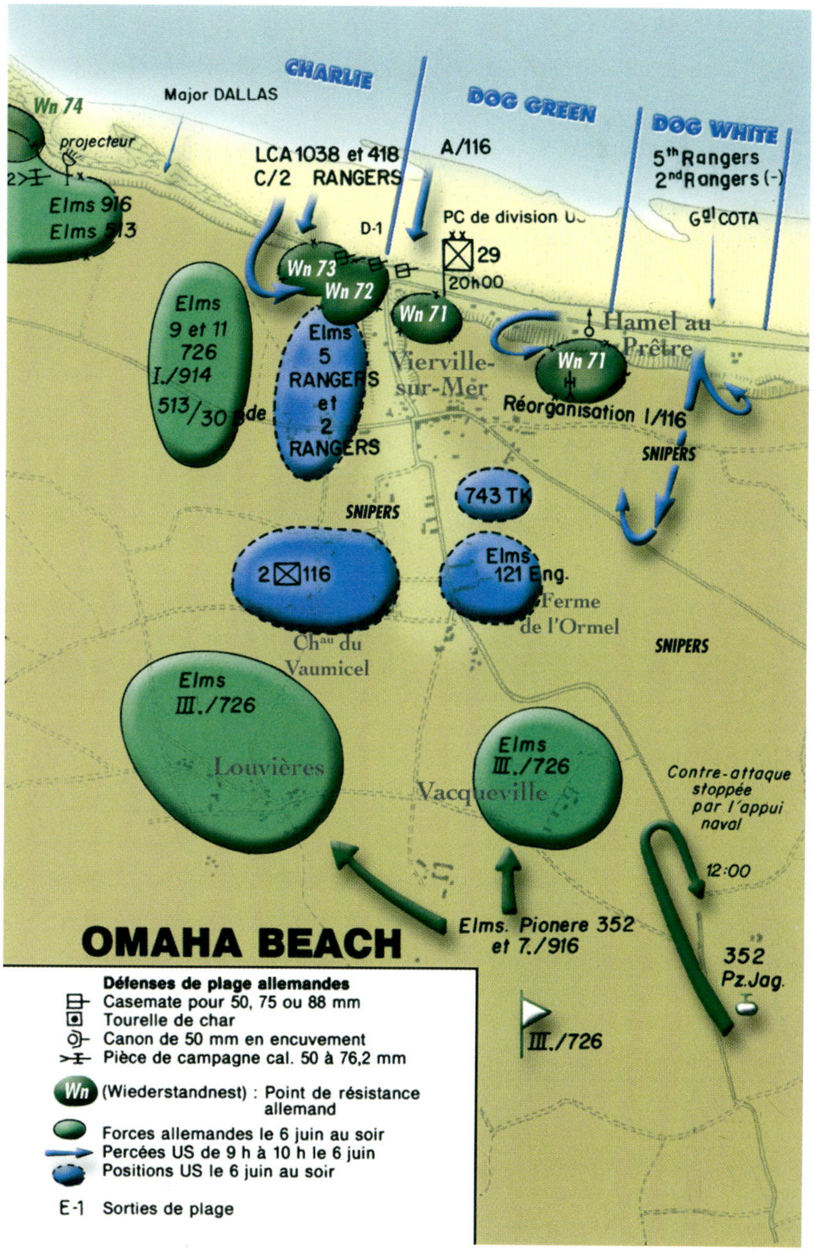

13

Les Allemands contre-attaquent Rudder

Tandis que les *Rangers* des *Forces B* et *C* avançaient sur la plage d'*Omaha Beach*, les hommes de la *Force A* de Rudder, tout en préparant une ligne de défense, s'impatientent grandement du devenir de leurs camarades d'*Omaha*. Le temps presse d'autant plus qu'on essaie de soigner les blessés, dont certains nécessitent un rapatriement rapide. Le *Captain* Block notamment, fait tout son possible pour venir en aide aux plus atteints. L'USS *Barton (DD-722)* tente, suite à des signaux d'Eikner, d'amener un *LCT*, vers **14 h 30**, afin de récupérer un maximum de blessés. Seulement, arrivée à 20 mètres de la plage, l'embarcation est prise sous les tirs nourris d'un nid de mitrailleuses venant de l'est des falaises. L'un des membres d'équipage est touché et le bateau doit rapidement faire demi-tour. Dans le carnage de la Pointe du Hoc, exténués, les *Rangers* doivent faire face, dès le début de l'après-midi, à des contre-attaques allemandes. La première vient du sud-ouest, à proximité de Saint-Pierre-du-Mont. Elle est menée par la 9e compagnie du *Grenadier-Regiment 726*, de la *352. Infanterie-Division*. Bien plus tôt, à

Les encuvements en béton pour les pièces d'artillerie ont été disloqués par les bombes lourdes. Cette photo a été prise, vers 2000, avant les aménagements récents. Le site était alors plus proche de son état après les combats. (E.G./Heimdal.)

11 h 10, la *352. ID* avait reçu un rapport du *III./ Grenadier- Regiment 726* indiquant « *WN 66 et 68 au nord de Saint-Laurent, tiennent toujours fermement. Par contre, Pointe du Hoc, l'ennemi a percé avec la valeur de deux compagnies. Les réserves disponibles ont été employées à restaurer la situation. Des observateurs affirment que l'ennemi tire sur la falaise avec des obus spéciaux qui contiennent des échelles de corde, avec lesquelles on peut aisément escalader la falaise. Les unités servant les* WN 71 et 73 *sont très affaiblies ; des unités de pionniers* (Bau-Pi-Einheiten) *les ont renforcées.* » Une minute plus tard, le 914e Régiment de grenadiers avait transmis à la Division de Kraiss : « *au nord de la Pointe du Hoc, 20 gros bâtiments navals sont observables en haute mer, ainsi que 200 à 300 navires de débarquement.* » À 12 h 25, on peut lire : « *Rapport reçu du* Ia *au Chef d'état-major du PC de Corps d'Armée : (...) Nos troupes en position à la Pointe du Hoc sont encerclées par deux compagnies ennemies. Une contre-attaque est lancée par des éléments du* III./Grenadier-Regiment 726. *Le Corps d'Armée reçoit à sa disposition la 30e Brigade Rapide, laquelle sera subordonnée à la Division. Cette unité sera probablement positionnée à l'aile droite de la Division.* » Les hommes de Rudder stationnés à Grandcamp, ils vont faire l'épreuve du feu en avançant au sud de ceux du lieutenant Wintz, *Company F*, se postant, avec des mitrailleuses, dans un champ au sud de la ligne dont les *Rangers* avaient la responsabilité.

La *352. Infanterie-Division*, division d'infanterie de l'Armée allemande, avait été formée en novembre 1943, en France, comme élément de la *21. Welle* (21e vague). Devant les *Rangers*, comme sur tout le secteur d'*Omaha*, qu'elle défendit avec acharnement, elle était commandée par le *Generalleutnant* Dietrich Kraiss. Celui-ci avait participé à la Première Guerre mondiale au sein de l'*Infanterie-Regiment 126*. Après 1918, il intégra la *Reichswehr* comme *Hauptmann* et participa à la campagne de Pologne, l'occupation des Pays-Bas et de la France. De juillet 1941 à mars 1943, il participa aussi à l'opération *Barbarossa*. Du 6 novembre 1943 jusqu'à sa mort, le 6 août 1944, près de Saint-Lô à l'âge de 54 ans, il commanda la *352. ID*. Les Américains avaient déjà repéré les hommes de la *Wehrmacht*, dans leur progression, mais il fallait économiser les munitions de mortier et de *FM BAR*. Donc, ils avaient attendu pour engager le combat. Impossible aussi de demander un soutien naval, car cela aurait provoqué des tirs fratricides, tant les deux forces opposées étaient mêlées. Le *Staff Sergeant* Eugene E. Elder retient donc son souffle, ne gâchant pas les munitions de son fusil-mitrailleur, quand il voit les Allemands progresser. Les combats commencent par des tirs allemands, notamment de *MG 42*, auxquels les *Rangers* répondent au fusil et à la carabine, pendant plus d'une heure. Provenant de la batterie de Maisy, les Américains reçoivent des tirs d'artillerie et de mortier. Ils réussissent néanmoins à contenir l'assaut sans perdre un seul homme et les Allemands se retirent. À **16 heures** passé, la *Wehrmacht* mène une deuxième contre-attaque, mais de plus grande envergure cette fois-ci, toujours sur la ligne de Wintz à l'est. Avançant vers les *Rangers*, les troupes allemandes sont surprises et désordonnées par les tirs violents, au *FM BAR*, du *Staff Sergeant* Herman E. Stein, qui, voyant une douzaine d'hommes près du chemin de sortie, ouvre le feu. Accompagné du *1st Class* Cloise A. Manning, il tire sur l'ennemi à 40 mètres. Il réussit à toucher deux hommes et fait reculer un peu les autres. Dans l'ensemble, les soldats allemands se déplacent rapidement vers la Pointe du Hoc. Leur détermination, et surtout leur nombre, ne présagent rien de bon pour les *Rangers*. Se regroupant, la

Wehrmacht revient dans un face à face meurtrier avec les Américains. Stein et d'autres de ses compagnons tirent jusqu'à la dernière balle disponible. Le *Staff Sergeant* Eugene E. Elder qui a, tout comme Stein, repéré un peu plus tôt les Allemands, mais au sud, tire au mortier. Quant à Stein, il avait envoyé Manning afin de lui indiquer les positions ennemies. Elder tire, avec le *Sergeant* Murrell F. Stinnette, comme observateur, à environ 60 mètres des forces adverses. Mais les Allemands évitent les tirs de mortier. Le *Lieutenant* Jacob Hill et le *1st Class* John Bacho repèrent une douzaine d'Allemands dans un champ, à l'est du chemin de sortie. Bien décidés à en découdre, ils lancent des grenades mais elles n'explosent pas. Il leur faut au plus vite se replier. Dans leur repli, un Allemand abat Hill d'un tir à la poitrine. Jetant une grenade au phosphore, Bacho s'en tire in extremis. Faisant le mort après avoir reçu une balle dans le casque, sans mal, les soldats le laissent là. Bacho réussit à s'en sortir après un long moment d'attente. Il se relève dans l'après-midi pour retourner au PC de Rudder. Stein tâche de tirer du mieux qu'il peut de son *FM BAR* sur les Allemands qui fuient les tirs de mortier d'Elder. Au total, Eugene E. Elder tire plus de 60 coups de mortier. La tentative de percée allemande est ainsi contenue. Après cela, il n'y aura pas d'autres fortes contre-attaques. Jusqu'à la tombée de la nuit, les *Rangers* vont tenir leurs positions contre quelques escarmouches. Les hommes du *Grenadier-Regiment 726* ne voulaient pas donner une seconde de répit aux *Rangers*. Ils sont aidés par des camarades stationnés sur la Pointe et bien décidés à reprendre leur point d'appui, ou au moins repousser le plus possible les Américains.

Notons que, pour la nuit du 6 juin, dans le Journal des transcriptions téléphoniques de la *352. Infanterie-Division*, on peut apprendre notamment que: « *Le Commandant de la Division, le général Kraiss, au Commandant du Corps d'Armée, le général Marcks: Demain, comme aujourd'hui, la division sera en mesure d'offrir une résistance forte à notre ennemi. Toutefois, en raison des pertes importantes que nous avons subies, des renforts doivent nous être assignés dès après-demain. Les pertes en hommes et matériel sont considérables. De nombreuses positions d'artillerie ont été ensevelies sous les débris par les tirs concentrés de l'artillerie et les bombardements aériens. Les garnisons des nids de résistance ont fourni une défense vaillante. Les* WN 74 à 91 *sont à pleine capacité défensive, malgré les pertes subies. À l'heure qu'il est, le bataillon du génie* (Pi-Abteilung) *conjugue ses forces avec la 7e Cie du GR 916 pour attaquer les* WN 68-70. *La 6e Cie du GR 916 a reconquis le* WN 65a, *mais a dès lors été la cible d'un très important bombardement naval. Le IIe bataillon du GR 915 a pris le* WN *au nord de Colleville, mais il est désormais encerclé et réclame des munitions. Les* WN 37 *et* 38 *se sont vaillamment défendus, notamment en détruisant six chars.* » Mais surtout: « *Sur l'aile gauche, une contre-attaque menée par le Ier bataillon du GR 914 contre la position de la Pointe du Hoc est en cours.* » Puis: « *Le bataillon d'Instruction* (Feld-Ersatz-Abteilung) *et le bataillon de marche ont été poussés de manière à défendre Formigny et Saint-Laurent contre des progressions ennemies vers le sud. Nous n'avons aucune nouvelle du IIIe groupe de batteries du 352e régiment d'artillerie, positionné au sud-ouest de Ryes. Pratiquement toutes les stations radio d'observation avancée sont hors d'usage. – Le général Marcks, commandant le corps d'armée, au général Kraiss, commandant la division: toutes les réserves disponibles ont été engagées. Chaque pouce de terrain doit être défendu jusqu'à l'extrême limite des capacités jusqu'à ce que de nouveaux renforts puissent vous être adressés.* »

Au-delà de la grand-route, se trouvaient, rassemblés dans l'après-midi, une soixantaine de *Rangers*, renforcés par trois parachutistes du *506th PIR* de la *101st Airborne*. S'y opèrent de nombreuses escarmouches contre les forces de la *Wehrmacht*. Dans les deux forces opposées, les morts et les blessés s'accumulèrent. L'un des hommes de la *Company F*, le *Sergeant* William Petty dit « Bill » Petty, avait trouvé, avec des compagnons, un bon emplacement qui lui donne alors une excellente vue sur les forces allemandes. Il peut les voir arriver par un chemin en creux, plus loin, du bord de la grand-route. De son *FM BAR*, il peut abattre les hommes

Plan d'une casemate H694, devant abriter l'un des canons de 155 mm, et qui était alors en cours de réalisation. (P. Gros/Heimdal, d'après H. v. Keusgen.)

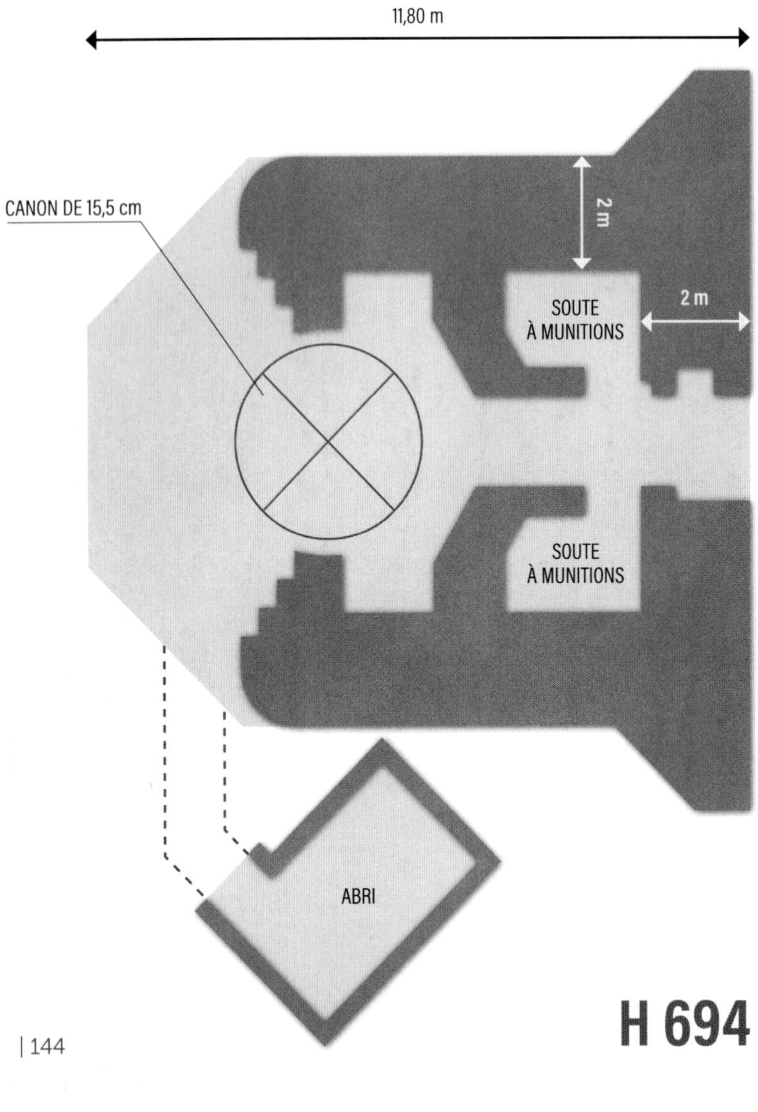

défilant devant lui, certains arrivent à bicyclette. Sans se faire prendre, il réussit au total à en abattre trente cette après-midi-là. Il en fait aussi prisonniers. Rudder, dans l'après-midi, réussit à obtenir l'aide du destroyer USS *Satterlee (DD- 626)*. Il espérait profiter des puissantes pièces de 12,7 cm du *destroyer* de classe *Gleaves*. Le navire anéantit deux nids de mitrailleuses, des *MG 42* situées à l'ouest du poste d'observation. À la fin du jour, les *Rangers* comptent de nombreuses pertes, entre les différentes *Companies*, qu'il est difficile d'évaluer. Pour les Compagnies E et F notamment, on comptabilise 10 morts, 24 blessés et 10 autres hommes manquent à l'appel. Aux alentours de 16 h 00, on peut constater, de par les assauts allemands répétés, que leurs forces se concentrent, de plus en plus, au sud et au sud-est des *Rangers*, partis au-delà de la grand-route. Lomell, posté derrière un mur de pierre juste au bord de la route côtière, voit à ce moment-là une cinquantaine d'Allemands équipés de mortiers et de nombreuses mitrailleuses. Le *Sergeant*, ne disposant que de treize *Rangers* dispersés le long de la route, donc un trop faible effectif pour répliquer, a de la chance. La formation ne surprend pas un seul de ses hommes et les dépasse pour aller vers le sud. Il faut dire que les Allemands étaient en alerte. Le Quartier Général de division avait choisi, tard dans la matinée, de dépêcher l'*Oberstleutnant* Ernst Heyna, du *Grenadier-Regiment 914*, sur le secteur de Grandcamp et de la Pointe du Hoc. On lui assigna d'envoyer deux compagnies sur la Pointe du Hoc. Il amène les *3e* et *4e* compagnies, du *I./GR.914*, qui étaient basées à Osmanville. En arrivant sur la Pointe, les hommes de la *Wehrmacht* avaient déjà dû faire face à des troupes aéroportées américaines et avaient été ciblés par des attaques aériennes. Déjà, plus tôt dans la matinée, l'*Oberstleutnant* Ernst Goth avait envoyé des hommes de la *9./ Regiment 726*, un peloton, à Saint-Pierre-du-Mont pour faire front aux attaques alliées qui n'étaient pas encore bien déterminées dans leur intensité. L'ordre fut donné à 7 h 05 et, trois heures plus tard, Goth constatant l'intensité du débarquement, se rendit compte que ses troupes envoyées ne suffiraient pas. Il demanda alors que le maximum d'hommes disponibles du *III./Grenadier-Regiment 726* de la *352. ID* soient envoyés pour absolument contenir l'assaut américain. Plusieurs centaines d'hommes avaient ainsi avancé sur la Pointe du Hoc. Ce sont ces hommes que rencontrèrent dans l'après-midi les *Rangers* de la *Company F*, dont faisaient partie Wintz et Petty. Il s'agissait des 9e et 12e compagnies lourdes.

Quand la nuit tomba sur la Pointe du Hoc, le constat que Rudder pouvait tirer de la journée était alarmant. Certes, les canons avaient été détruits et des *Rangers* avaient dépassé la grand-route qu'ils tentaient de sécuriser. Mais il n'y avait toujours pas de nouvelles d'*Omaha Beach*.

L'une des casemates H694 de la batterie de la Pointe du Hoc, qui n'a jamais reçu la pièce d'artillerie de 155 mm qu'elle devait abriter. Photo prise vers 2000, sans les aménagements récents. (E.G./Heimdal.)

Le *Lieutenant* Eikner avait essayé d'obtenir, à de multiples reprises, des nouvelles des autres *Task Forces*. Pour le moment, il n'y eut que, vers **15 heures**, un message du *116th RCT*, ne permettant pas de connaître la situation sur la plage et l'arrivée des renforts. L'attaque sur la Pointe, les contre-attaques allemandes et le harcèlement continu de l'adversaire avaient dramatiquement creusé les effectifs. On comptait plus de 30% de blessés. Les munitions, tout comme les vivres commençaient à manquer. Les soldats ne portaient pas sur eux de *K-ration*, seulement un peu de chocolat ou parfois un fruit. Même si l'adrénaline a cette propriété de pouvoir couper l'appétit, il allait falloir manger un peu. Concernant l'armement, des *Rangers* se mirent à utiliser des armes allemandes, comme le *MG42* et le *MG34*, pour les hommes de la *Company E*. Ce sont surtout mortiers et grenades qui manquent alors aux Américains. On se met à utiliser de nombreuses *Stielhandgranate 24*, des grenades à main, dites aussi « presse-purée ». Cette grenade à manche, facile de prise en main, permettait des lancers importants. Elle était bien connue des *Rangers* qui l'avaient appréhendée lors de leurs entraînements. À l'ouest, le canon antiaérien faisait toujours feu sur quiconque oserait s'aventurer dans son champ de tir. Le matériel radio, en mauvais état, rendait difficiles les communications. Il ne restait plus qu'à tenir, tout en espérant l'arrivée au plus vite des *Task Forces B* et *C*. Chez certains, comme le *Commando* anglais, le *Lieutenant-Colonel* Trevor, l'idée d'être fait prisonnier avant la fin du jour commençait à germer. On se questionnait aussi quant à la probabilité de voir les forces sur la Pointe et celles au-delà de la grand-route de se voir séparées par une contre-attaque habilement menée, faute d'effectifs et de coordination. C'est alors qu'aux alentours de **21 heures**, 33 hommes, les historiens sont partagés sur le nombre, sous l'autorité du *Lieutenant* Charles H. Parker, vint à la rencontre du *2nd Battalion* après avoir traversé Saint-Pierre-du-Mont. Arrivé à Saint-Pierre-du-Mont, il était entré en contact avec les hommes du *2nd Battalion* et choisit d'envoyer une patrouille au PC de Rudder pour l'avertir de sa présence. Parker s'installe avec ses hommes sur la route principale en position défensive, à l'est de la voie. Comme nous avons

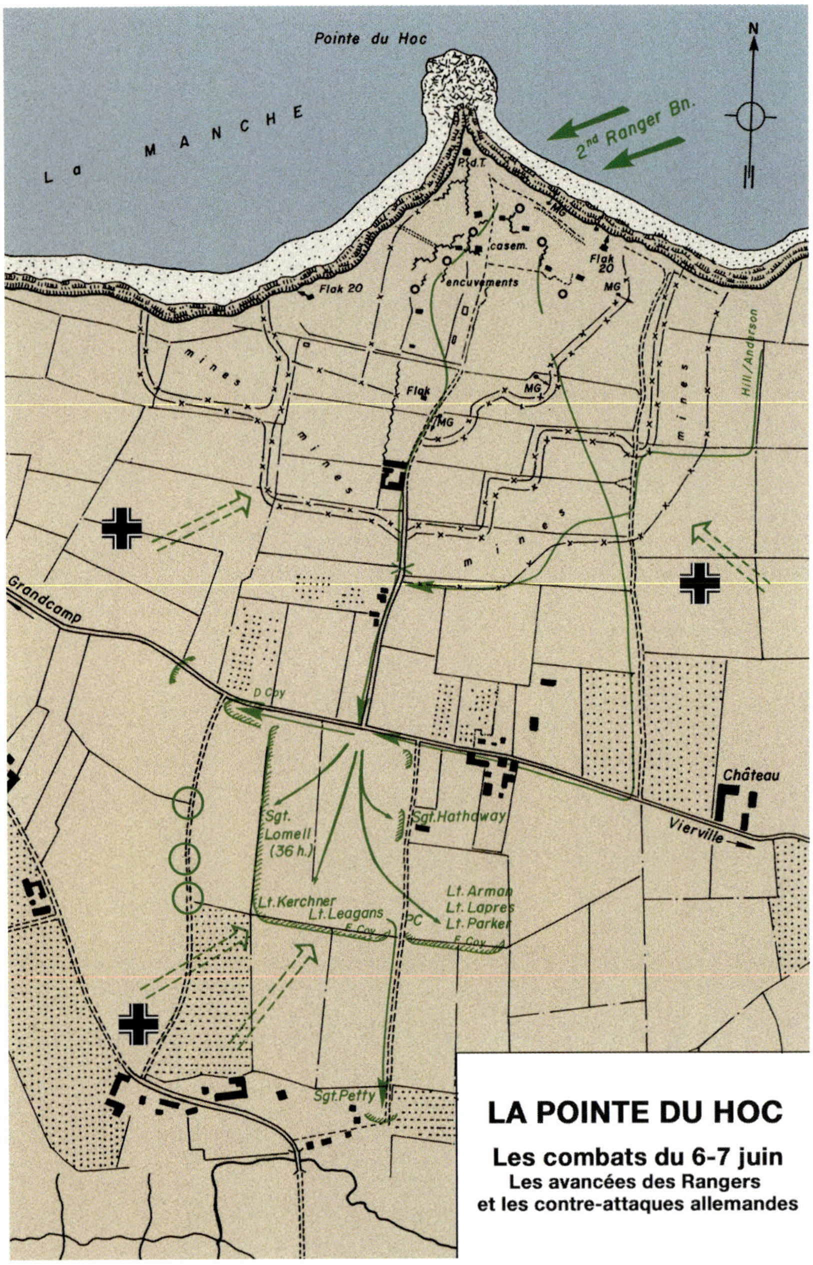

Cette carte nous montre la progression des *Rangers* vers le sud, jusqu'au chemin où étaient garés les canons (voir les trois ronds) et les contre-attaques allemandes. (Heimdal.)

vu précédemment, Parker, une fois survécu au carnage d'*Omaha Beach*, s'était avancé avec ses hommes dans les terres en direction de la *Task Force A*, vers le sud de Vierville. Sur son chemin, le *Lieutenant* croyait se trouver déjà derrière son *Battalion*, bien au contraire en réalité, et il avait rencontré le sous-lieutenant Walter Taylor qu'il accompagna lors d'une escarmouche dans un corps de ferme.

Dans l'ouvrage très instructif *Fields of War* de Robert J. Mueller, nous pouvons lire à ce propos que le: *« Lieutenant Walter Taylor commandait une section de la* Company B *du* 116th Regiment. *Son groupe fut parmi les premiers à traverser les dunes herbeuses et à suivre les tranchées allemandes communicantes jusqu'en haut des falaises. Traversant rapidement la campagne, Taylor trouva la ferme Ormel occupée par un petit détachement allemand. Après un échange rapide de tirs, les Allemands se rendirent, et Taylor les renvoyèrent jusqu'à la plage. Deux infirmiers allemands restèrent avec les blessés et stationnèrent dans la ferme. Taylor continua au sud jusqu'à un croisement où il rencontra trois camions chargés d'infanterie allemande. En très nette infériorité numérique, l'unité de Taylor combattit en battant rapidement en retraite jusqu'aux bâtiments de la ferme. L'ennemi attaqua, mais les vieux murs de pierre retinrent les tirs et prodiguèrent une excellente protection contre les armes de faible calibre. La* Company A *du* 5th Ranger Battalion, *avec le Lieutenant Charles Parker, la commandant, était en avance sur les autres unités de* Rangers *dans sa progression pour son objectif de la Pointe du Hoc. Le Lt Parker et ses hommes avancèrent à travers champs et dans les vergers infestés d'ennemis. Après plusieurs heures, les vingt-trois survivants arrivèrent au point de ralliement à la Ferme Ormel. Parker trouva Taylor et ses vingt-cinq hommes déjà dans les bâtiments de la ferme. Face à la puissance de feu qu'ajoutaient les* Rangers, *les Allemands qui attaquaient avaient battu en retraite. Parker laissa la ferme de côté continuant vers l'ouest, puis au nord, mais se trouva de plus en plus isolé à chaque fois qu'il avançait dans le labyrinthe des haies. Les* Rangers *survécurent à une brève escarmouche et entrèrent dans les lignes des* Rangers *de la Pointe du Hoc à 21 heures [...] Ce petit groupe fut le seul renfort arrivant ce jour-là. ».* La nuit venant sur la Pointe, les *Rangers* n'avaient plus qu'à patienter en donnant le meilleur d'eux-mêmes, face aux contre-attaques allemandes. 85 hommes se regroupaient ainsi au sud de la route côtière et s'étaient aménagés pour faire face aux attendues contre-attaques allemandes de la nuit. Des forces avaient notamment été repérées au sud-ouest. Rudder avait essayé de ralentir les progressions en contactant l'USS *Thompson (DD-627).* Ce destroyer, sous le commandement du *Lieutenant Commander* Albert Gebelin, tira plusieurs fois au plus près du château de M. le Baron, situé au sud de la Pointe, le long de la route reliant Vierville à Grandcamp, où se trouvaient des hommes de la *3./ Grenadier-Regiment 914.* Vers 23 heures, ou une demi-heure plus tard, selon Patrick K. O'Donnell et Steven Zaloga, la *Wehrmacht* allait lancer une nouvelle contre-attaque. Pas question de laisser un répit aux *Rangers.* Quarante soldats vont déferler, sur les troupes américaines, par le sud-ouest, à partir des cinq canons de 155 mm. Il s'agit d'hommes de la *1./Grenadier-Regiment 914.* Le *Generalleutnant* Dietrich Kraiss avait été clair dans le communiqué qu'il fit au 1er officier d'état-major de la Division, il fallait contre-attaquer la Pointe du Hoc en y éliminant la résistance. Communiqué de 18 h 25. Les hommes de la *352. Infanterie-Division* foncèrent donc sur les *Rangers.* Ce fut la première contre-attaque nocturne. La nuit est celle d'une quasiment pleine lune, avec des nuages épars, sans pluie et un vent léger. L'attaque vient auprès des *Rangers* avec un orage de balles et de soldats hurlant sur les troupes alliées. Les hommes de la *Wehrmacht* surprennent les *Rangers* se trouvant au-delà de la route côtière. Mais les combats sont plutôt confus. On assiste surtout à une escarmouche. Des balles traçantes passent sur la droite du *1st Class* Carty et du *Sergeant* Michael J. Branley, non loin à gauche de Kerchner. Elles passent au-dessus, à tout juste 20 mètres de la vingtaine d'hommes de la *Company D*, non loin de là. Juste avant que l'attaque ne débute, les *Rangers* commençaient pourtant à se sentir un peu plus en sécurité. Kerchner s'imaginait déjà, sa mission terminée, très vite de retour en Angleterre. Le silence du lieu est vite brisé par les armes automatiques. Le *Sergeant* Branley crie à Carty : « *Carty, faut qu'on foute le camp d'ici !* ». Alors que les deux hommes se replient vers Kerchner et les hommes de la *Company D*, une grenade éclate près de Carty, le tuant. Celui-ci n'était encore que dans sa vingtième année ! Une balle vient juste après blesser Branley à l'épaule, qui rampe pour se mettre à l'abri des tirs. Il se cache dans une haie dense et s'injecte de la morphine. Le *Sergeant* Honhart et le *T/5* Thompson, de l'avant-poste de la *Company E*, voient fondre sur eux une grande quantité de soldats allemands. Thompson crible de balles trois des assaillants pour faire reculer le groupe qui les encerclent. Les soldats allemands leur lancent des grenades, l'une d'elles vient éclater au visage de Thompson. Il se met à hurler, tant la douleur est insupportable. Il se sent comme défiguré, son œil gauche restera fermé trois jours durant. À ce moment-là, il tend son *FM BAR* à Hornhardt et le groupe se met à éviter la submersion allemande en rampant sous les projectiles. Lors des combats, les Allemands s'aperçoivent que les Américains utilisent leur armement. Alors que les *Rangers* affrontent les forces allemandes depuis deux minutes, survient, à proximité des cinq canons de 155 mm, une immense explosion. C'est très sûrement un dépôt de munitions, qui se trouve à présent derrière les lignes allemandes, qui avait pris feu. La raison de la détonation reste encore énigmatique. Peut-être que des balles perdues ont atteint l'emplacement. Une gigantesque boule de feu vient illuminer les deux forces adverses, ce qui permit aux *Landser* de repérer les emplacements de la force adverse. Les Américains ont réussi à contenir l'attaque, et alors que Kerchner, qui avait atteint le cratère où se trouvait Lomell, conseille nerveusement à ce dernier de dire aux *Rangers* de reculer, les Allemands cessent leurs tirs. Chez les Américains, on se demande alors pourquoi, juste une minute après l'explosion, les tirs s'arrêtent. Mais sans réponse. Probablement l'explosion a t'elle trop inquiété les troupes de la *Wehrmacht*, ou encore leur contre-attaque n'avait été qu'un moyen d'évaluer les effectifs américains.

Les *Rangers*, qui peuvent à présent souffler, se rendent compte de la fragilité de leur ligne de défense. Ils ont subi encore des pertes et, dans les combats, ont eu beaucoup de mal à communiquer entre eux. La nuit risque d'être très longue en attendant les renforts. D'autant plus que, désormais, le *1./Grenadier-Regiment 914* connaît les positions américaines. Durant l'accalmie, on réorganise les hommes et on s'interroge sur l'emplacement des forces adverses. On souligne aussi que, dans le chaos et la désorganisation, il va falloir veiller à ne pas en venir à effectuer des tirs fratricides. La confusion règne. On peut très bien confondre un camarade dans la nuit et le bruit. De plus, utiliser des armes allemandes n'aide pas à juger correctement de la nationalité de la personne en face de soi. Et on se dit qu'il y a la dramatique possibilité de ne pas reconnaître des hommes du *116th Infantry* ou de Schneider arrivant au-devant d'eux. Lors de la contre-attaque, les *Rangers* n'échangent pas de tirs. Dans le poste avancé où se trouve le *Sergeant* Petty, il est impossible de localiser d'où venaient les tirs. Alors que le *Sergeant* écoute des bruits venant de bâtiments de la ferme, à la droite de son poste avancé, une mitrailleuse tire sur lui, faisant ricocher des balles contre les murs du corps de ferme. Petty s'enfonce dans une meule de foin qu'il a préalablement placée pour se protéger. L'explosion, qui a effrayé les *Rangers*, n'a pas permis de bien repérer les adversaires. Les hommes choisissent de changer de position et ils reculent vers le P.C., pour retrouver des hommes des *Companies D* et *E*, comprenant, notamment, Leonard Lomell.

À **1 heure** du matin, le **7 juin**, une nouvelle contre-attaque va s'abattre contre les *Rangers*. C'est à nouveau une avancée surprise sur les Américains, de la même intensité. Les unités allemandes tentent de repousser les positions américaines. Dans la nuit noire, les balles traçantes fusent et les *Rangers* se font enfoncer leurs lignes sur plus de 45 mètres avant de pouvoir repérer l'adversaire et répondre à l'assaut. Beaucoup se font à nouveau surprendre tant la discrétion des Allemands avait été parfaite. La progression de la *Wehrmacht* vers les forces adverses de la Pointe, à travers les vergers et les champs, est d'un silence absolu. Le *Ranger* James Gabaree se souviendra de la forte intensité des tirs allemands. On utilise contre les *Rangers*, en plus des balles et des grenades, des mortiers. Des camarades de Gabaree, cachés dans des trous, sont si proches de l'adversaire que l'on aurait quasiment pu en venir au combat au

L'un des encuvements pour pièce de 155 mm, disloqué par les bombardements. Photo prise vers 2000. (E.G./Heimdal.)

corps-à-corps. La *Wehrmacht* vient du sud et du sud-ouest, bien décidée à enfoncer les lignes de la *Company E*. Vu la récurrence et la forme des attaques, il semble que se jouait aussi l'objectif de pousser à bout psychologiquement les Américains. Dans la *Company D*, le *Technician Fifth Grade*, Henri S. Stecki répond, comme il peut, tout autour de lui, avec son *FM BAR*. Pendant deux minutes, il tire continuellement sur tout ce qui peut se présenter devant lui. Afin d'arrêter Stecki, les Allemands lui jettent des grenades. Les tirs s'arrêtent. Puis, quelques instants après, ils reprennent de plus belle. Le *FM BAR* continue de hacher les environs avec ses rafales. Stecki se trouve dans un angle stratégique et les Allemands sont bien décidés à prendre sa position. Ils jettent à nouveau des grenades contre lui. Après les nouveaux jets de grenades, les *Rangers*, dont notamment Branley, blessé dans l'attaque de 23 heures, se sont rapprochés non loin de Stecki, n'entendent plus le *FM BAR* de leur camarade. Des Allemands se mettent à parler près de l'emplacement du *Technician Fifth Grade*. Il est donc pris et la ligne de défense américaine brisée. On ne saura pas, à nouveau, pourquoi, juste après l'attaque allemande, les tirs cessent. Tous ignorent, aussi bien pour les hommes de la *Company D*, au nord de la position de Stecki, que ceux de la *Company E*, à l'est, la situation globale des *Rangers* et des forces adverses. On se contente de rester dans le silence et de ne pas se mouvoir. Il faut dire aussi que les munitions manquent. Des tirs sauvages auraient donc été mal venus. Au P.C., Arman et Lapres conviennent que la *Company D* a probablement été débordée. Dans ce cas, de déferlement et de dépassement des hommes de la *Company D*, si les Allemands mènent une nouvelle attaque, le mieux sera de se replier. Les deux *Lieutenants* n'ont aucun contact avec la *Company D* et ils ne connaissaient pas leur plan. Au centre des lignes de la *Company E*, on se passe le message d'éviter les tirs sauvages, afin d'économiser les balles.

À **3 heures** du matin, alors que certains *Rangers* commençaient à s'endormir, épuisés, des tirs recommencent. Cette fois, ils sont d'une intensité supérieure à ceux des deux contre-attaques précédentes. Le *Lieutenant* Arman se souviendra que l'attaque commence par des tirs intenses, puis vient une accalmie. C'est juste après qu'arrive l'assaut allemand. Les forces de la *Wehrmacht* avancent à partir de la position où avait combattu Stecki. Dans un front bien plus élargi que précédemment, aidés d'importants tirs de mortier, qui retombent cependant dans les champs, au nord des Américains, la *Wehrmacht* réussit à avancer jusqu'au champ de blé se trouvant au bas du P.C. Il est très difficile, pour les *Rangers*, dans l'obscurité, de voir venir les forces ennemies. Le *Staff Sergeant* Curtis se fait capturer sans pouvoir échanger un seul tir. Il était aussi inquiet à l'idée, dans le noir, de malencontreusement tirer sur ses compagnons. La *Wehrmacht* enfonce la ligne de la *Company E* en plein dans son centre ! Les tirs de *MG42*, de *Walther P38*, ou encore de *MP 40* éclairent dramatiquement la nuit. Le *1st Class* Harold Main, qui avait entendu Curtis se faire prendre à moins de cinq mètres de lui, est grièvement blessé par une grenade. Très atteint, il essaie ensuite de se cacher. Non loin, le *1st Class* George H. Crook tire avec son *FM BAR*. Puis, l'arme ne se fait plus entendre. Carl Bombardier, qui avait récupéré une mitrailleuse Vickers sur une péniche de débarquement, avec son aide, fait tout comme Crook. Ils tirent à volonté, à l'aveugle, et dans un feu dévastateur. Tout ce qu'ils soupçonnent de pouvoir les mettre en danger est visé. Ils tranchent les épaisses haies de leurs balles. On tire bien souvent jusqu'à l'épuisement complet des munitions. Certains lancent des grenades allemandes récupérées plus tôt. Soudain, le *Sergeant* Simmons n'a plus de balles. Idem pour le *Sergeant* Dominick B. Boggetto, son *FM BAR* s'est bien trop vite allégé. Le *T/5* John S. Burnette a été blessé par les tirs ennemis. On entend les Allemands se rapprocher toujours plus. Ils ne sont plus qu'à quelques pas, enfonçant la ligne de défense juste au niveau de Main, qui balaie désespérément la campagne de ses tirs. Pour Rupinski, tout est perdu. Plus de munitions et des forces en face bien supérieures. L'encerclement est évident. De nombreuses balles traçantes, comme lors des contre-attaques précédentes, illuminent les positions américaines, permettant aux Allemands de mieux cibler les forces adverses dans le noir. Les hurlements et les sifflets de la *Wehrmacht* essaient cette nuit-là de faire croire à une force d'attaque beaucoup plus importante qu'en réalité. L'effet produit fonctionne contre les *Rangers*. Les derniers combats se font sur le poste de commandement du *Lieutenant* Leagans. Beaucoup de confusion règne chez les *Rangers* durant l'attaque de 3 heures du matin. Aux côtés de Leagans, Bogetto a pourtant fait de son mieux. Réussissant à encercler les *Rangers*, les Allemands les approchent à la baïonnette, leur donnant l'ordre de se rendre. Rupinski leur crie « *Kamerad ! Kamerad !* ». Dans les combats, Leagans perd la vie et de nombreux autres *Rangers* sont blessés. Les Allemands parviennent à faire une vingtaine de prisonniers ! Il s'agit surtout d'hommes de la *Company E* et quelques-uns de la *D*. Juste après l'attaque, au P.C., alors qu'on essaie, dans la confusion, de juger s'il faut se replier ou pas, viennent des *Rangers* annonçant que les hommes se font tuer. Un homme de la *Company E*, venu à toute vitesse, hurle : « *Lieutenant, les Allemands ont percé. On ne peut pas les contenir, lieutenant. Nom de Dieu, on a des gars en train de se faire tuer partout !* ». Un *Ranger* vient annoncer que la *Company D* a été anéantie. Pour Edward P. Slith et Charles H. Dunlap, arrivés au PC les armes enrayées, la situation est devenue évidente : il n'y a plus aucun homme entre le *Lieutenant* Leagans et le P.C. Les *Rangers* de la *Company F* et ceux du *5th Battalion*, situés près du P.C., constatant l'encerclement des hommes des *Compagnies D* et *E*, se retirent. Au cours du repli, les *Sergeants* Petty et Hayward A. Robey, avec son lourd *FM BAR*, ainsi que le *Ranger* Dix se placent un peu en avant du PC pour abattre les premiers Allemands qu'ils pourront voir. Ils voulaient, de cette manière, couvrir leurs compagnons, Arman et les autres, qui partent vers la route de Grandcamp pour la Pointe. Des Allemands reculent sous leurs tirs. Sur leur chemin vers la grand-route, le *Staff Sergeant* Richard N. Hathaway du *5th* est averti par les *Rangers* qui se replient, de faire comme eux et de partir avant l'arrivée des forces allemandes en trop grand nombre, et se reporter vers les falaises. Il s'exécute et rassemble le plus d'hommes qu'il peut retrouver et il abandonne ses prisonniers allemands sur place. Arrivé sur la grand-route, Arman comptabilise les hommes et s'aperçoit que les comptes rendus faits plus tôt au P.C. sont malheureusement exacts. Si beaucoup d'hommes de la *Company F* sont là, un grand nombre des *Companies D* et *E* manquent, laissant présager des hommes tués ou capturés.

Arrivé auprès d'Arman, le *Sergeant* James R. Alexander, de la *Company* F, apprenant que Petty et Robey contenaient les Allemands en arrière, décide de partir les aider. Sur son chemin, il est capturé par les Allemands. Les *Rangers* continuent leur avancée sur la Pointe, et, aux alentours de **4 heures** du matin, ils créent une ligne de défense de cinquante hommes, répartis entre les emplacements de canon numéros trois et cinq. La contre-attaque, pour une raison encore inconnue, s'arrête. Si le positionnement des *Rangers* fournit une protection solide, permettant des tirs croisés en cas d'avancées, ils manquent d'armes et de munitions. Pendant la retraite, une douzaine d'hommes de la *Company D*, restés plus en arrière, prennent des initiatives différentes. Ils restent cachés dans leurs trous, au bord des haies. L'ensemble, étalé sur 230 mètres, se fixe, attendant que le soleil se lève. Ils n'apprendront la retraite des *Rangers* que lorsque celle-ci avait déjà commencé. Il est donc très risqué pour eux de bouger tant la concentration d'Allemands est forte. Bien plus tard, Petty et ses compagnons réussiront à se faufiler discrètement dans les lignes adverses et à rejoindre la Pointe du Hoc. Quand Rudder apprend que de rares hommes ont survécu à la contre-attaque et se sont maintenant repliés en formant une ligne de défense entre les embases de canon, la situation lui paraît dramatique. Tant par le fait d'apprendre que le reste des forces des *Rangers* a été, croyait-on, quasiment entièrement neutralisé mais aussi pour l'avenir de la prise de la Pointe du Hoc. Quand, les premiers rayons de soleil du 7 juin commencent à poindre à l'horizon, le *Major* n'a toujours pas de nouvelles de la *Task Force C*, sur *Omaha*. Trop peu de renforts lui sont parvenus, la nourriture est inexistante et les munitions sont rationnées. Le temps est compté. Quatre-vingt à quatre-vingt-dix hommes sont encore capables de se battre sur un espace d'environ 200 mètres de profondeur. Acculés à la mer, les *Rangers* n'ont plus qu'à attendre que des centaines d'Allemands réduisent à néant leur progression en les prenant en tenaille dans un assaut final [1]. À ce stade, le chiffre des pertes et des blessés allemands reste encore aujourd'hui indéfini. Du côté américain, 78 *Rangers* avaient perdu la vie. 131 étaient plus ou moins gravement blessés. Sur la Pointe, près du P.C. de Rudder, on pouvait entendre certains gémir de douleur. Il faut aussi compter les hommes capturés et perdus (environ 24). Dans les toutes premières heures du 7 juin, ce sont 233 Américains qui manquent à l'appel. Parmi les morts, il y a notamment George Mackey. Celui-ci, persuadé qu'il ne reviendrait pas de la guerre, avait offert, avant le début des combats, son jeu de cartes à un ami.

(1) Les chiffres donnés par les Américains sur leurs adversaires sont toujours très exagérés, pour donner un contenu héroïque, « style Alamo », à la résistance de leurs soldats. Les Allemands ne pouvaient, au mieux, qu'avoir aligner un maximum de deux cents à trois cents hommes en contre-attaque dans ce secteur... [NDE.]

Carte montrant l'avance des Rangers de 2e et 5e bataillons, le 6 juin en fin de journée, à l'ouest d'*Omaha Beach*. (Heimdal.)

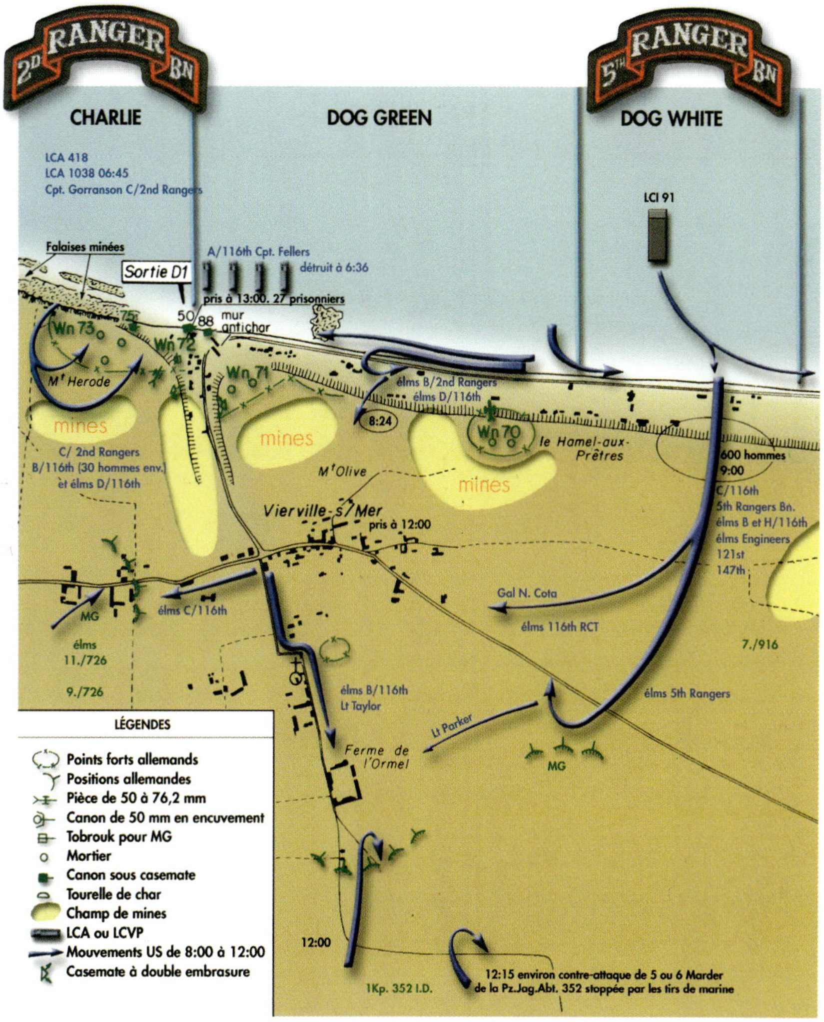

14

L'arrivée des renforts

Pendant ce temps, à dix kilomètres environ de la Pointe du Hoc, sur *Omaha Beach*, les *Rangers* qui se sont rassemblés non loin de Vierville-sur-Mer, se mettent en route pour rejoindre la *Task Force A*. Les rangs se sont considérablement clairsemés. À **8 heures**, c'est un groupe composite qui prend la route menant de Vierville à Grandcamp. Il est formé de ce qu'il reste d'hommes des *Compagnies A*, *B* et *C* du *2nd Ranger Battalion*. Ceux-ci sont à présent commandés par le *Captain* Edgar L. Arnold. À cela, s'ajoutent les *Companies C* et *D* du *5th Rangers*, des hommes de compagnies diverses du *116th Infantry Regiment*. Surtout de la *C*. Ils forment, selon R. Lane, 150 hommes, pour S. J. Zaloga et R. W. Black, 250. Des chars du *Squadron B* du *743rd Tank Battalion* se joignent au groupe. Cinq véhicules, selon H. K. von Keusgen, six pour Jim Schneider et Ronald Lane et dix pour S. J. Zaloga. Cette *Task Force* est placée sous l'autorité du *Lieutenant-Colonel* John Metcalfe. Le *Major* Richard Sullivan, du *5th Rangers*, est le second. L'effectif est faible et du matériel manque. On avait, avant le départ, essayé de récupérer, à la hâte sur la plage d'*Omaha*, ce qui n'avait pas trop pris l'eau. Le *Captain* George S. Williams et d'autres s'étaient chargés de cette tâche. L'ensemble prend la route pour venir en aide aux *Rangers* de Rudder, formant au total un contingent d'environ 350 hommes. Sur le chemin, les Américains rencontrent une résistance éparpillée. À l'aide des *tanks*, ils vont devoir en venir à bout.

Quatre *GI* sur la Pointe, probablement entre le 7 et le 8 juin. Ils entourent des prisonniers. Certains sont d'origine italienne et appartiennent probablement à l'*Organisation Todt*. Au sol, une boîte de jumelles traine et l'un des *GIs* en porte une paire autour du cou. Parmi les prisonniers, certains sont habillés en civils. Il se peut que ces vêtements aient été mis pour tenter d'échapper à une capture en se faisant passer pour des Français. Ils furent tous évacués vers un navire américain. En attendant, ceux-ci communiquent avec le *GI,* qui est armé de son M1 Garand auquel il a fixé une baïonnette. (National Archives.)

La végétation de haies et de taillis profite surtout aux défenseurs. Les *Rangers* avancent vers Saint-Pierre-du-Mont, sans savoir qu'entre eux et la mer, se trouvent des forces allemandes. Les hommes sont attaqués par intermittence et les forces de la *Wehrmacht* sont plutôt surprises de la rapidité de leur avancée. L'armée allemande décrit leur progression comme *« la marche folle »*. Au cours de cette avancée, des soldats allemands attaquent les troupes alliées, mais sans toucher un seul homme ! C'est peut-être lors de cette progression que des soldats du *5th Ranger* prennent quelques instants pour laisser une inscription sur le mur d'une vieille bâtisse située dans les terres : *« 5th Ranger Lost Patrol – USA »*, en français, *« USA – La patrouille perdue du 5th Ranger »*. La *Wehrmacht* attaque *« la marche folle »* à la grenade et à la mitrailleuse. Tout comme à *Omaha*, on trouve des tireurs isolés. L'obscurité de la nuit et les tunnels qui lient les positions entre elles ont permis aux Allemands de faire parvenir de nouveaux effectifs. Dans son passionnant ouvrage, *Intact*, Raaen nous donne un aperçu de ces combats, avec l'aide des chars, dans la campagne normande : *« Pour moi, J+1 débuta en un éclair. Les Allemands attaquèrent par le sud avec ce qui semblait être la puissance d'une compagnie* [environ une centaine d'hommes – soit un rapport d'un contre quatre en faveur des Américains qui disposent aussi de chars... NDE]. *Avec l'aide du* 743rd Tank Battalion, *stationné sur la route principale est-ouest allant à Vierville, nous les avons repoussés. Les chars d'assaut étaient arrivés pendant la nuit, et ce fut la première fois que je les vis combattre. Les équipages de char étaient tous bloqués et ne pouvaient pas voir ou entendre que nous étions attaqués. J'ai sauté sur le dessus de l'un d'eux et cogné la crosse de mon fusil sur la tourelle jusqu'à ce qu'un tankiste ouvrît son écoutille. J'ai ensuite indiqué le lieu de l'attaque et suggéré qu'il y prenne l'ennemi sous son feu. Lui et les autres chars l'ont fait, mais ils n'ont tiré qu'avec les mitrailleuses de calibre .50, croyant apparemment que les cibles étaient trop indéfinies pour qu'ils utilisent leurs canons de 75 mm. »*

La *Company A* du *2nd Ranger* mène la marche, suivie ensuite par la *B* et la *C*. Les hommes de Metcalfe atteignent les alentours de Saint-Pierre-du-Mont vers **11 heures**. À environ un kilomètre de la petite commune, les hommes doivent s'arrêter en raison de grands cratères et de champs de mines sur la route. En cela, les mines remplissent pleinement ce pourquoi elles étaient conçues, qui était, en plus de faire des victimes, pouvoir ralentir une avancée ennemie. Les cratères sont dus aux bombardements alliés opérés plus tôt. Les Américains savent que ces creux vont ralentir la progression des *Sherman*. Les tirs d'artillerie adverses compliquent encore la situation. Ils s'amplifient beaucoup, venant de la batterie de Maisy. Deux *Rangers* de la *Company C* sont blessés, les *Staff Sergeant* Paul B. Byzon et Joseph A. Wetzel. Quelques hommes, arrivés non loin, rencontrent la famille Le Normand. Pressés et affamés, ils leur demandent de bien vouloir rapidement leur faire rôtir des poulets de la ferme. Afin de trouver une issue aux tirs incessants, des hommes progressent lentement dans le village en s'aidant des *Sherman*. La liaison entre les soldats et les tankistes est difficile. Le *2nd Rangers* fouille chaque maison à la recherche de tireurs d'élite. On se concentre un instant sur le clocher de l'église. Supposant qu'un homme, guidant les tirs d'artillerie allemands s'y trouve, un *Sherman* se charge de le détruire. Tandis que les hommes du *2nd Rangers* nettoient le village, le plus rapidement possible, le reste de la *Task Force* fonce sur le carrefour menant à la Pointe du Hoc. En fin d'après-midi, dans la *Task Force*, le *5th Rangers* et le *116th Infantry* réussissent à l'atteindre. Ils y subiront un pilonnage d'artillerie d'une intense violence, doublé de tirs de mortier. Deux chars sont violemment touchés. Au sein du *116th Infantry*, entre 30 et 40 hommes sont blessés ou tués. Trente-six selon H. K. von Keusgen. Dans les affrontements, un lieutenant du *116th Infantry* aperçoit un soldat de la *Wehrmacht* s'avancer vers lui, signalant son abandon des combats en levant les mains. Alors que l'Américain vient au-devant de celui-ci pour le faire prisonnier, le fantassin de la *Wehrmacht* dégoupille une grenade cachée dans sa main. De ce fait, il réussit à tuer son adversaire. La supercherie de l'Allemand lui coûte d'être aussitôt abattu par les hommes qui sont près du *Lieutenant*. Pris de fureur devant cette traîtrise, une fois le corps ennemi tombé à terre, chaque Américain qui passe près du *Landser* mort, déverse les balles de son chargeur. Dans l'avancée sur la Pointe, les combats sont meurtriers dans les deux camps. Les rangs américains sont grandement éclaircis. *Rangers* et fantassins du *116th* décident alors de se replier sur Saint-Pierre-du-Mont, abandonnant le carrefour. La Pointe du Hoc n'est pourtant qu'à moins de deux kilomètres d'eux. Dans la retraite du carrefour de la Pointe, le *Ranger* Ed O' Connor du *2nd Battalion, Company A*, le *Sergeant*, est le dernier homme de la *Task Force* à quitter les lieux. Il réussit, dans son trajet, à récupérer cinq Allemands qui se trouvaient juste derrière lui et voulaient se rendre. Dans les combats, un civil français, Maurice Le Normand, vient en aide aux Américains. Il leur fournit le secours de sa charrette à cheval pour mettre à l'écart des blessés. Les Américains se sont lancés dans des combats violents dans le village.

En raison de l'intensité des tirs de l'artillerie allemande, un *NSFCP*, le *NSFCP 3*, qui faisait partie de la colonne, guide la marine dans ses tirs sur Maisy et sur Criqueville-en-Bessin, où se trouvait un canon de Flak de 88 mm. Le *NSFCP 3* est attaché au *1st Battalion* du *116th IR*. Le *NSFCP 1* est quant à lui avec les hommes du *2nd Ranger Battalion* et le *NSFCP 3* est au sein du *5th Ranger Battalion*. Les *NSFCP* pouvaient utiliser un *SCR 609* et un *SCR 284* pour l'appui naval. Le *SCR 609* ne nécessitait pas de connaissances techniques particulières. Avec ce poste portatif, servant ici pour les liaisons d'artillerie, il fallait deux personnes pour porter le matériel complet. Il pouvait être monté sur une *Jeep*. L'opérateur maniant le *SCR 609* utilisait l'un des deux canaux du poste choisi de concert au préalable en Angleterre avec la *Navy*, avant l'assaut. C'était un téléphone haute fréquence avec une antenne télescopique *AN-29-C* de plus de 4,5 mètres. Concernant la fréquence, ils travaillaient de 27 mégacycles à 38,9 mégacycles, uniquement en FM. Il semble très peu probable que l'opérateur ait utilisé ce jour-là l'antenne filaire de plus de 8 mètres que l'on pouvait aussi raccorder à l'appareil. Une antenne verticale de cette longueur aurait été trop visible. Le *SCR 609* était alimenté par piles au moyen de la boîte *CS-79*. Il est peu probable que les *Rangers* aient utilisé un *SCR 610*. Le *SCR 284*, émetteur-récepteur, nécessitait une génératrice à main. Appareil mythique du débarquement, utilisé aussi bien par les *Rangers* que les parachutistes, il avait une portée de plusieurs dizaines de kilomètres, supérieure aux trois kilomètres du *SCR 609*. Avec le *SCR 284*, il était possible de

Un cadavre est ramené, en civière, à bord d'un *LCVP*. Le 7 juin, à 17 h 30, ce sont des barges chargées de 34 *Rangers* blessés qui furent amenées vers l'*USS Texas*. Sur cette photographie, le soldat mort est le *Coast Guard* abattu par un tireur embusqué allemand. À bord des péniches se trouvaient aussi 28 prisonniers, Allemands et Italiens. (6-WA-6J60, U.S. Coast Guard Photo, National Archives.)

Ci-dessus : des prisonniers passent juste à côté du PC de Rudder. Nous sommes le 8 juin et un drapeau américain a été apposé sur le sol pour prévenir l'aviation de ne pas frapper la zone. Certains regardent les prisonniers passer, on discute. On peut enfin manger quelque chose, à partir des rations de combat, posée sur un bloc de bunker, déchiqueté, comme le fait le *Corporal* L. Lisko, discutant avec un camarade tenant son quart à la main droite. Certains, au bas à droite de l'image, redescendent de la falaise. Des *M1 Garand* ont eu la crosse détruite. Le drapeau a été posé par un des parachutistes qui était tombé non loin de la Pointe. (National Archives.)

Ci-dessous : le même endroit, photographié en 2000, alors très reconnaissable. (E.G./ Heimdal.)

faire de la télégraphie. L'unité collective était de quatre personnes. Un soldat se chargeait de porter le poste, un autre homme avait le sac avec la génératrice, un autre le sac d'accessoires et d'antenne et il fallait compter l'opérateur radio. L'installation demandait en théorie pas plus de quinze minutes pour être installée. À l'inverse du *SCR 609*, le maniement du *SCR 284* demandait une formation spéciale. Il fallait un opérateur radiotélégraphiste. L'ensemble se montait aussi bien à terre que sur un véhicule, avec des adaptations spécifiques en fonction du véhicule. Il fut plus tard remplacé par le *SCR 694*. Le *SCR 609* permettait la liaison avec le *SCR 608* en mer. Le *SCR 608* était un poste comprenant un récepteur *BC 683*, un émetteur *BC 684* et un mounting *FT 237*. Il avait pour rôle, tout comme

Le *Rear-Admiral* John L. Hall Jr., de l'*US Navy*, alors *Commander* de la *Task Force 124*, le 6 juin. Il était ici à bord de l'*USS Ancon (AGC-4)*. (Rear Admiral John L. Hall, Jr., USN, 80-G-59419, National Archives.)

le *SCR 609*, des liaisons bidirectionnelles. Très lourd, il pouvait être placé à bord d'un véhicule, d'un bateau ou d'un char. Entre 13 heures et 14 heures, l'USS *Texas* pilonna les deux batteries de Maisy. Le *Private* Coit Coker se souvint qu'à chaque tir du cuirassé, la batterie s'arrêtait de harceler les Américains. Le *Technician* Leonard P. Kasseimer, *Company B* du *2nd Rangers* doit être évacué rapidement car sa jambe fut atteinte grièvement par un shrapnel, un obus à balles. Devant la jambe en sang et pleine de fragments, les *Sergeants* Walter A. Fyda et Geno L. Passetto se chargèrent de ramener Kasseimer sur *Omaha*. Sans armes, ils furent surpris dans leur trajet par quatre soldats allemands. Les hommes de la *Wehrmacht* auraient pu abattre nos trois hommes. Pourtant, ils firent le choix de déposer les armes pour se rendre et suivirent les deux *Rangers* jusqu'à la plage. Dans la *Task Force* en renfort pour la Pointe du Hoc, Leonard P. Kasseimer ne fut pas le seul soldat évacué sur la plage. Il eut aussi le *1st Class* Christian J. Mohr du *116th Infantry*, *Company B*.

Sur Saint-Pierre-du-Mont, on se rassemble et on s'organise afin, devant la nuit qui tombe, de prévoir la résistance à un encerclement. Suivant les ordres de Max F. Schneider, on créé un campement provisoire à une centaine de mètres du centre de la localité, dans la direction de la Pointe. Aucun contact n'avait pu être établi avec la *Task Force A*. Mais Rudder avait reçu des renforts ! Pour la première fois, une péniche avait réussi à se poser sur la plage de galets. L'embarcation arriva juste en face du PC de Rudder avec des hommes et du matériel. Dans l'après-midi, le *1st Platoon* de la *Company F* du *5th Rangers* avait bataillé dans les terres, détruisant des dépôts d'armes et trois positions bétonnées ennemies. De leurs combats, ils avaient réussi à abattre 8 hommes et en capturer 36 autres. Ils furent alors mis à contribution par le *Major* Jack B. Street. À ce moment, Street faisait partie de l'état-major de l'*Admiral* Hall, en tant que *Staff Officer*. Il connaissait bien les Rangers, puisqu'il les avaient rejoint à Nemours, en Afrique du Nord, où il avait pris les commandes du *1st Ranger Battalion*. Ce jour-là, il emmena une section de *Rangers* dans un *LCVP*. Partant d'*Omaha Beach*, ils étaient accompagnés par d'autres soldats d'infanterie, vers l'*USS Texas*. Ils furent rejoints en mer par d'autres péniches transportant de l'eau, de la nourriture, des munitions de tous types, notamment des grenades. Vers 15 heures, quatre *LCVP* avec 60 hommes du *5th Rangers* arrivèrent là où un *LCT*, venant du *Barton*, le 6 juin vers 14 h 30, avait dû rebrousser chemin devant les tirs de mitrailleuses. Des blessés, certains gravement, furent évacués vers le *Texas*. L'embarcation comprenait un *Coast Guard*, abattu par un sniper allemand, alors qu'il faisait charger des troupes dans la péniche, 34 *Rangers* blessés et 28 prisonniers. Rudder, sévèrement touché, refusa de monter dans une de ces péniches. Parmi les *Rangers* rapatriés, l'un d'entre eux succomba dans la nuit à ses blessures à l'abdomen. Sur le retour, parmi les forces ennemies, se trouvaient notamment un officier et quelques Italiens, alors en Normandie pour des travaux de chantier. On questionna les prisonniers avec l'aide de traducteurs. Les Allemands affirmèrent qu'ils n'avaient reçu aucune alerte avant l'attaque et qu'ils ne s'attendaient pas du tout, dans leur secteur, à voir venir des forces alliées. Dans l'après-midi, au PC de Saint-Pierre-du-Mont, le *Captain* John Raaen, *Commanding Officer* du *Headquarters*, d'hommes du *5th Ranger Battalion* et Wilmer Wise, de la *Company C*, avaient été avertis par un officier de la *29th Division* que la petite localité de Vierville avait été reprise par les Allemands et que venait, au-devant de leur *Task Force*, des soldats ennemis... Et surtout des *Panzer* ! Les forces de Saint-Pierre-du-Mont firent pourtant le choix, malgré les allégations traitées avec sérieux et dans la plus grande inquiétude, de conserver leurs forces sur place. Mais ils postèrent des hommes dans le village, à l'affût de toute arrivée au niveau de la route qui se dirigeait vers Vierville.

Alors que Raaen vérifie ses hommes postés, un homme de la *29th Division* vient au-devant de lui à vélo. Il l'avertit, qu'en fait, Vierville n'avait pas été reprise. Notons que ce ne fut pas la seule fausse information ce jour-là. Par exemple, à 19 h 45, c'est encore un officier du *5th Rangers* qui avait affirmé au *V Corps G-2* que la Pointe du Hoc avait été prise par les Allemands. Dans les premiers jours du débarquement, ce type d'informations erronées n'était pas rare, en raison de la confusion régnant sur la côte. De cette information communiquée par l'officier *Rangers*, au sein du *116th Infantry*, méfiant, on n'en tint pas compte.

La nuit arrivée, inquiet de possibles contre-attaques, le *Colonel* Charles D. W. Canham ordonne que le plein d'essence et de munitions soit fait aux *tanks*. Les engins ne sont donc pas avec les hommes cette nuit-là. De toute manière, ils étaient trop vulnérables là où ils se trouvaient. À 17 heures, une liaison radio est réussie entre le PC de Rudder et la *Company G* du *5th Ranger Battalion*. Les mots de Rudder à leur égard sont simples: «*Essayez de combattre jusqu'à nous*». Mais, pour les hommes du *5th*

Ci-contre: prisonnier allemand à bord de l'*USS Texas (BB-35)*. Nous sommes non loin d'*Omaha Beach*, le 7 juin. (80-G-369968, National Archives.)

Ci-dessous: le *Lieutenant Commander* Knapper et le *Chief Yeoman* Cook, de l'*USS Texas (BB-35)*, examinèrent les dégâts de l'*US Navy* et de l'*US Air Force* sur les casemates allemandes. À leur droite, le corps d'un *Ranger* mort avait été recouvert d'une couverture. Nos deux hommes semblent avoir été obligés de se mouiller les pieds en sortant de leur embarcation pour ensuite monter sur la position. (80-G-235595, National Archives.)

Approvisionnement des *Rangers* en bas la falaise de la Pointe du Hoc. On peut voir au sol des cordages à cabillots servant à l'escalade. L'approvisionnement se fit à pied, de la péniche restée sur le rivage jusqu'aux falaises. (80-G-45717, National Archives.)

Rangers, cela est alors impossible. Car ils sont sous les ordres du *116th Infantry* et il n'y a que Canham qui peut leur dire d'avancer. La *Task Force A* va devoir attendre seule, une nuit de plus, le renfort de ses frères d'armes. À la nuit tombante, on tente une liaison téléphonique avec eux. Le *Corporal* Howard D. McKissick et le *Sergeant* Willie W. Moody se portent volontaires pour permettre la communication entre les unités. Armés de leur courage, ils partent dans la nuit, avec un câble, vers la position de Rudder, dans l'espoir qu'enfin la *Task Force A* et la *Force* de soutien puissent communiquer. La traversée est hautement risquée. En plus d'Allemands surveillant la campagne, le terrain est parfois parsemé de mines. Les deux *Rangers* doivent traîner un câble qui va permettre de relier deux téléphones, probablement des *EE-8*. L'avantage

du câble est de trouver une solution en cas de manque d'autres moyens radios, mais aussi, de permettre la discrétion. Dans le cadre d'une liaison radio, il est toujours possible, à trois ou quatre kilomètres derrière les lignes, que les Allemands puissent intercepter les transmissions alliées. Il aurait suffi d'une camionnette allemande, équipée de matériel permettant de récupérer les fréquences ennemies, pour situer le départ des ondes et après ne plus avoir qu'à guider l'artillerie ou les mortiers. La tâche est hautement dangereuse, car la patrouille doit circuler dans un territoire ennemi inconnu où, à tout moment, des troupes adverses peuvent les abattre. Cette mission, périlleuse pour réussir une liaison filaire, montre aussi toute l'importance que revêt le fait d'obtenir de bonnes liaisons téléphoniques lors du débarquement. On voit aussi que les *Rangers* ont pu disposer en moyens de communication, de la radio, de l'optique, des pigeons et du téléphone. Arrivant d'abord par la plage vers l'ouest, les deux *Rangers* se rendent compte de leur erreur et bifurquent pour arriver vers l'ouest sur les hauteurs et atteindre, de ce fait, le PC de Rudder, avec leur câble. Il leur faut trois heures pour atteindre le PC. Sur la Pointe, on est grandement soulagé de voir arriver les deux soldats qui montrent enfin une avancée dans l'issue de la mission des *Rangers*. Moody et McKissick reviennent ensuite vers Raaen. Ils ont réussi à établir la ligne et apportent avec eux sept hommes pour guider la *Task Force* de renfort qui va bientôt reprendre son avancée. Ils ont achevé leur périlleuse mission. Dans *Intact*, Raaen raconte le moment où il vit arriver les deux hommes : *« D+2 arrivant, j'appris que Moody et McKissick étaient de retour. Pressé d'avoir leur rapport je leur demandai, "Avez-vous contacté le* 2nd *?" "Oui Monsieur." "Des messages ? Dans quel état se trouvent-ils ?" À ce moment-là, le Sergeant Moody me tandit un téléphone de campagne et me dit,* "Captain, *vous pouvez leur demander" »*. C'est Raaen qui écrivit la citation de la *Distinguished Service Cross* qu'ils recevront plus tard du fait de leur immense courage. Depuis l'instant où Schneider avait, en mer, reçu la confirmation des *Rangers* du *LCA 888* que des camarades étaient arrivés en contrebas de la falaise de la Pointe, c'était la première fois qu'il reprenait contact avec Rudder. Les deux hommes indiquèrent leurs positions mutuelles et l'état de leurs forces. Sur la Pointe du Hoc, on s'inquiétait d'une nouvelle contre-attaque et, à l'aide de la lampe de signalisation, on indique de nouveau les secteurs que les destroyers doivent pilonner pour constituer une ligne de défense au *2nd Ranger Battalion*. Les tirs de navire, avec le *Barton*, le *O'Brien*, le *Hardin* et le *Thompson*, additionnés aux servants de mortier, permettent de cette manière à contenir les avancées allemandes.

La force de soutien de Saint-Pierre-du-Mont ne subit pas de contre-attaques la nuit. Les hommes restent éveillés. Dans le ciel, des avions survolent les positions américaines. À Saint-Pierre-du-Mont, la *Luftwaffe* passe au-dessus des *Rangers*. Mais son objectif est les forces navales. Sur la Pointe du Hoc il n'y a pas d'arrivées allemandes non plus. Rudder et ses hommes ne sont plus environ que 80 hommes au sommet de la Pointe. Plus en avant, treize autres *Rangers*, dont Kerchner et Lomell, sont pourtant

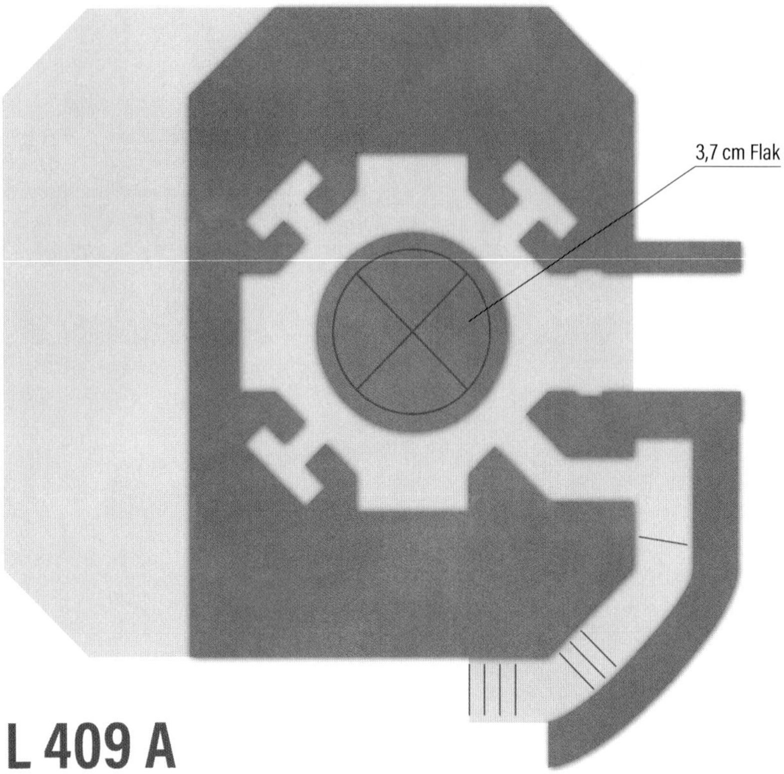

L 409 A

Plan du bunker pour la position de 3,7 cm Flak se trouvant sur le côté oriental du point d'appui, surmontant un abri pour dix soldats. (P. Gros/Heimdal, d'après H. v. Keusgen.)

prêts à parer toute contre-attaque. Parmi eux, se trouvent deux hommes blessés. Un P-47 vient survoler le PC du colonel, mais l'étalage d'un grand drapeau américain permet aux *Rangers* de ne pas se faire tirer dessus. La nuit avançant, la *Task Force* de Saint-Pierre-du-Mont prépare son avancée vers la Pointe du Hoc. On décide d'attendre le jour se lever pour avancer. Dans la nuit, Schneider utilise le combiné qu'ont installé les *Rangers* plus tôt pour entamer une discussion avec Rudder. Il lui indique la percée que son groupe va opérer sous peu. Il lui dit aussi que ses forces approchent par le sud, le sud-est et le sud-ouest. Dans la conversation, Rudder lui indique que des hommes à lui se trouvent dispersés sur la Pointe du Hoc et que certains, on pensa aux hommes de Kerchner, sont dans leurs trous depuis deux jours. Embusqués, ils attendent l'adversaire, parfois cachés aussi près de haies denses. Cet oubli peut causer de dramatiques altercations entre troupes amies. La force de soutien qui va s'avancer sur Rudder s'est vue renforcée des *2nd* et *3rd* bataillon du *116th Infantry*, deux *Companies* du *743rd Tank Battalion* et davantage de *Rangers* du *5th Battalion.* Il faut noter qu'après la jonction avec Rudder, il fallait réussir aussi une jonction avec *Utah Beach.* Après la Pointe du Hoc, on avance vers Grandcamp et Isigny. Peu après **10 heures** du matin, 16 *M4 medium Tanks* des *Companies A* et *C* du *743rd Tank Battalion* avancent vers Rudder et ses hommes. Les fantassins de la *Task Force C,* ont été fournis par trois *Battalions* du *116th Infantry.*

Dans les rangs allemands, la situation s'était aggravée. Il était de plus en plus difficile de préparer les contre-attaques. Dans *History of the 352nd Infantry Division* celui qui était à ce moment l'*Oberstleutnant* Fritz Ziegelman, nous dit : *« la tactique de Rommel, l'anéantissement de l'ennemi en mer, ou son rejet immédiat, ne pouvait plus être employée dans le secteur de la 352e Division d'infanterie ».* Pour Ziegelman, le mur de l'Atlantique, que Rommel avait passé cinq mois à renforcer, à partir de décembre 1943, était éventré. Dans la nuit, sous l'impulsion du *Generalleutenant* Kraiss, la *352. ID* avait renvoyé tous ses hommes derrière la rivière de l'Aure, située à environ huit kilomètres de la Pointe. De toute manière, Ziegelman, au vu des forces alliées en présence, ne s'était fait guère d'illusion sur la suite des événements. Dans *Beyond the Beachhead,* Joseph Balkoski nous dit à ce propos : *« Fritz Ziegelmann a su que la bataille était perdue dès qu'il a vu l'armada d'invasion alliée. Ziegelmann, le* [chef d'état-major] *de la 352e Division d'infanterie allemande, était arrivé au front le matin du 7 juin pour vérifier l'état des défenses côtières allemandes. Normalement, le trajet entre les quartiers de Ziegelmann et le* Widerstandsnest 76 *– l'un des seuls nids de résistance encore debout dans la zone de la 352. ID – ne durait qu'une demi-heure. Mais les chasseurs-bombardiers alliés avaient été si actifs pendant le voyage que Ziegelmann avait mis cinq heures pour atteindre la côte. Le* WN 76, *situé au sommet d'une falaise à l'extrémité ouest d'*Omaha, *à 1,6 kilomètre à l'ouest du passage de Vierville, offrait un excellent point de vue pour observer la bataille. « La vue du* WN 76 *restera à jamais gravée dans ma mémoire », écrit Ziegelmann. « La mer ressemblait à une photographie de la flotte de Kiel. Des navires de toutes sortes se tenaient à proximité les uns des autres sur la plage et dans l'eau [...] Tout ce conglomérat était resté intact sans réelle ingérence des Allemands ! » J'ai bien compris l'humeur du soldat allemand, qui avait oublié la* Luftwaffe. *C'est un miracle que les soldats allemands se soient battus ici avec tant d'acharnement et d'obstination. »*

L'attaque débuta par un pilonnage massif des positions allemandes par l'*USS Ellyson.* Ancré à un peu moins d'un kilomètre et demi de la Pointe, il reçut l'ordre d'un *NSFCP* à **9 h 29** de bombarder les positions allemandes. Il allait y déverser une centaine de tirs de ses canons de calibre 5/54 pour essayer d'anéantir une mitrailleuse située à un peu plus de 730 mètres à l'ouest de la Pointe. Tout juste 23 minutes après, le *NSFCP* annonça la réussite totale de ce bombardement naval. Il faut dire que les servants de cette mitrailleuse auraient pu, dramatiquement, balayer les Américains qui avançaient sur la Pointe. Le navire *Ellyson* reçut, à peine une minute après la fin de sa mission, des tirs de batteries contre lui. Il retourna ses feux contre la batterie, l'annihilant. Juste avant le début des mouvements de la *Force* de soutien, le *destroyer* tira, jusqu'à **10 h 22**, seize

Escalade de la falaise par des *Rangers* sur un des pans de la position qui s'était effondrée après les tirs de marine. Cette partie écroulée fut d'une aide précieuse pour acheminer plus facilement le matériel sur les hauteurs. On remarque, sur cette photographie, que différents systèmes ont été utilisés pour escalader la falaise. Une corde simple, une corde à cabillots et une échelle. Nous sommes en dessous du PC de Rudder. (80-G-45716, National Archives.)

L'un des radars à proximité de la Pointe du Hoc, vu du bas des falaises. (National Archives, 88644 AC.)

coups entre les Américains de Rudder et ceux de Saint-Pierre-du-Mont. L'attaque devait, selon le plan prévu, prendre la forme suivante. Les *Companies B* et *E* du *5th Rangers* devaient s'enfoncer vers l'ouest et se poster jusque sur les hauteurs, à l'ouest de la petite commune de Grandcamp. Le *1st Battalion* du *116th Infantry* et le reste des *Rangers* devaient se rendre sur la Pointe du Hoc. Les hommes des *2nd* et *3rd Battalions* du *116th Infantry*, épaulés par le *743rd Tank Battalion. Companies A* et *C* étaient assignés à combattre en direction de Grandcamp pour ensuite bifurquer vers la droite. Leur but, était ainsi de stopper toute présence allemande à proximité de la Pointe. Rudder et ses hommes ne disposaient que d'environ 40% des effectifs initiaux et avaient reçu des tirs incessants dans la nuit. Comptant sur les dernières munitions de ses hommes, le *Major* envoya des *Rangers* de la *Company F* en patrouille vers la *Force* de soutien. Ces hommes ne réussirent pourtant pas la jonction. Aux alentours de **11 heures**, les renforts arrivèrent au contact des positions défensives américaines de la Pointe. Il s'ensuivit une escalade de violences. La raison fut très probablement le manque de coordination entre les hommes qui devaient se rejoindre. Au sein du *116th Infantry*, les hommes du *3rd Battalion*, avançant avec précaution, furent ciblés par les hommes de Rudder croyant à une contre-attaque allemande. Ils reçurent de nombreux tirs de mitrailleuses allemandes, que la *Task Force A* avait récupérées précédemment dans les combats, faute d'armement disponible. Tout avait commencé lorsque, tôt dans la matinée, campés dans leurs positions, Kerchner et ses camarades avaient entendu le cliquetis des chars et le bruit des chaussures lourdes approcher doucement au-devant d'eux. Pour Lomell, il ne s'agissait ni plus ni moins que d'un encerclement allemand. Mais, ils réalisèrent vite, sans tirer une seule balle, qu'il s'agissait de forces américaines. Juste derrière les hommes, ouvrant la marche, se trouvait le *Colonel* Canham. Les Rangers accueillirent, soulagés, les renforts. Le commandant du *116th Infantry* demanda rapidement si les *Rangers* savaient où se trouvaient les forces allemandes. Mais, vers 11 heures, des hommes du *3rd Battalion* du *116th Infantry*, qui s'étaient mêlés aux *Companies A* et *C* du *743rd Tank*

... et sur sa position.
(US NARA.)

Battalion, approchèrent sans grande coordination vers la position de Rudder. À cela, un mortier de 8,8 cm tirant depuis la Pointe ajouta de la confusion entre les deux parties qui devaient se rejoindre. Troublés par la situation, désorientés dans un terrain dévasté par les combats, il semble que ce furent d'abord les équipages de chars qui se mirent à faire feu sur les forces de Rudder. Parmi les *tanks* qui partirent pour la Pointe, en traversant la route côtière, trois sautèrent sur une mine. Il semble que les forces de soutien n'avaient pas pris en compte les champs de mines. À cela répondirent des tirs, notamment de mitrailleuses MG 42, prises aux Allemands. Les hommes, dans leur volonté de rapprochement, finalement commencèrent à s'entre-tuer. À bord de l'*USS Texas*, on pouvait entendre les feux des *tanks* sur la *Task Force A*. L'*Admiral* Carleton Bryant contacta alors Rudder par radio: «*On vous tire dessus?*» Ce à quoi Rudder répondit par l'affirmatif. «*Tu veux que je leur tire dessus?*» «*Non*» dit Rudder. «*Êtes-vous touché par des tirs amis?*» «*Oui*». John Raaen se souvint comment un *Lieutenant* du *2nd Rangers* décida de prendre l'affaire en mains. Il fonça à découvert, droit sur un *tank* du *743rd* et tapa fortement la tourelle de celui-ci. Le tankiste, sortant de la tourelle, lui indiqua qu'il recevait des projectiles allemands et allait continuer à tirer. Le *Lieutenant* prit alors son pistolet et le plaça sur la tempe du tankiste, lui promettant que, si celui-ci n'arrêtait pas immédiatement les tirs fratricides dont il ne se rendait compte, il lui exploserait la cervelle. L'attaque des *tanks* s'arrêta de suite. Sur le PC de Rudder, se protégeant des balles fusant de toute part, on dresse alors rapidement le drapeau américain. Et les tirs s'arrêtent. Lors de ces échanges, quatre *Rangers* furent tués comme le *1st Class* Francis J. Connolly, de la *Company E*, par la force de secours. Trois autres furent blessés, tels les *1st Class* Duncan N. Daugherty et Richard Hubbard. Ainsi s'achève la Bataille pour la Pointe du Hoc. Cent trente-cinq *Rangers* étaient morts ou blessés. Lors de la contre-attaque, une cinquantaine d'Allemands furent tués et quarante capturés. Il n'est pas encore possible de chiffrer le nombre exact de morts lors de l'assaut sur la falaise.

15

Un long chemin vers la victoire en Europe

Les renforts arrivés sur la position avaient permis de mettre fin à la bataille de la Pointe du Hoc. Le 8 juin, les hommes des *2nd* et *5th Rangers Battalion* sont exténués par les combats incessants, depuis l'instant où ils avaient embarqué dans leurs péniches. Ils ont réussi un immense exploit. John Raaen, dans *Intact*, souligne que la réussite des *Rangers* fut possible aussi grâce au combat conjoint, sur *Omaha*, avec Cota et ses hommes. Sans la *Company C* du *116th Infantry Regiment* combattant aux côtés des *Rangers*, Raeen doute que la tête de pont aurait pu être établie. Mais, la Pointe du Hoc va être le tremplin de nombreuses autres missions qui attendent alors les Américains en Europe. Les hommes avaient accompli une mission périlleuse. Bradley, dans *A Soldier's Story* soulignera sept ans plus tard, qu' : *« aucun soldat sous mon commandement n'a jamais eu une tâche aussi difficile que celle qui a été confiée au commandant de 34 ans de la* Provisional Ranger Force ». Les alliés vont construire, à un kilomètre à l'est de la Pointe, un aérodrome pour la *9th Air Force*. Les *Rangers* ayant mis du temps à parvenir à leurs

Les ***Rangers*** **se reposent après les durs combats. L'un remplit le chargeur de sa carabine, l'autre est auprès de sa radio. La photographie a été publiée le 12 juin.** (80-G-45715, National Archives.)

objectifs, son installation est retardée. Les Alliés commencent le chantier à partir du **9 juin** pour une mise en service le 13 du même mois. Les travaux, menés par le *834th Engineer Aviation Battalion de la 9th Tactical Air Force*, qui venaient d'achever l'aérodrome de Sant-Laurent, l'*ALG* A-21 C, seront terminés le 20 juin. Placé entre la Pointe et Englesqueville, c'est dans un premier temps une piste de 1,100 km réalisée à partir de grillage *SMT, Square-Mesh Track*. Il suffisait de dérouler ce grillage et le fixer au sol pour obtenir une piste rapidement. Au *SMT*, on rajouta ensuite du *PSP, Pierced Steel Plank*, des plaques d'acier perforées de 3 mètres de long et 40 centimètres de large. Au total, la piste va faire 1 524 mètres de long pour un peu moins de 37 mètres de large. Elle servira de base pour des *P-47 Thunderbolt* du *366th Fighter Group*, commandé par le *Colonel* Holt, *389th Squadron*, *390th Squadron* et *391st Squadron*. Il y aura aussi des *P-38 Lightning* du *370th Fighter Group*, *401st Squadron*. On retrouve encore, de nos jours, du *SMT* et du *PSP* dans la campagne normande, notamment comme clôture de ferme. Ce terrain d'aviation, dénommé *ALG* A-1, *ALG* pour *Advanced Landing Ground*, sera abandonné le 5 septembre.

Après la prise de la Pointe, du 7 au 9 juin, des *Rangers* avancent en direction de Grandcamp et participent à la prise notable de la batterie de Maisy, ou *WN 83*. Juste avant, Rudder a réorganisé la structure de ses forces. Le fait est que, tragiquement, tous les officiers de la *Company B* du *2nd Battalion* étaient morts au combat. C'est désormais le *Lieutenant* Sid Salomon qui va commander cette compagnie. On organise aussi des patrouilles de reconnaissance afin d'éviter que des Allemands, cachés non loin des forces américaines en campagne, ne puissent fondre sur les forces alliées. On craignait aussi beaucoup les tireurs embusqués. Des soldats Allemands sont capturés. Parmi les prisonniers allemands, il y en a notamment deux d'origine polonaise capturés par Vincent Malissa. Celui-ci était opérateur radio, il les découvre alors qu'il inspectait des haies. Le fait que certains soldats ne soient pas allemands n'étonne pas les Américains. On savait l'origine géographique très diverse des soldats qui pouvaient composer l'armée allemande en Normandie. Déjà, en janvier 1943, des rapports de renseignement avaient indiqué, par exemple, que dans la 716e Division d'Infanterie, seulement moins de 60% des hommes étaient allemands. Parmi les non-allemands, au moins 75% étaient Polonais. D'origine polonaise, Malissa leur pose des questions. Ces derniers lui indiquent des PC adverses et des positions d'armes. Toute information utile doit être ensuite renvoyée par bateau à un PC supérieur. Accompagnant les hommes sur la plage où les *Rangers* ont organisé un regroupement de prisonniers, deux Américains, voyant les hommes de la *Wehrmacht* de Malissa arriver vers eux, ouvrent le feu. Le *Ranger* et ses deux captifs se plaquent alors tout de suite à terre. Un prisonnier a quelques blessures légères à l'épaule et au visage. Les deux hommes qui ont tiré font comprendre à Malissa, furieux, qu'ils n'ont vu que deux Allemands sans remarquer que ces derniers avaient les mains en l'air. Lors des opérations de reconnaissance dans les terres, un *Ranger* de la *Company B*, le *Sergeant* James O. Hicks, découvre un important stock de munitions sur la Pointe de la Percée. Celui-ci est rapidement détruit par des *Rangers* spécialisés en démolition. Le 8 juin, en fin d'après-midi, le *2nd Battalion* met en place un bivouac dans un verger de pommes à mi-route entre la Pointe du Hoc et Grandcamp. On se réorganise, on se repose et on mange un peu de *Rations C*, dans

Cet officier américain semble très impressionné par la profondeur du trou d'obus, sur la Pointe du Hoc... (National Archives.)

l'attente de nouvelles instructions. On compte aussi les morts, 77, les blessés, 152 et les disparus, 70. Dès janvier 1944, Rudder avait été mis au courant par ses supérieurs que l'on estimait environ à 70% les pertes chez les *Rangers* lors du débarquement. Au cours de l'affrontement de la batterie de Maisy, de nombreux *Rangers* sont blessés et tués et causent entre 20 et 90 morts et de 125 à 169 prisonniers du côté allemand. Cette opération permet aux *Rangers* de participer à la consolidation de la tête de pont du débarquement. Notons que la prise de la

… Tout comme ces autres soldats, inspectant les restes d'un encuvement en béton.
(342-FH-3A19089-52236AC, National Archives.)

Inspection d'un leurre fait à l'aide de planches de bois et de filets de camouflage, au centre d'un encuvement en béton. (342-FH-3A19091-53179AC.)

Ce 12 juin 1944, un C-47 se pose sur l'aérodrome de Saint-Pierre-du-Mont. (Conseil Régional de Basse-Normandie / National Archives USA.)

batterie de Maisy avait été prévue pour bien plus tôt dans les plans américains réalisés avant le débarquement. Mais la bataille de la Pointe du Hoc, qui avait duré plus longtemps que prévue, l'ennemi se mettant en travers de ses objectifs, l'arrivée sur Maisy est plus tardive. Le **12 juin**, venant de Portsmouth, Eisenhower, accompagné d'une partie des plus hauts gradés américains du *D-Day*, se rend, pour une visite de cinq heures, selon le *Times* du 14 juin, afin de voir *Omaha Beach* et les canons de la Pointe du Hoc. Sa visite continue sur Grandcamp, Isigny-sur-mer et Formigny pour retourner ensuite en *DUKW* vers l'*USS Thompson*, direction Plymouth. En Normandie, les *Rangers* s'attelent ensuite à permettre à l'*US Army* de s'enfoncer plus profondément dans les terres. Comme le souligne Ian Westwell dans son *US Rangers "Leading the Way"*: « *Après une période de changements d'hommes et de capture de renseignements en juin et juillet, les* 2nd *et* 5th Battalions *ont eu pour rôle principal d'exploiter la percée alliée de la tête de pont de Normandie qui a suivi le succès de l'opération* Cobra *à la fin de juillet. Une fois que la* Third Army *de Patton avait réussi à passer au travers des goulets d'étranglement d'Avranches et Pontaubault,*

À l'aérodrome de Saint-Pierre-du-Mont, le 12 juin. Eisenhower, en compagnie notamment de l'*Admiral* Ernest J. King, l'*Admiral* Kirk, ou encore le *Lieutenant General* Henry A. Arnold, visite les lieux de la bataille. (Conseil Régional de Basse-Normandie /National Archives USA.)

Visite du 12 juin pour les hauts gradés. Leur escale à terre a duré cinq heures. Après être arrivés sur *Omaha*, les officiers généraux sont allés visiter la Pointe du Hoc. Ils regardent ici un des canons qui fut déplacé. De gauche à droite : *Lieutenant General* Henry Arnold, commandant de l'*US Army Air Force*, l'*Admiral* Ernest J. King, *Chief of Naval Operations*, le *General* Dwight D. Eisenhower, commandant le *Supreme Headquarters of Allied Expeditionary Forces*, le *General of the Army* George C. Marshall, *Army Chief of Staff* et l'*Admiral* Alan Goodrich Kirk, commandant la *Western Naval Task Force*. (190237 National Archives.)

En bas, à gauche : ce 12 juin, suite du reportage montrant les officiers généraux examinant les canons de la Pointe du Hoc, déplacés à Criqueville-en-Bessin, au sud de la route côtière. (National Archives.)

Ci-dessous : autre prise de vue de la scène. L'*Admiral* Kirk a eu le visage rayé de la photographie pour des raisons de censure. (National Archives.)

qui menaient du sud-ouest de la Normandie au nord-est de la Bretagne, elle se déploya sur un large front, avec deux corps destinés à prendre la Bretagne et les nombreux ports défendus par le XXV Corps *allemand. Avançant sur un front étroit, le* Major General *Troy Middleton de l'*US VIII Corps *avança en frappant vers l'ouest, en direction de Brest, le long de la côte nord de la péninsule, et vers le sud-ouest, en direction de Rennes, tandis que le* Major General *Walton Walker de l'*US XX Corps *se dirigea plein sud vers Saint-Nazaire, pour isoler la Bretagne du reste de la France ».*

L'une des trois pièces de 155 mm, en position haute. (US National Archives.)

Les *Rangers* du *2nd Battalion* assurent alors aussi bien des opérations militaires que des services d'entraînement ou de sécurité. En août, en Bretagne, lors de l'avancée sur Brest, ils combattent, rattachés au *VIII Corps*. Le mois suivant, le même *Battalion* s'attele à prendre la presqu'île de Crozon et le Conquet. À la fin du mois de septembre, les hommes se rendent en Belgique et au Luxembourg. En novembre, alors attachés à la *28th Infantry Division*, ils participent à de violents combats dans la forêt de Huertgen. Après cela, ils jouent leur rôle dans l'offensive des Ardennes de l'hiver 1944-1945. Le mois suivant, à la fin de cette sanglante offensive, en janvier 1945, les *Rangers* sont rattachés au *2nd Cavalry Group*. En mars, ils traversent la Roer. Deux mois plus tard, on retrouve le *Battalion* en Tchécoslovaquie. Ce n'est

Leonard G. Lomell et Jack Kuhn après les opérations militaires. Ils avaient réussi à neutraliser les canons de 155 mm tant redoutés par les Américains. Ces pièces n'avaient pas tiré un seul coup le jour-J. (US National Archives.)

L'une des trois pièces de 155 mm encore intactes, dans sa position provisoire, dans le chemin creux. (US National Archives.)

qu'en juin qu'ils retournent aux États-Unis et, le 23 octobre 1945, le *Battalion* est désactivé en Virginie à Camp Patrick Henry. Le *5th Ranger Battalion* participe lui aussi à la conquête de la Bretagne. Après avoir opéré en Normandie, de juin à juillet, le *5th* participe à la prise de Brest. En octobre et novembre, les *Rangers* sécurisent le *Headquarter* du *12th Army Group* en Belgique. Un mois après, attaché au *6th Cavalry Group*, le *Battalion* conduit de nombreuses opérations de prises de villages. En janvier 1945, il est lié à la *95th Infantry Division* puis en février à la *94th Infanry Division.* Pour Gordon L. Rottman, dans son *US Army Rangers and LRRP Units. 1942-87*, c'est du 23 au 27 février que *«le 5th Rangers exécuta la seule vraie opération de* Ranger *de son histoire».* Il nous dit ainsi: *«S'infiltrant dans les lignes allemandes à partir de la tête de pont de la* 94th Inf. Div., *le bataillon avança sur 4,8 km et établit un barrage routier sur la route Irsch-Zerf, la principale voie d'approvisionnement allemande, le 25 février. Les* Rangers *repoussèrent plusieurs lourdes attaques et furent soumis à d'intenses tirs d'artillerie jusqu'à ce qu'ils soient relevés par des éléments de la* 10th Armd. Div. *Dans l'après-midi du 27. Les* Rangers *subirent environ 90 pertes en infligeant 300 morts aux Allemands et en faisant plus de 300 prisonniers».* En mars 1945, le *5th Rangers* est au Luxembourg, participant à l'entraînement de leurs compatriotes, mais aussi à la surveillance de prisonniers. En mai, il mène des missions de capture de ponts sur le Danube mais sans grandes difficultés car ceux-ci étaient peu défendus. Ils sont alors rattachés au *3rd Cavalry Group.* Ils se rendent ensuite en Autriche jusqu'à la fin de la guerre et y restent jusqu'en juin. Le *Battalion* s'en retourne ensuite aux États-Unis pour être désactivé dans le Massachusetts, le 22 octobre 1945, à Camp Miles Standish. Rudder dit avoir vécut, le 8 mai 1945, comme l'un des plus beaux jours de sa vie. Les unités de *Rangers* sont donc, après le Second conflit, toutes dissoutes. Mais leur entraînement est toujours enseigné aux officiers. Il faut attendre la Guerre de Corée pour que soient réactivés des *Rangers* dans l'armée des États-Unis, avec la *8th Army Ranger Company*, en août 1950, commandée par le *Second Lieutenant* Ralph Puckett.

Rangers, le 12 juin, près d'un bivouac. Ils regardent le chien auquel ils ont attaché un insigne de _Ranger_ autour du cou. De gauche à droite : le _Corporal_ Lou Lisko avec, à la jambe, un poignard USM3 dans un fourreau USM8, le _Technician Fourth Grade_ Stephen A. Liscinsky, avec sa caquette en laine et sa carabine USM1, le _Technical Sergeant_ J. B. Parker avec la même arme au bras gauche. Puis, le _Lieutenant_ James Eikner, avec une bouteille de vin Saint-Émilion et un téléphone EE8 à son côté. On trouve aussi un téléphone allemand FF 33. Eikner porte des bottes de saut comme les parachutistes américains. Entre Parker et Eikner on peut voir deux SCR 300 ainsi qu'un sac sur lequel on aperçoit le nom de Lisko et H.Q. Ces hommes sont en charge de communications. (National Archives.)

Photographie prise au même endroit que l'image précédente. On aperçoit le bivouac et une remorque 1/4 tonne de Jeep. Un *GI* à cheval leur remet des documents. (National Archives.)

On les retrouve aussi au Vietnam et dans toutes les grandes opérations depuis 1974, comme par exemple lors de l'opération *Gothic Serpent*, du 22 août au 13 octobre 1993. En Somalie, lors des combats du 3 au 4 octobre, six *Rangers* sont tués à Mogadiscio. Les hommes du *75th Ranger Regiment, 3rd Ranger Battalion*, dans la bataille, opérant un feu dévastateur, tuent plus de 600 Somaliens.

À présent chez eux, les *Rangers* auront des destins différents, entre des retours à la vie civile ou le choix de continuer dans l'armée. **Rudder** continue un peu une carrière dans l'armée. Après la prise héroïque de la Pointe du Hoc, il commande le *109th Infantry Regiment* lors de la bataille des Ardennes. À la fin de la guerre, il a le grade de *Colonel*. Il est maire de Brady, au Texas, de 1946 à 1952. À la fin des années 1950, il présida le *Texas A and M University System*. Une statue à sa mémoire se trouve aujourd'hui sur le campus. En 1967, le président Johnson lui remet la *Distinguished Service Medal*. En août 1944, **Max F. Schneider**, alors *Lieutenant-Colonel*, retourne aux États-Unis où il mène sa carrière dans l'armée. Il combat lors de la guerre de Corée puis se suicide en Corée du Sud en 1959. Il meurt décoré de la *Distinguished Service Cross*. De nombreux autres *Rangers* continuent plus ou moins longtemps dans l'armée comme **Kerchner**, qui reçoit la *Distinguished Service Cross*. Il continue dans la *Maryland National Guard*, mais fait une carrière dans la Arundel Ice Cream Company, dont il devient le manager. On se rend, souvent, vite à la vie civile, comme **Mc Bride**, qui travaille pour le *U.S. Coastal Service*, ou encore **Sheldon Bare** à la *Pennsylvania Railroad*. **Bill Petty** qui, après avoir tenté d'ouvrir une blanchisserie, complète un *Master's degree* à la *New York University*, est directeur du Clear Pool Boys Camp. Il s'agit d'un centre d'aide pour les jeunes de New York en difficulté. De la fin de la guerre jusqu'au début du XXIe siècle, la conquête de la Pointe du Hoc va lentement passer du statut d'événement à celui de l'épopée dans le cœur des Américains. Des hommages de plus en plus poussés sont mis en place afin de rappeler le passé héroïque des *Rangers* du D-Day. Par exemple, dix ans tout juste

Une douzaine de *Rangers* se sont vu remettre la *Distinguished Service Cross*. Elle leur fut attribuée pour *« gallantry and heroism in action. Somewhere in France »*. La photographie, prise le 22 juin 1944 et développée pour le 8 juillet suivant, en présente huit d'entre eux en train de se faire décorer. Six *Rangers* avaient placé de la voilure de parachute sur leur casque. Sullivan arbora lui, son casque de *Captain* et ses deux bandes blanches. De gauche à droite, on retrouvait, le *Lieutenant Colonel* Max Schneider, le *Captain* George Whittington, le *First Lieutenant* Charles Parker, *First Lieutenant* Francis Dawson, le *Sergeant* Willie Moody, le *Corporal* Technicien Howard Mc Kissick, le *Sergeant* Denzil Johnson et le *First Class* Alexander Barber. (111-SC-190997, National Archives.)

À gauche : Schneider et sa médaille, vu de plus près. Il a mis à la poche gauche de sa chemise, sur laquelle était cousu l'insigne de *Rangers*, un petit stylo. Il portait aussi, son calot de *Lieutenant Colonel*. (111-SC-190997, National Archives.)

Ci-contre : le *Colonel* Max F. Schneider en 1956. (111-SC-468647, National Archives.)

En fond : photographie prise à l'été 1944 dans le cimetière américain provisoire de Colleville-sur-mer. (Conseil Régional de Basse-Normandie / National Archives USA.)

après l'assaut des *Rangers*, un article du magazine *Collier's*, revue tirée à plus de quatre millions d'exemplaires toutes les deux semaines, présente un voyage effectué par Rudder et son fils âgé de 14 ans en Normandie. Intitulé *I took my son to Omaha Beach.* En pages intérieures, le journaliste W. C. Heinz offre un hommage poignant au sacrifice et à l'intrépidité des *Rangers* de la Pointe du Hoc. Lors de sa visite en Normandie, Rudder avait alors dit à son fils : *« Tu vas me dire comment on a fait ça ? N'importe qui serait idiot de tenter cela. C'était fou à l'époque, et ça l'est encore aujourd'hui »*. Se promenant sur les hauteurs de la falaise, Rudder avait même retrouvé sur place du cordage et un grappin datant de l'assaut. La fascination pour cette bataille ne faisait que débuter. En 1962, la prise de la Pointe du Hoc fut immortalisée avec le film *Le Jour le plus long*, de Darryl F. Zanuck, d'après l'œuvre de Cornelius Ryan. Traitant du débarquement dans sa globalité, on y trouve une scène dans laquelle les *Rangers* escaladent les falaises et prennent la Pointe. Le passage, même s'il est historiquement très incomplet, offre une grande visibilité à l'assaut des *Rangers*. Leonard Lomell, dans un entretien pour *Le Monde*, en 1994, avec Annick Cojean, n'est pourtant pas de mots tendres pour Cornelius Ryan. Sa déception avait des raisons bien précises. *« Ne parlez pas d'héroïsme, juste de compétence. On était là, bien entraînés, et on a eu de la chance. C'est tout. Mais ne vous fiez jamais au livre de Cornelius Ryan, le Jour le plus long, qui fit tant de mal aux survivants de la pointe du Hoc en affirmant que leur effort avait été vain. C'est un mensonge. Des livres, des films se sont alignés sur cette version des faits, nous faisant presque passer pour des menteurs ! Un comble ! C'est quand même nous qui étions là ce jour-là ! C'est nous, qui avons pris la pointe ! Et ce sont beaucoup de nos copains qui y sont restés ! Cornelius Ryan m'avait d'ailleurs écrit pour me demander un entretien. Je lui avais répondu que nous pourrions nous rencontrer à New York ou chez moi, dans le New Jersey, à une condition : celle d'observer la règle qui veut qu'un* Ranger *ne parle à un journaliste en sa qualité de témoin qu'en la présence d'un ou de deux de ses compagnons. C'est une règle d'or que Ryan n'a pas accepté. Tant pis. »* Le 6 juin 1984, Ronald Reagan s'emparait du symbole. Il donna, installé sur le poste d'observation de la Pointe, l'un de ses plus importants, discours de sa carrière. Prononçant un long éloge à la gloire des alliés qui libérèrent l'Europe, il y souligna l'intrépidité des *Rangers*. *« Ils sont les garçons de Pointe du Hoc [...] Ce sont les champions qui ont aidé à libérer un continent. »*. La prise de la Pointe du Hoc faisait désormais partie de ces grands moments de fierté militaire américaine, véritable symbole de la bravoure des Américains et de tous leurs alliés.

Sous-officier *Ranger* au piano, dans le village d'Isigny-sur-Mer. (Conseil Régional de Basse-Normandie / National Archives USA.)

La mise en place et la sécurisation de la tête de pont avait permis d'approvisionner les troupes américaines pour la suite des combats en France. (National Archives.)

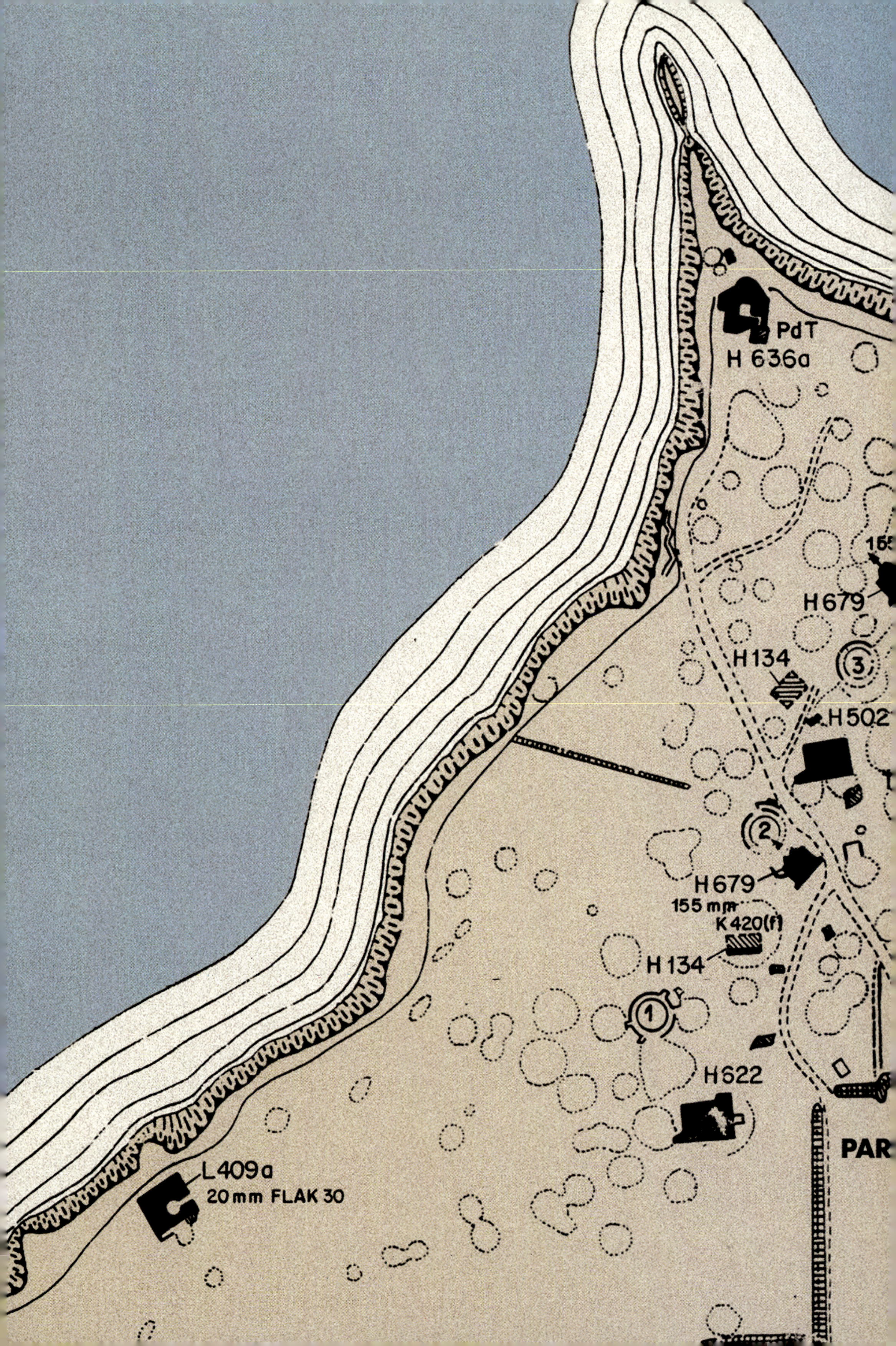
PdT
H 636a
H679
H134
3
H502
2
H679
155 mm
K420(f)
H134
1
H622
PAR
L409a
20mm FLAK 30

La Pointe du Hoc

Emplacement des défenses allemandes, encuvements et impacts de bombes – état avant aménagements

(B. Paich/Heimdal.)

16

L'équipement des Rangers de la Pointe du Hoc

Il n'est pas possible d'établir le type idéal de l'équipement du *Ranger* sur la Pointe du Hoc et *Omaha Beach*, puisque chaque soldat avait une tâche précise et portait un matériel varié. Du *Major* Rudder, en passant par l'officier de transmissions, portant du matériel radio, jusqu'au *Private*, l'équipement différait beaucoup. On peut essayer de dire pourtant que, de manière générale, les *Rangers* avaient un casque *US M-1 Model 1941*, adopté depuis 1941 pour remplacer le *M1917 A1* de style britannique, c'est-à-dire plat. Le casque américain du *D-Day* était composé d'un casque lourd en acier au manganèse *Hadfield*, de plus d'un kilo, et d'un casque léger en carton recouvert de tissu. À l'arrière du casque, en fonction du grade et du *Battalion* du soldat, un insigne pouvait être apposé à la peinture derrière ou devant le casque.

Au débarquement de Normandie, les insignes sur les casques, de couleur verte *Olive Drab* mat et granité, pour éviter la brillance, n'étaient encore peints qu'à la main ou au pochoir. Un

***M1* Garand.** (United States Library of Congress, LC-DIG-fsac-1a35197.)

homme du *2nd Ranger Battalion* avait, à l'arrière de son casque, un losange orange avec un chiffre 2 peint en noir sur le losange. Une bande blanche verticale était peinte derrière le losange des *Rangers* lorsque le soldat était un officier. Si celui-ci était un *NCO, Non-Commissioned Officer*, la bande était horizontale. Pour certains *Rangers*, il n'y avait aucun marquage. Certains d'entre eux mettaient leur casquette de laine sous le casque. Du papier toilette était aussi utilisé, bourré au niveau du harnais, pour faciliter le maintien du casque. Aucun homme ne débarqua avec un filet ou un casque camouflé par de la peinture ou un tissu. C'est plus tard que certains utiliseraient de la voilure de parachute pour réaliser des couvres-casques sur le modèle de ceux des *Marines* du Pacifique.

Sur le dos, les hommes portaient une chemise en flanelle de laine brune et un blouson en popeline de coton *jacket field M1941 Second Type*, à deux poches avec une doublure en flanelle. Sur l'épaule gauche était cousu l'écusson des *Rangers*, un losange bleu encadré de jaune avec *Rangers* en jaune. Le visuel de l'insigne n'était guère apprécié des *Rangers*, de par ses couleurs mais aussi sa ressemblance avec le logo du groupe pétrolier américain Sunoco. Le *Ranger* avait un pantalon *M1937* en laine, tenu en son bas par des guêtres qui serraient le haut des chaussures de marche à lacets en cuir marron. Certains *Rangers* n'avaient pas de guêtres avec chaussures de marche, mais des bottes de saut en cuir marron, à la manière de leurs compatriotes parachutistes. Sur sa veste, le *Ranger* pouvait porter un gilet d'assaut. Celui-ci avait été destiné à remplacer le *haversac M-1928*. Il fut mis au point en 1943 à l'*Assault Training Center* de Woolacombe, en Grande-Bretagne, et fut distribué seulement dix jours avant le débarquement. Beaucoup portaient cependant un *haversack M1928*.

Dans le sac du *Ranger*, on trouvait un poncho, une baïonnette, une boussole, une cantine et des effets personnels. Pas de couverture pour la nuit. Laissées dans les navires, elles étaient censées arriver à J+1 si tout se passait comme prévu. Pour manger, trois jours de Rations D avaient été distribuées à chaque homme. Le *Ranger* disposait d'un masque à gaz et une ceinture de sauvetage de l'*US Navy*. La ceinture de sauvetage, *M-1926*, qui se gonflait à l'aide de deux cartouches de gaz carbonique, fut distribuée le Jour-J à tous les personnels dans les transports de troupe et les chalands de débarquement. Certains *Rangers* en avaient installé deux par souci de sûreté. Pour les munitions, un ceinturon, *M1923 Cartridge Belt*, permettait de porter sur soi les balles de son *Garand* ou de sa carabine *M1*. Au ceinturon, on accrochait une gourde *M1910* et une pochette, « *pouch* » en anglais, de premiers secours, *First Aid M1942* qui contenait notamment une syrette de morphine.

Afin, généralement, de se creuser une protection, le *Ranger* pouvait avoir accroché à son *haversac*, une pelle, *M1910 T-handle shovel*. Une fois l'ensemble sur le dos, il plaçait sur la poitrine un sac *M7* étanche, en Néoprène noir, contenant un masque à gaz, le *M5 Assault Gas Mask*. Au bras droit, les hommes avaient apposé un brassard de détection contre les gaz. Jaune verdâtre, celui-ci virait au rose lors d'une attaque chimique. À la taille, était attachée une ceinture de sauvetage, *US Navy M1926*. Un équipement important, mais relativement léger quand on le compare aux troupes aéroportées de la *101st* et de la *82nd Airborne Division*. Il faut aussi souligner que beaucoup d'éléments de l'équipement qui était confié aux *Rangers* fut parfois inutilisé, car laissé tout de suite sur la plage pour s'alléger du poids, car gorgé d'eau.

Colt *M1911-A1*. (National Museum of Naval Aviation.)

Parfois, il fut jeté par-dessus bord des péniches, lors de la courte traversée vers la pointe, pour éviter à l'embarcation de couler. De nombreux sacs, rations, vêtements de rechange, pelles et caisses de munition furent extraites rapidement des LCA devant la grosse mer. Dans la péniche du *Ranger* Mc Closkey, parmi les sacs jetés par-dessus bord, le *Private* Chuck Vella perdit les 1 200 dollars qu'il venait juste de gagner au jeu lors de la traversée. Dans un des sacs jetés, se trouvait aussi le dentier du *Sergeant* Charles Frederick, *Company F*. En armes, les *Rangers* ont toujours été légèrement équipés. Déjà, au XVIIIe siècle, les troupes qui chassaient les Amérindiens hostiles dans les bois ne s'encombraient pas d'armes lourdes. Leurs fusils étaient légers et les lames suffisaient bien souvent pour venir à bout des plus réfractaires. Le corps à corps était monnaie courante. Deux cents ans plus tard, afin d'escalader des falaises de plus de 30 mètres de haut et de combattre les Allemands, les *Task Forces* portèrent, comme au tout premier temps de l'Amérique coloniale, des armes légères. Le pistolet le plus communément utilisé était le *M1911A1*. C'était d'ailleurs le pistolet standard de toutes les troupes américaines du Jour-J. Chargé de ses sept ou huit balles, cette arme faisait un peu plus de 1,2 kg. Il était attaché à la taille par un holster en cuir marron. Quand les *Rangers* du *1st Battalion* vinrent s'entraîner en Écosse, ils avaient un fusil à verrou Springfield *M1903A1*. Rien de cela pour eux le *D-Day*, ce fusil avait été remplacé par le Garand *M1*, premier fusil semi-automatique réglementaire de l'*US Army*. Depuis 1925, John Cantius Garand s'était évertué à essayer de remplacer les Springfields par un fusil semi-automatique. Son arme, le *M1* Garand, fut breveté en 1934 pour être ensuite produit en masse et faire sa place en 1936 dans les rangs de l'armée. Mais ce n'est pas avant 1942 qu'on allait progressivement retirer le *1903* Springfield. Lorsque ce fusil fut créé, on se posait encore la question de l'efficacité des semi-automatiques. En cause, la crainte de perdre trop de munitions lors des combats. Devant cette critique, Garand, fut alors contraint de créer un chargeur de huit coups qui, malheureusement, complexifia son fusil. Mais le résultat de son travail offrit toutefois une excellente arme, capable de rivaliser avec le fusil allemand Mauser *98K*. *« Le plus grand instrument de combat jamais conçu »*, selon le *General* Patton. À l'inverse du fusil allemand, il ne fallait plus recharger à chaque tir, au risque de perdre sa cible, mais seulement réintégrer un clip de munitions offrant huit coups, sans avoir à recharger. Très pratique pour les tireurs d'élite. Lorsque les huit balles étaient utilisées, le clip, mécaniquement, s'éjectait du fusil. Le prix important de ce fusil, autour de 85 dollars contre 28 environ pour fabriquer un Mauser, valait donc bien un effort financier de l'État américain. Ce fut le premier semi-automatique au monde à être généralisé pour de l'infanterie. Pour tirer comme *Sniper*, on pouvait trouver une version modifiée du Springfield, le *M1093A4*, avec une lunette de visée à grossissement 2,75 de type *M73* ou *M73B1 Weaver*. La portée utile de ce fusil de tireur d'élite était d'environ un kilomètre. Le 21 mai 1942, cette carabine avait fait peau neuve avec le modèle *M1903A3*. Les livraisons pouvaient commencer en décembre 1942. Cela n'empêcha pas de continuer la fabrication de *M1903 « Modified »*, fusils quasi similaires aux modèles de la Première Guerre mondiale, jusqu'en mai 1943. Afin de produire davantage de *1903A3*, l'*Ordnance Departement* sollicita la Smith-Corona Typewriter Company en plus de Remington. Ce modèle fut produit jusqu'au début de l'année 1944. Remington cessa sa production en février 1944. Il allait falloir attendre janvier 1943 pour qu'un Springfield destiné aux *snipers* soit conçu, le *M1903A4*. De ce fait, jusqu'à cette date, les soldats de l'*US Army* n'avaient pas à portée de main un fusil conçu exclusivement pour leur mission. Ils avaient donc, soit les modèles variés de Springfield antérieurs au *A4* soit le *M1* Garand. Les *Marines* étaient mieux équipés. En plus des mêmes modèles que l'*US Army*, on utilisa parfois la Winchester *Model 70*. Les *Marines* récupérèrent en 1942, 373 carabines de ce type pour combattre les Japonais. Cette arme, conçue à l'origine pour le civil, la chasse et le tir sportif, rendit service aux tireurs d'élite dans le Pacifique.

Thompson *M1A1*. (80-G-30122, National Archives.)

Springfield *M1903* et une carabine *M1* partiellement cachée. (111-SC-191834-S, National Archives.)

Cette carabine à verrou fut vendue aux États-Unis à partir de 1936 produite par la Winchester Repeating Arms Company. Elle pouvait, comme le Garand et le Springfield, recevoir une lunette de visée. Même s'il n'y a pas, pour le moment, d'indication de l'utilisation du *M1* Garand de modèle *D*, cette variante du célèbre fusil aurait pu être disponible à ce moment-là. Il s'agissait d'une variante du *M1E7* Garand. Le *M1-D*, produit en de petites quantités, différait du *M1* du fantassin par la présence d'un appui-joue, en cuir. Mais surtout, il y avait une lunette de visée montée sur une monture *« Springfield Armory »*, monture ayant la qualité de permettre un démontage rapide de la lunette. Généralement, on y installait la lunette *M82* mais il était tout aussi possible d'y poser la *M84*. Il est communément admis que ce modèle ne fut pas distribué avant 1944. La Carabine *USM1* fut grandement utilisée par la *Task Force A* à la Pointe du Hoc. Cette carabine semi-automatique faisait, chargée de ses 15 ou 30 coups, plus de 2,5 kg. En général, ceux qui avaient cette arme, portaient deux ceintures à munitions, *« bandoleer »* en américain. La mitraillette Thompson était aussi présente. Ce pistolet-mitrailleur américain créé par John T. Thompson faisait, avec ses chargeurs droits de 20 ou 30 coups plus de 5 kilos. Tout comme le Springfield, le *1st Ranger Battalion* abandonna la mitrailleuse légère Browning *1919A4* pour un modèle plus léger, le *M1918A2* Browning Automatic Rifle. Il était plus convenable d'escalader les falaises avec ce modèle moins lourd et moins encombrant. Plus communément désigné sous le nom de *FM BAR*, ce fusil-mitrailleur, et ses 550 coups

Carabine *USM1*. (Archives de la manche / National Archives USA.)

par minute, faisait, avec le chargeur plein de ses 20 cartouches, environ 9,5 kilos, contre 18 pour la Browning *1919A4.* C'est à partir du 9 décembre, à Bude, que l'on fournit les hommes en *FM BAR.* Cette arme les conquit rapidement. Dès les entraînements, le bipied fixé sous la bouche en fut retiré pour réduire le poids. Les *Rangers* pouvaient avoir sous la main trois types de grenade. La plus commune était à fragmentation, la *Mk2 Grenade.* Chaque soldat en possédait entre deux et quatre, accrochées souvent à sa ou ses ceintures de munitions. Son explosion répandait, sur une dizaine de mètres, des petits fragments de métal suffisamment puissants pour rentrer dans les chairs ou abîmer du matériel. Pour éviter que l'ennemi la renvoie sur les soldats, il suffisait de la garder, après son déclenchement, quelques secondes dans la main pour que celle-ci explose immédiatement sur les Allemands, à peine arrivée. Pour assurer plus de dégâts, notamment dans les bâtiments, la grenade au phosphore était très utilisée. Cette grenade, au phosphore blanc, était composée de produits chimiques qui détonnaient au contact de l'air, permettant de répandre du phosphore en petits morceaux qui brûlaient les chairs des personnes ciblées. L'avantage est que ce phosphore était impossible à éteindre et provoquait une forte fumée. On pouvait donc l'utiliser en bâtiment comme couverture et pour annihiler ses occupants, sans qu'ils puissent s'en sortir. La grenade thermite n'avait pas pour utilité de tuer. Elle permettait de détruire du matériel. Elle ne provoquait pas d'explosion. Composée d'oxyde de fer et d'aluminium, les deux composés provoquaient, par leur contact, une réaction exothermique permettant d'atteindre les 2 500 degrés permettant de brûler du matériel ou de faire fondre de l'acier. On l'utilisait, par exemple, pour détruire des véhicules, de l'artillerie ou venir à bout d'un blindage.

Pour atteindre les falaises, les *Rangers* disposaient de grappins. Comme indiqué lors de la prise de la falaise, les six *LCAs* possédaient six lanceurs de grappins de 18 kilos, tirés par des mortiers. Chaque *LCA* permettait le lancement de deux cordes standards, deux cordes à cabillots et deux échelles de cordes. Aux grappins des *LCAs* s'ajoutaient, à disposition des *Rangers*, des grappins légers, tirés par des mortiers portatifs. Au grappin était accroché un filin qui rejoignait, dans une caisse rectangulaire, une corde à cabillots de bois. Cette corde de chanvre devait être d'un poids léger pour permettre au grappin d'atteindre le maximum de hauteur. En fonction du type de fusée et de la spécificité de la corde, le grappin pouvait atteindre des hauteurs variées. Ainsi, avec un système de mortier Schermuly, tel celui portatif des *Rangers*, et une corde de 4 centimètres de diamètre, on pouvait atteindre une hauteur de 45 mètres. Si la corde faisait 2,5 centimètres de diamètre, le grappin montait alors jusqu'à 60 mètres. Les *Rangers* utilisèrent de la corde de 4 centimètres en Normandie. Les hommes disposaient aussi d'échelles tubulaires légères. Elles étaient constituées de sections de 1,20 m qui, mises bout à bout, permettaient d'atteindre jusqu'à 24 mètres de hauteur. Chaque soldat pouvait en emporter une section. Une fois l'échelle montée, une corde la parcourait pour plus de sécurité. Des crochets sur l'échelle permettaient de la maintenir à la falaise. Ces échelles étaient en théorie rapides et faciles à monter, mais pouvaient se séparer en leur centre si elles étaient mal montées. Les *Rangers* pouvaient aussi, une fois sur les hauteurs, disposer de quoi gravir la falaise pour les camarades en bas. Il fallait alors grimper, avec, sous le bras, un rouleau de corde et le faire retomber une fois à destination.

Browning *M1918A2*.
(Archives de la manche / National Archives USA.)

17

Souvenirs d'un Normand de la Pointe du Hoc, Jean Beck

Les Allemands à la ferme de Jean Beck. (DR. Collection privée.)

Jean Beck est né à 500 mètres de la Pointe du Hoc, au château de Saint-Pierre-du-Mont. Figure éminemment sympathique et accueillante, il est avide de raconter ses souvenirs de l'occupation à la libération qui sont encore bien présents. Voici un condensé de la discussion qu'il a pu entretenir avec l'auteur à l'été 2019.

L'occupation

Hubert Groult: *«Commençons par l'occupation. Vous habitiez Saint-Pierre-du-Mont et les Allemands arrivèrent».*

Jean Beck: «En 1940, j'avais 15 ans. J'ai vu arriver sous le porche, un camion allemand avec une grosse cabine et une mitrailleuse fixée sur la cabine. Ils sont rentrés dans la cour et ont demandé à ma grand-mère: *«Madame pourriez-vous faire un canard rôti avec des frites pour ce midi?»* Il était 9 h 30. C'était les occupants, on devait obéir. Ma grand-mère s'est exécutée. Ils sont arrivés à 13 heures et ont mangé à la table de notre cuisine du canard rôti, à la broche avec des frites. Et avec, on leur a servi du cidre et du café et ils sont repartis très correctement en payant. Après, j'ai été pendant des années avec l'occupation des Allemands chez moi. (...) Ils étaient sept [ce jour-là au château de Saint-Pierre-du-Mont]. (...) Pendant deux ans de temps, ils ont occupé les chambres du château et se servaient de la voiture de mon père, une 402 Peugeot, qui allait bien plus vite que la traction à cette époque-là. (...) J'ai travaillé pour eux. J'ai fait des tranchées. Deux jours la semaine, on travaillait pour eux. (...) On plantait des arbres. Chose que je ne comprenais pas parce qu'en Normandie il y a des haies partout. A cette époque-là, je n'imagine pas des planeurs se poser. C'était pas possible. Les Allemands en plantaient partout (...) Il y en avait des dizaines [d'arbres] dans chaque herbage autour de la Pointe du Hoc. (...) »

H. G.: *« Avez-vous construit des tranchées sur la position de la Pointe du Hoc ? »*

J. B.: « Je n'ai jamais été sur la Pointe du Hoc, on n'avait pas le droit d'y aller. (...) J'ai planté des arbres dans les herbages. Dans la commune on a été réquisitionnés. (...) J'ai été une fois dans un blockhaus de la Pointe du Hoc. Quand je suis entré dans le blockhaus, à droite, il y avait un endroit où ils jouaient aux cartes et des dessins sur les murs. C'était avec un Allemand que je fréquentais. Mais on n'avait pas le droit d'y aller. C'était miné tout autour. Les *Todt* qui ont travaillé sur la Pointe du Hoc étaient dans un château. Tous les matins, ils venaient travailler sur les blockhaus. On n'avait pas le droit d'y aller. Par contre, quand il y avait un tas de pommes, ils étaient une cinquantaine et venaient remplir leurs sacs de pommes, leurs musettes. »

H. G.: *« Y avait-il des personnes d'autres communes qui étaient réquisitionnés pour travailler sur la Pointe du Hoc ? »*

J. B.: « Non. Que des gens de la commune. Un jour, par beau temps, je pars avec Monsieur Coulmain. Nous partons tous les deux pêcher l'anguille à la rivière. C'était peut-être le mois de mai 1944. Tout à coup, on entend un vrombissement et qu'est-ce que l'on aperçoit. Un escadron de forteresses. Pendant une fraction de seconde, j'ai dit à mon copain: *"Dis donc, ils sont escortés par des petits chasseurs"*. Aussitôt, on s'est rendu compte que c'était des bombes, car à mesure que l'on voyait les petits points, cela grossissait. C'était des bombes qui sortaient des soutes. On était à un peu plus d'un kilomètre vers le sud-est. Ce sont des bombes qui se sont mises à siffler et ont bombardé la Pointe du Hoc. (...) Le temps était magnifique. (...) C'est la seule fois que j'ai vu un bombardement. Peut-être qu'il y en a eu d'autres mais je ne pourrais pas vous dire. Je ne me rappelle plus. (...) J'ai eu le temps, pendant des années, de voir des combats aériens sur la mer. Hormis que c'est une question de vie ou de mort, pour les uns comme pour les autres, on ne peut pas donc en jouir. Mais c'était comme une fête d'aviation. C'est magnifique à voir. La *RAF* était supérieure à la *Luftwaffe*. J'ai vu un avion tomber en face de Grandcamp. Ils étaient toujours vainqueurs. (...) Ce qui m'est arrivé. Je ferme les yeux, c'est comme si c'était hier. Loin du bord de la Pointe du Hoc, je labourais avec la charrue. Il n'y avait pas de tracteurs à cette époque-là. Les vieux se rappellent, c'était une Magnier Bédu. Je labourais auprès du bord. J'ai vu arriver un *Mustang* sur moi et, pendant un centième de seconde, il a monté la falaise et a débouché à moins de quatre mètres de moi, à peine à un mètre cinquante de hauteur. Je n'ai vu que le fuselage de l'avion avec la moitié de l'étoile américaine. Après je l'ai regardé partir et les chevaux étaient encore en train de courir. L'herbe du bord de la mer. L'herbe sûre, était couchée par l'avion. Cette vision me restera à tout jamais. C'est inimaginable. J'étais à trois cents mètres à peu près au bord de la falaise. Il est arrivé du nord dans ma direction. (...) Je ne me rappelle plus des dates. C'était peut-être un an avant le débarquement. Je ne sais plus s'il est venu pour mitrailler ou prendre des photos. Il était seul. (...) Je peux dire en passant, qu'avec les Allemands qui nous ont occupé, nous avons eu de la chance. On n'a jamais eu affaire à la *SS* ou à la *Gestapo*. Les gens que j'ai connus, j'ai eu des rapports amicaux avec eux. (...) Les Allemands ne méritaient pas l'héritage que Hitler et les *SS* leur ont laissé. (...) Arrive le matin du 6 juin. J'étais couché à l'arrière du château. Mon père sirotait un café. L'atmosphère était lourde. Tard dans la nuit. Il m'a dit : *"Jean dors-tu ?"* Je me réveille. *"Il y a le feu à la Pointe du Hoc"*. À travers les carreaux de la cuisine, il a vu du feu à la Pointe du Hoc. On sort dans la cour. Vers la droite, il y avait un grand pressoir pour serrer le jus des pommes. (...) On arrive dans ce pressoir, on ouvre la porte et qu'est-ce que l'on voit, une grosse fusée jaune éclairante de deux mètres de haut. C'était ça qui faisait du feu. C'était des fusées lancées pour que les bombardiers qui arrivaient aient des points de repère. De grosses fusées jaunes, puissantes pour guider les bombardements. (...) Flamboyantes jaunes, couleur feu, le fond du feu. Ça rappelle la flamme olympique. (...) Sur quarante-cinq hectares que mon père exploitait, il est tombé 230 bombes. (...) Mon père a eu plus peur que moi car il avait fait la guerre de 1914. On rentre. Mon père prend une tasse de café. On ressort. Il y avait un veau de blessé en face, on va finir de le tuer pour qu'il ne souffre pas. On s'aperçoit qu'[une] jument avait été propulsée par-dessus [une] haie et était au milieu de la route. À gauche de la route de chez nous, il y avait un grand trou de bombe. Dans la matinée. Tout à coup, un coup de pied dans la porte. Il est arrivé cinq *Rangers* arme au point. Ils ont demandé s'il y avait des Allemands. *"Germany ?"* On a dit: *"Non, non"*. On a levé les bras. Ils ont bien vu que j'étais jeune et puis mon père... Bref de braves gens. Un ou deux ont accepté une tasse de café et ils sont tous repartis. C'est après que j'ai su que c'était des *Rangers*. C'est là que j'ai su que c'était le débarquement. Qui aurait pu penser... Quarante mètres de falaise ? C'était impensable. (...) Pour nous, le coup dur était fait. Ils étaient rentrés par-derrière où c'était éventré. Le cratère derrière la maison faisait trente-cinq mètres de diamètre. Ils avaient leur casque sur la tête, des fusils. Aucun échange avec mon père. J'avais dix-neuf ans. (...) Pour nous la guerre était pour ainsi dire finie. Quand je vois les autres qui ont fait la poche de Falaise, Villers-Bocage, Saint-Lô, Caen, etc., Nous c'était rien à côté. (...) Le lendemain, ou deux jours après, j'ai été voir le bord de la mer, j'ai vu la mer noire de bateaux.

Le champ d'aviation, près de la Pointe du Hoc et l'arrestation par les Américains

J. B.: « Le terrain d'aviation a été fait en une dizaine de jours. (...) Sur la ferme, il y avait peut-être 400 pommiers. Mon père faisait 12 tonneaux de cidre. Sous chaque pommier, il y avait toujours une petite tente avec des Américains. Il y en avait partout. Il y avait des *GMC* partout. (...) Le terrain d'aviation était derrière chez moi. La suite pour moi. J'avais un ami alsacien, il venait en vacances à la maison et m'avait apporté un appareil photo. Un *Photoplay*. J'étais peut-être le seul dans la commune à avoir un appareil photo. Tous les avions que j'avais vu se combattre pendant plusieurs années, étaient devant moi au repos. Forcément, je me suis dit de prendre les avions en photo. Il y avait un Américain aux latrines. Il m'a aperçu et a alerté. Ils m'ont pris pour un espion. À Saint-Laurent, vers Port-en-Bessin, sur la côte, dans une jolie maison bourgeoise, j'ai été enfermé là au premier étage avec des collaborateurs. J'étais le seul, tous les matins on m'amenait au cimetière allemand pour y travailler. »

H. G.: *« Comment les Américains sont-ils venus vous chercher ? »*

J. B.: « Ils m'ont pris sur place derrière une haie, j'y étais avec mon appareil photo. (...) Ils sont venus en Jeep, *Military Police*, et ne m'ont pas relâché. »

H. G.: *« Combien de temps êtes-vous resté à la MP ? »*

J. B.: « J'ai été pendant quinze jours prisonnier des Américains. Enfermé à Saint-Laurent, dans une ferme. Il n'y avait pas de grilles. Il y avait des femmes et des hommes. Elles n'étaient pas avec nous, mais des femmes avaient été prises. »

H. G.: *« Pour collaboration ? »*

J. B.: « Je suppose. Alors tous les matins, ils venaient me chercher et j'arrivais au cimetière allemand. C'était en juin. Il y avait vingt-cinq ou trente fosses faites dans l'herbe. Avec des ficelles. Et rien d'autre. Dans le fond, une grande fosse commune, de trois à quatre mètres de large et profonde comme ma maison. Les *GMC* arrivaient à l'entrée de la barrière cassée. Les Américains arrivaient avec un 4x4 *Dodge*, vous savez les petits camions. Et ils nous livraient dix ou quinze morts, une douzaine, ou deux ou trois, tous les jours. Ils apportaient des morts allemands. On les mettait sur le camion et on allait les porter auprès de la fosse commune. Notre travail était d'ouvrir leurs trucs, de prendre leurs papiers, de mettre ça dans une douille, on mettait tout dedans, on prenait du mastic américain, couleur vert-de-gris, on rebouchait la douille et on remettait le plus près du corps. On refermait le linceul et on mettait dans la fosse commune avec de la chaux par-dessus. À la fin, c'est moi qui conduisais le *Dodge*. La guerre c'est terrible. C'était provisoire. Pendant un mois ou deux, ils ont eu le temps de faire le cimetière et quand il a été fait ou presque à la fin. Ils ont remis, à l'aide des douilles, chacun à sa place. (...)

H. G.: *« Comment se passaient les journées dans la prison ? Vous mangiez bien ? »*

J. B.: « On mangeait des conserves. On mangeait bien. Parce que les Américains... Du pain, de la brioche, des fruits, des œufs, des conserves. On manquait de rien. Une petite française blonde m'envoyait des boîtes par une fenêtre. Je me débrouillais. Ça n'a pas été pénible. J'ai bien respecté tout ça. »

H. G.: *« À quelle date, vous êtes vous promené sur la Pointe ? À quoi ressemblait le terrain du point d'appui ? »*

J. B.: « C'était trois jours après [le débarquement]. Il n'y avait plus rien. Plus personne. Mon père était ruiné. On était sans travail, sans rien. On a vécu dans un baraquement dans la cour. Les corps morts étaient ramassés. J'en ai vu des Allemands morts. Peut-être le lendemain [du 6 juin] dans les herbages, qui n'étaient pas ramassés. J'en ai vu en face de la maison. »

H. G.: *« Saviez vous que les canons de la Pointe avaient été déplacés ? »*

J. B.: « Oui, je savais qu'il y avait des canons à attendre dans la rue de la « Guel » [Le nom donné à ce chemin à ce moment-là. Mais plus maintenant]. C'était une rue piétonne, on pouvait passer à ce moment-là. Presque tout le monde savait qu'il y avait des canons là-bas. »

H. G.: *« Y a-t-il eut des morts parmi la population de Saint-Pierre-du-Mont ? »*

Jean Beck: « Un gamin s'est fait tuer. Peut-être par sa faute. Tué par les Américains. Un autre aussi qui habitait à la ferme. Je ne me rappelle plus quand. Le matin du débarquement, j'ai rencontré un Allemand qui nous a dit: *"Un grand malheur. La guerre bientôt finie"*. Sans vouloir chercher à nous faire de mal. On a eu de la chance. Pendant l'occupation, ceux qui dormaient chez moi, c'était les officiers dans les chambres en haut. L'armée dans les dépendances agricoles, les granges et les étables. Chez nous, ils étaient peut-être une trentaine de jeunes. L'étable à vaches qui servait l'hiver, était vide l'été et ça les arrangeaient. Ils étaient dedans. (...) Les deux choses qui me sont restées. C'est le camion allemand qui est rentré dans la cour. Et l'herbe sauvage du bord de mer et l'avion sur moi. Ne voyant que le fuselage et l'étoile. »

Cette photographie a probablement été prise sur la Pointe du Hoc ou non loin d'*Omaha Beach*. Un casque américain avait été posé sur une mitrailleuse Vickers. Ce type de mise en scène, du fusil crosse en l'air, fixé à l'aide de la baïonnette, surmonté d'un casque, se retrouvera en Corée, au Vietnam ou encore en Irak. En 1944, ce dispositif pouvait signifier un défunt ou un blessé. Dans *D-Day et la bataille de Normandie,* Anthony Beevor revient à plusieurs reprises sur ce thème. Il nous dit ainsi, sur la *82nd Airborne,* que lorsque l'*« on trouvait un parachutiste blessé, on lui donnait de la morphine et on signalait sa position aux infirmiers en plantant son fusil la baïonnette dans le sol, le casque sur la crosse. »* On peux aussi lire, plus loin, que le 26 juin : *« Les Écossais de la 15e division progressèrent rapidement. Quand leurs camarades touchés s'écroulaient dans les blés verts pâles, les soldats identifiaient leur position afin que les brancardiers puissent les repérer. Ils fichaient en terre le fusil du blessé, baïonnette au canon, et plaçaient son casque sur la crosse. Ces indicateurs, remarqua un observateur, ressemblaient "à d'étranges champignons surgissant au hasard dans les blés" ».* Lors du Second conflit, on pouvait trouver ce type de symbole sur des panneaux publicitaires, notamment pour l'achat de *War Bonds*. À partir de la guerre du Vietnam, on ajouta parfois la paire de bottes du soldat et ses *Dog Tags*. (National Archives.)

BIBLIOGRAPHIE

Stephen E. Ambrose, *D Day : June 6, 1944 : The Climactic Battle of World War II*, New York, Simon & Schuster, 1994, 656 pp.

Stephen E. Ambrose, *The Victors : Eisenhower And His Boys The Men Of World War II*, New York, Simon & Schuster, 1999, 396 pp.

Joseph Balkoski, *Beyond the Beachhead : The 29th Infantry Division in Normandy*, Mechanicsburg, Stackpole Books, 2005, 352 pp.

Joseph Balkoski, *Omaha Beach, Jour J, 6 Juin 1944. Le débarquement en Normandie*, Mechanicsburg, Stackpole Books, 2004, 388 pp.

Anthony Beevor, *D-Day et la bataille de Normandie, Calmann-Lévy, 2009,638 pp.*

Philip Birtles, *De Havilland Mosquito : The Original Multirole Combat Aircraft*, Fonthill Media, 2015, 272 pp.

Robert W. Black, *The Ranger Force : Darby's Rangers in World War II*, Stackpole Books, 2009, 400 pp.

Omar N. Bradley, *A Soldier's Story*, Modern Library War, 1999, 688 pp.

Douglas Brinkley, The boys of Pointe du Hoc, New York, HarperCollins, 2005, 274 pp.

Paul Carell, *Ils arrivent ! Le débarquement vécu du côté allemand*, Paris, J'ai lu, 2004, 498 pp.

David Chance, *Around the World in 80 Years*, XLIBRIS, 2012, 640 pp.

Elizabeth Coquart, Philippe Huet, *Le Jour le plus fou : 6 juin 1944. Les civils dans la tourmente*, Albin Michel, 2015, 296 pp.

Stephen Darlow, *D-Day Bombers : The Stories of Allied Heavy Bombers during the Invasion of Normandy*, Mechanicsburg, Stackpole Military History Series, 2004, 288 pp.

Deborah Dash Moore, *GI Jews : How World War II Changed a Generation*, Belknap Press, 2006, 368 pp.

William O. Darby, *Darby's Rangers : We Led the Way*, Random House Publishing Group, 2007, 256 pp.

Ronald J. Drez, *Voices of D-Day : The Story of the Allied Invasion Told by Those Who Were There*, Baton Rouge, LSU Press, 1996, 312 pp.

Tony Dungy, *The Mentor Leader : Secrets to Building People and Teams That Win Consistently*, Winter Park, Tyndale House Publishers, 2011, 256 pp.

James Dunning, *It had to be Tough*, Barnsley, Pen & Sword Books Limited, 2012, 224 pp.

Helmut Eberspächer, *Rückblicke + Beilage von Helmut Eberspächer*, Esslingen : J. Eberspächer GmbH & Co., 2006.

Jonathan G. Gawne, *Le 6 juin à l'aube : Les Unités spéciales américaines du débarquement en Normandie*, Histoire et Collection, 1998, 288 pp.

Denis Hambucken, *American Soldier of WWII : D-Day, A Visual Reference*, Woodstock, The Countryman Press, 2013, 104 pp.

Andrew L. Hargreaves, *Special Operations in World War II : British and American Irregular Warfare*, University of Oklahoma Press, 2013, 412 pp.

Thomas M. Hatfield, *Rudder : From Leader to Legend*, Texas A&M University Press, 2011, 528 pp.

Richard N., Jr Hathaway, *Training for Bloody Omaha : Activation, Training and Combat of the 5th Ranger Infantry Battalion Through 8 June 1944*, Vantage Pr, 2002, 56 pp.

Wilson A. Heefner, *Dogface Soldier : The Life of General Lucian K. Truscott*, Jr., Columbia, University of Missouri, 2010, 400 pp.

Ernest Hemingway, *Hemingway : Oeuvres romanesques*, tome 2, Paris, Gallimard, 1969, 1776 pp.

Peter Howard, *Pointe du Hoc*, Shepperton, Ian Allan Publishing, 2006, 96 pp.

James Lee Hutchinson Ed.S., *The Boys in the B-17 : 8Th Air Force Combat Stories of WWII*, Bloomington, Author House, 2011, 260 pp.

J. E. Kaufmann, H. W. Kaufmann, *The American GI in Europe in World War II : The March to D-Day*, Mechanicsburg, Stackpole Books, 2009, 408 pp.

Helmut-Konrad von Keusgen, *Pointe du Hoc. Enigme autour d'un point d'appui allemand*, Bayeux, Éditions Heimdal, 2006, 132 pp.

Michael Julius King, *Rangers : Selected Combat Operations in World War II*, Fort Leavenworth, Combat Studies Institute, 1985, 89 pp.

Ronald L. Lane, *Les Rangers à la Pointe Du Hoc*, Damigny, Heimdal, 1992, 174 pp.

Ronald L. Lane, *Rudder's Ranger*, Longwood, Ranger Associates, Inc., 2004, 203 pp.

Brian Lavery, *Assault Landing Craft : Design, Construction & Operators*, Barnsley, Seaforth Publishing, 2009, 120 pp.

J. D. Lock, *Rangers in Combat : A Legacy of Valor*, Tucson, Wheatmark, 2007, 405 pp.

J. D. Lock, *To Fight with Intrepidity : The Complete History of the U.S. Army Rangers 1622 to Present*, New York, Pocket Books, 1998, 602 pp.

Mantelli, Brown, Kittel, Graf, *deHavilland Mosquito*, Edizioni REI, 2015, 37 pp.

JoAnna M. McDonald, *The Liberation of Pointe Du Hoc : The 2nd U.S. Rangers at Normandy*, Rank and File, 2000, 185 pp.

Charles W. McArthur, *Operations Analysis in the United States Army Eighth Air Force in World War II* (History of Mathematics), American Mathematical Society, London Mathematical Society, 1991, 349 pp.

Harry Gael Michaels, *Wings Over Normandy : A Story of the B-26 and One Man That Flew It*, Xlibris Corporation, 2012, 82 pp.

Russell Miller, *Nothing Less Than Victory*, William Morrow & Co, 1994, 556 pp.

Viscount Montgomery of Alamein, *The Memoirs of Field Marshal Montgomery*, Barnsley, Pen & Sword, 2016, 574 pp.

Samuel Eliot Morison, *Invasion of France and Germany : 1944-1945, (History of United States Naval Operations in World War II)*, Boston, Little, Brown and Company, 360 pp.

Robert J. Mueller, *Fields of War : Battle of Normandy*, Buffalo Grove, French Battlefields, Arlington Heights, 2014, 471 pp.

Patrick K. O'Donnell, *Dog Company : The Boys of Pointe du Hoc. The Rangers Who Accomplished D-Day's Toughest Mission and Led the Way across Europe*, Boston, Da Capo Press, 2012, 306 pp.

G. Kurt Piehler, Sidney Pash, *The United States and the Second World War : New Perspectives on Diplomacy, War, and the home Front*, New-York, Fordham University Press, 2010, 356 pp.

Jennifer Quasha, *Robert Rogers : Rogers' Rangers and the French and Indian War*, New-York, The Rosen Publishing Group, Inc, 2002, 116 pp.

Jean Quellien, *Le jour J et la Bataille de Normandie*, Bayeux, OREP Editions, 2015, 412 pp.

John Raaen, *Intact : a First-hand Account of the D-day Invasion from a Fifth Rangers Company Commander*, Saint Louis, Ready Press, 2012, 184 pp.

Paul Reed, *Walking D-Day*, Barnsley, Pen & Sword Battleground, 2012, 240 pp.

Kenneth Roberts, *Northwest Passage*, Doubleday, 1937, 734 pp.

Gordon L. Rottman, *US Army Rangers & LRRP Units 1942-87*, l-Londres, Osprey Elite Series, 1988, 64 pp.

Friedrich Ruge, *Rommel face au débarquement*, Paris, Presses de la cité, 1960, 311 pp.

Tim Saunders, *Commandos and Rangers : D-Day Operations*, Barnsley, Pen and Sword Military, 2012, 288 pp.

Tim Saunders, *Pointe du Hoc 1944*, Barnsley, Pen & Sword Military, 2018, 234 pp.

James F. Schneider, *My Father's War, The Story of Max Ferguson Schneider. A Ranger Comander*, Lulu, 2012, 144 pp.

Theodore G. Shuey, *Omaha Beach : Field Guide, Damigny, Heimdal, 2015, 80 pp.*

Harold A. Skaarup, *California Warplanes*, Bloomington, iUniverse, 2012, 368 pp.

David R. Starbuck, *Rangers and Redcoats on the Hudson : Exploring the Past on Rogers Island*, Lebanon, UPNE, 2004, 168 pp.

Gary Sterne, *Allied Intelligence and the Cover-Up at Pointe du Hoc : 2nd & 5th US Army Rangers, 1943-30 April 1944*, Pen & Sword Military, 2019, 492 pp.

Gary Sterne, *D-day Cover Up at Pointe Du Hoc : The History of the 2nd & 5th Us Army Rangers, 1st May-10th June 1944*, Pen & Sword Military, 2018, 256 pp.

Gary Sterne, *The Cover-Up at Omaha Beach : D-Day, the US Rangers, and the Untold Story of Maisy Battery*, New-York, Skyhorse Publishing, reprint 2016, 315 pp.

Thomas H. Taylor, Robert J. Martin, *Rangers, Lead the Way*, Kentucky, Turner Publishing Company, 1996, 160 pp.

Ian Westwell, *US Rangers 'Leading the Way'*, Hersham, Ian Allan Publishing, 2003, 96 pp.

Gordon A. A. Wilson, *The Lancaster*, Amberley Publishing, 2015, 288 pp.

Steven Zaloga, *Rangers Lead the Way : Pointe-du-Hoc D-Day 1944*, Oxford, Osprey Publishing, 2009, 64 pp.

Steven Zaloga, *The Devil's Garden : Rommel's Desperate Defense of Omaha Beach on D-Day*, Mechanicsburg, Stackpole Books, 2013, 288 pp.

The Ranger Force : Darby's Rangers in World War II, Stackpole Books, 2009, 400 pp.

War Department, Historical Division, *Small Unit Actions in World War II in France, Italy and Spain, Washington*, American Forces in Action Series, 1997 (réédition), 214 pp.

SITOGRAPHIE

Pierre-Alain Antoine, *Le DH-98 Mosquito dans ses missions de GE au sein des Groups 8 et 100* [en ligne]. Rubrique Historique de Guerrelec, novembre 2009, n°18, 4 pp. [consulté le 10 août 2018] http ://www.guerrelec.asso.fr/rubrique_historique/18_sans_photos.pdf

Annick Cojean, *Les Vétérans du jour J (7/18)* [en ligne]. www.lemonde.fr, Le Monde, 5 juin 2014. [consulté le 24 octobre 2019] https ://www.lemonde.fr/44-liberation-de-la-france/article/2014/06/05/les-veterans-du-jour-j-7-18_4432421_4430464.html

Eddie Hunter, *L-Rod Petty, War II Hero* [en ligne].[consulté le 1 octobre 2018] https ://ethunter1.blogspot.com/2012/06/l-rod-petty-war-ii-hero.html

Jamie Jones, *Stories of former Cohutta man's heroics as a Ranger live on in books, memories* [en ligne]. Daily Citizen-News, 10 juin 2012 [consulté le 20 mars 2018] http ://www.dailycitizen.news/news/local_news/stories-of-former-cohutta-man-s-heroics-as-a-ranger/article_18293f89-4076-51aa-8ec0-c9b01bab1164.html

Patrick Peccatte, *La construction d'un symbole visuel américain* [en ligne]. Déjà Vu, 15 mai 2018. [consulté le 1er juillet 2018] https ://dejavu.hypotheses.org/346#footnote_1_346

Lt Colonel Ziegelmann, *Journal des transcriptions téléphonique des rapports reçus et envoyés par la 352e division d'infanterie allemande pendant le débarquement de Normandie* [en ligne]. 352e DI Allemande - Log téléphonique 6/6/44 [consulté le 10 décembre 2019]. https ://fr.wikisource.org/wiki/352e_DI_Allemande__Log_t%C3%A9l%C3%A9phonique_6/6/44, https ://creativecommons.org/licenses/by-sa/3.0/deed.fr. Contributeurs : Van Nuytts-frwikisource, Yann, Chaoborus, BeatrixBelibaste, Sacamol, 83.202.152.31, Zyephyrus, Rhadamante, 195.115.75.65, Thesupermat.

ALG A-1 – Saint-Pierre-du-Mont. [en ligne]. https ://www.dday-overlord.com [consulté le 28 octobre 2019] https ://www.dday-overlord.com/bataille-normandie/aerodromes/alg-a-1

Daily Mail reporter, *For the love of Vera : D-Day Lancaster bomber crew identified 68 years on by poignant inscription on dead airman's ring.* [en ligne]. Daily Mail, 5 octobre 2012. [consulté le 20 janvier 2018] http ://www.dailymail.co.uk/news/article-2211250/Wreckage-Lancaster-bomber-crashed-D-Day-killing-crew-identified.html#ixzz28EvJdx7G

Descendant of WWII Rangers honoring the Rangers [en ligne]. http ://www.wwiirangers.com/

Photosnormandie. [consulté le 10 octobre 2019]. https ://www.flickr.com/photos/photosnormandie/

Letters to the editor, *Readers critique The Post : D-Day, George Washington and the Cleveland Browns* [en ligne]. The Washington Post [consulté le 20 juillet 2019] https ://www.washingtonpost.com/opinions/readers-critique-the-post-d-day-george-washington-and-the-cleveland-browns/2019/06/14/d07bc500-8ed8-11e9-8f69-a2795fca3343_story.html

Visite du 12 juin 1944 en Normandie [en ligne]. Caen et la SGM [consulté le 10 novembre 2018] http ://sgmcaen.free.fr/visite-12-juin-omaha.htm

---

REMERCIEMENTS

Valérie Arthaud-Crivellaro, Jean Beck, Georges Bernage, Paul Cherrier, Lisa Crunk, Denis Derdos, Matt Fitzsimmons, Anne-Elisabeth, Erik, Charles-Henry et Xavier Groult, Peter Harrington, Eddie Hunter, Frédéric Le Goupil, Charles Lemeland, Mac Mylo, Bill Petty, Holly Reed et Mickaël Simon.

ERRATUM

Page 71, ligne 35 : il est écrit : « une soute à bombes de 10 mètres de long et de 50 mètres de large ». Il fallait lire : « une soute à bombes de 10 mètres de long et de 3 mètres de large ».

Page 25 ligne 13 : il est écrit : « une course d'un mile [soit environ 1 600 km] ». Il fallait lire : « une course d'un mile [soit environ 1 600 m] ».

Vous pouvez contacter l'auteur à l'adresse suivante : hubertgroult@gmail.com

TABLE DES MATIÈRES

Textes : Hubert Groult
Coordination : Erik Groult, Georges Bernage
Mise en page : Paul Gros / paulvgros@gmail.com

Achevé d'imprimer sur les presses de l'Imprimerie de Champagne (52200, Langres)
pour le compte des Éditions Heimdal à Damigny / Normandie (France),
Georges Bernage, éditeur, en juillet 2020.
Dépôt légal troisième trimestre 2020.